名师名校名校长

凝聚名师共识
回应名师关怀
打造名师品牌
培育名师群体

浙江省初中科学名师网络工作室
绍兴市初中科学名师工作室

迈向名师之路

初中科学 名师工作室学员成长足迹

卢朝霞 沈 强 何灿华 / 主编

西南大学出版社
国家一级出版社 全国百佳图书出版单位

图书在版编目（CIP）数据

迈向名师之路：初中科学名师工作室学员成长足迹 / 卢朝霞, 沈强, 何灿华主编. -- 重庆：西南大学出版社, 2024.1
ISBN 978-7-5697-2210-9

Ⅰ. ①迈… Ⅱ. ①卢…②沈…③何… Ⅲ. ①科学知识—师资培养—研究—初中 Ⅳ. ①G633.72

中国国家版本馆CIP数据核字(2024)第035221号

迈向名师之路——初中科学名师工作室学员成长足迹
MAIXIANG MINGSHI ZHI LU——CHUZHONG KEXUE MINGSHI GONGZUOSHI XUEYUAN CHENGZHANG ZUJI

卢朝霞　沈　强　何灿华　主编

责任编辑：	胡君梅
责任校对：	杨光明
装帧设计：	言之凿
出版发行：	西南大学出版社（原西南师范大学出版社）
印　　刷：	北京政采印刷服务有限公司
成品尺寸：	170mm×240mm
印　　张：	16.5
字　　数：	326千字
版　　次：	2024年1月　第1版
印　　次：	2024年1月　第1次印刷
书　　号：	ISBN 978-7-5697-2210-9
定　　价：	58.00元

编委会

主　编：卢朝霞　沈　强　何灿华
副主编：许　敏　顾丹群
编　委：（按照姓氏笔画排列）

　　　　王宇飞　孔伟晶　史贵阳　包婵钧　朱兴钢　孙海栋

　　　　杨松耀　吴能初　宋家园　张　婕　陈　成　陈华军

　　　　范培明　周　超　郑利庆　俞冬冬　夏文洪　黄军彪

　　　　黄焕超　梁根英　蒲少军

序言 PREFACE

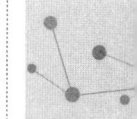

岁月流金，心有归处

巍巍稽山，有尊师重教的风尚；悠悠鉴水，有乐为人师的传统。

光阴荏苒，岁月如歌。2023年是绍兴市第一批70个名师工作室收官之年，初中科学名师工作室的何灿华送来了即将出版的《迈向名师之路——初中科学名师工作室学员成长足迹》样稿，嘱我为之作序。我深知建设名师工作室的不易，而要出版研修成果则更难，只有每一个名师工作室都能够"岁月流金"，教师的专业发展才能更加"心有归处"。写下这篇序言，既是向这项有意义的工作表达祝贺，更是与工作室的各位名师互相勉励，我欣然应允。

2020年12月，在个人申报、学校和区、县（市）教体局推荐的基础上，经市级审核，绍兴市教育局批建了第一批70个名师工作室，何灿华老师以扎实的教学基本功和出色的师训科研能力受命领军科学学科，成立了"绍兴市初中科学何灿华名师工作室"，在全市共招收学员16名；2022年4月，又成立了"省名师网络工作室"，招收学科带头人15人和骨干学员100名。自2021年2月2日开班以来，我们可以看到这个名师工作室建设发展如火如荼：各种活动、各种记录、各种感受、各种改进的案例，还有多姿多彩的教学现场，以及系列活动后的深刻反思等新材料、新信息铺天盖地，席卷而来，令人应接不暇。截至2023年6月，工作室成员共在网络平台"之江汇教育广场"上推出文章3795篇、资源4713条，其中精品资源18个、名师课堂1184堂、教研活动5次，2022学年应用值已达2589.03（数据由"之江汇"平台提供）。

何灿华自己也勤学善思，整合了省、市、区三级名师工作室的优质资源，研学并举，修练合一，思写联动，成绩斐然。在他的带领下，一批"新骨干"脱颖而出，而最让人激动和感慨的，无疑是全体学员共同编撰的力作《迈向名师之路——初中科学名师工作室学员成长足迹》付梓，4个篇章、30多个案例，所涉内容之丰富，所做辨析之深邃，所提观点之新颖，所述言论之精彩，读来令人耳目一新。

我不由想到了学生时代所学的自然科学。那时，上课的时候老师总是带来许多不同物质的样品，给我们演示将这些物质加热、放入水中或者跟酸混合时发生的奇妙化学反应。我当时最喜欢的一种物质是水银——它显然具有那种让我张大嘴巴"哇"地大叫一声的特质，这也许是因为它在室温条件下是液态的缘故吧。现在这门课程名称叫科学，虽然涉猎的元素种类并不多，但都与生命活动、人类生活息息相关。从这个角度讲，初中科学名师工作室的研修也具有一些"化学"品性，如果把目光聚焦到每位学员身上，可以用"铝""铁""锶"三种元素的性质来概括这个工作室的特质。

这支团队如劲"铝"，步履轻盈，性质活泼，用途广泛。工作室学员围绕品质课堂"七要素"，即"学科素养""学习趣乐""问题思辨""实践体验""资源技术""学习状况""学习效果"等开展专题研讨；聚焦"力的存在""力的测量""植物的光合作用和呼吸作用""压强""碳酸钠质量分数的测定""月相""物质构成"等学习内容，就"七要素"在课堂中的单向张扬或融合发力进行同课异构；结合"理论导向聚共识""反思导问定主题""目标导思明内容""评价导行强干预""要素导课活思维""智慧导情谱新篇"等课堂策略，在实践中形成了"1+4+2"要素融合模式，即1个核心要素、4个基本要素、2个主导要素，重构了"品质课堂"的新样态。朱兴钢的《核心素养下优化课堂教学和转变学习方式的实践探索》获2020年绍兴市初中科学教学论文评比一等奖，黄焕超的《初中科学课堂中运用STEAM理念的教学实践与思考——以密度计为例》获2021年绍兴市教学论文一等奖，梁根英的《聚焦资源技术要素，实现信息二次转换——以"简单机械"为例》获2021年绍兴市初中科学教学论文评比二等奖，许敏的《核心素养视角下初中科学轻负高效教与学模式分析》发表在《中国教师》杂志上……工作室的一系列研究成果，不仅展现了教学方法、路径和策略从"五环节"到"七要素"的转变，而且对"课堂教学究竟该如何变革"，尤其对"为何要这样变革"等现实性问题进行了有益的探索。

这支团队似"铁"军，纪律严明，机动灵活，凝聚力强。根据《绍兴市名师工作室管理办法》（绍市教政〔2020〕64号），工作室制定了一系列规范、实用的制度。一是从名师工作室的方向愿景、规章制度、职责使命、考核评估等方面制定章程，全面阐述了名师工作室在促进教师专业发展方面的地位和作用；二是根据工作室成员自我分析报告和专业发展的成长需求规划，制定工作室的3年行动计划和当年度的行事历；三是健全组织机构，明确分工和强化责任落实，出台学研制度、会议制度、网站建设与档案管理制度等，确保工作室成员的参与率在90%以上；四是制定考核奖励制度，工作室每年开展一次年度考核和优秀学员评选。清晰的工作目标、明确的职责分工、严格的考评机制、持续的任务驱动、丰富的交流活动、确定的物化成果以及鲜活的家园生态，都对工作室成员的行为起着制约的作用，切实保障了工作室的持续发展。

这支团队有雄"锶"，规模不大，但作用非凡，思睿贯通。工作室学员在听课、研讨等传统活动的基础上出奇制胜，以"促进价值认同——赋予学员工作动力、突出内在需求——赋予学员工作潜力、移植研究方法——赋予学员工作能力"等路径为学员的专业进阶赋能。依托工作室的"基于'七要素'品质课堂深化行动研究"、沈强的"科学方法促进初中科学概念理解的教学策略研究"、陈华军的"基于'七要素'初中科学品质课堂的教学实施策略研究"、郑利庆的"基于高阶思维培养的科学实验教学探索"等绍兴市教科规划立项课题，以及杨松耀的"初中科学数字化实验教学创新研究"等课题，工作室探索团队管理框架下的教育科研方法和教师研训路径，从个人愿景的确立到年度工作计划的制订，从活动的起草到图文并茂的报道，从导学案的设计到任务单的制作，从课例格式的规范到教学主张的提炼，从课题报告的撰写到附件材料的支撑等，一页页文字无不记录着工作室思睿贯通的轨迹，一件件教育案例无不体现着学员们在工作经验上的积累，一篇篇文章无不告诉人们积累如泉、工作如书，让教研与写作相伴的道理。

3年来，学员沈强成为第十三批浙江省特级教师中的一员，陈华军、杨松耀被评为绍兴市第十二届学科带头人，杨松耀还被评为"嵊州名师"；2022年工作室经绍兴市教育局考核，评为优秀，2023年工作室在省名师网络工作室考核中荣获优秀奖并位列35名。这些成绩都足以说明文字的智慧和力量。

岁月流金，心有归处。历史长河中游走着一个又一个生命，艰辛的汗水洒满了我们的人生道路，成功的喜悦也在一点一滴地收获。当我们穿越时光长廊的时候，当我们跨越一个又一个岁月滩头的时候，烙印在心海里的一些难忘的回忆，总会时不时地在我们的心头掀起波澜，让我们孤寂的心灵感到一丝丝温馨。当前，绍兴市正在率先高水平实现区域教育现代化的进程中迈步前行，教师的地位和作用比以往更加突出，教育的变革和发展比以往更加深刻，人民群众对优质、公平教育的期盼也比以往更加强烈，亟需"优秀教师"，更需要

"专家型教师"。《迈向名师之路——初中科学名师工作室学员成长足迹》不只记录了这个团队前进道路上留下的一串脚印，也为不断提高名师工作室品质，演绎名士之乡、人才强教的千般风景提供了可供借鉴的途径。我相信，若干年后，绍兴教育事业更加兴盛之时，这些教师将会发展成更为优秀的教师、名师，他们也会影响一批、引领一批年轻教师；我相信，共同走过"迈向名师之路"的教师，一定会把这段记忆融汇在生命里，每次回忆起来都会感到无限自豪、无比幸福！

2023年5月17日，教育部等十八部门联合印发《关于加强新时代中小学科学教育工作的意见》（以下简称《意见》）。作为全面部署新时代中小学科学教育的专门文件，《意见》坚持以学生为本，因材施教，激发学生的好奇心、想象力和探求欲，引导学生自觉获取科学知识、培养科学精神、增强科技自信自立、厚植家国情怀，努力在孩子们心中种下科学的种子，引导孩子们编织当科学家的梦想。

为此，作为科学名师工作室，一定要率先行动，聚焦课堂抓根本，倡导探究教学与跨学科教学，应用"互联网+教育"新模式，迭代升级"自主、合作、探究"的教学方式，重构教学新样态；注重实验抓能力，既要突出基于科学本质系统设计的教学活动，又要强化"动手做"的实验教学和探索，利用人工智能、虚拟现实等技术开展实验，培养学生科学思维的深刻性；依托资源抓素养，要充分运用互联网、虚拟现实、人工智能等技术，推动虚拟科技馆、虚拟体验与学习中心的建设，支持学生利用智能终端实现时时可学、处处能学、人人皆学，以协同育人的方式，实现科学教育资源共享化、公平化，提升公民科学素养。

让教育充满思想，让教师充满智慧。举一名师之旗，聚数十乐教者之众，教而研之，研而教之，教者无琐屑沉沦之弊，研者免高蹈务虚之讥，教研相合，形质为一，不亦宜乎？此工作室之所由兴也。衷心希望工作室的学员们，沿着脚下的大路，继续前行，为全市名师工作室的迭代升级、为培育更多的优秀教师做出更大的贡献！

相信扎根于科学教学实践研究的工作室，一定根深叶茂、花开向阳。是为序。

中共绍兴市委副秘书长，绍兴市教育局党委书记、局长　姚国海
2023年9月

事事好奇皆科学

科学教育有助于学生保持对自然现象的好奇心，从整体上认识自然世界，理解科学、技术、社会与环境的关系，形成基本的科学观念，发展科学思维能力、科学探究和实践能力，形成基本的科学态度和社会责任感，为今后学习、生活以及终身发展奠定良好的基础。科学教育有助于提高全民科学素养，促进经济社会发展和科技强国建设。为建立高质量的科学教育体系，需要加强高素质的科学教师队伍建设，发挥教师的主导作用。

浙江省在科学课程建设过程中，建立了一批各具特色的名师工作室，目的在于在名师引领下培养科学学科的骨干教师。这些名师工作室的导师具有先进的教育教学理念，扎实的专业功底，坚持不懈的探索精神。他们立足于学生的素养发展，聚焦科学教育教学实践，对科学课程与教学的多个方面，如科学课堂教学、科学探究实践、科学学业质量的测评等，做出了一系列富有成效的探索，促使初中科学教育向纵深方向发展。

何灿华老师以扎实的教学基本功和出色的师训科研能力，受命领军科学学科工作室建设，先后成立了"浙江省何灿华名师网络工作室"和"绍兴市暨越城区初中科学何灿华名师工作室"。他勤学善思，整合省、市、区三级名师工作室的优质资源，研学并举，修炼合一，思写联动，成绩斐然。

《迈向名师之路——初中科学名师工作室学员成长足迹》是他领衔的工作室的阶段性研究成果。书中30多个案例，内容之丰富，辨析之深邃，观点之新异，言论之多彩，令人耳目一新。《迈向名师之路——初中科学名师工作室学员成长足迹》是工作室团队前进道路上留下的一个脚印，体现了他们对教学科研的孜孜追求，汇聚了他们的汗水与智慧，展现了他们的成长身影，为浙江省培养名师、促进教师专业化发展提供了可借鉴的途径，为深化初中科学课程改革贡献了智慧和力量。

事事好奇皆学问。在推进科学名师工作室建设的过程中，积极实施跨学科、大概念、主题式、项目化等新型的教学方式，保护孩子的天性，激发孩子的个性潜能，鼓励学生自主选择、自行设计、探索未知、体验创新等，不仅是我们贯彻践行新课标的路径所在，更是促进教师专业发展、迭代升级的潮流所向。

浙江省教育学会中学科学教学分会理事长　王耀村

2023年9月

目录

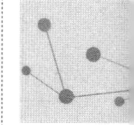

第一篇　聚焦理念，提炼教学主张

类比·推理
　　——我的初中科学概念教学主张 …………………………………… 3

设疑—导疑—释疑
　　——我的初中科学概念教学主张 …………………………………… 9

基于核心素养的微项目学习
　　——我的初中科学教学主张 ………………………………………… 15

问题驱动建模：科学思维发展的可行路径 ……………………………… 22

问题解决，学为中心
　　——我的初中科学课堂教学主张 …………………………………… 28

以"自制学具"促进学生探究发展
　　——我的初中科学教学主张 ………………………………………… 34

师生协力，建设"高参与度课堂" ……………………………………… 40

意料之外　情理之中
　　——我的实验教学主张 ……………………………………………… 45

极简为主　实用为王
　　——我的信息技术与科学融合的教学主张 ………………………… 52

以人为本，感受先行 ……………………………………………………… 59

第二篇　深耕课堂，捕捉实践智慧

基于模型构建的项目化学习的实践研究 ………………………………… 65

促进深度学习的项目化学习课例研究
　　——以"自制密度计"为例 …………………………………… 72
思维模型在化学教学中的妙用
　　——以浙教版"物质的转化"为例 ………………………… 80
构建思维模型　创新教学手段
　　——以"空气中氧气含量测定实验"教学为例 …………… 87
基于问题导向的科学数字化课堂教学
　　——以"植物的叶和蒸腾作用"为例 ……………………… 93
推进问题思辨　提升思维品质
　　——以"机械能复习课"教学为例 ………………………… 100
利弊分析促进深度学习的教学设计
　　——以浙教版"细菌和真菌的繁殖"为例 ………………… 106
唤醒生活经验，促进概念理解
　　——以浙教版"体温的控制"为例 ………………………… 113

第三篇　反思经验，探索教改策略

合理挖掘科学实验错误中的教学价值 ………………………………… 123
重构·物化·评价：初中科学微项目化学习的实践探索
　　——以"杠杆及其平衡条件"为例 ………………………… 129
基于探究实践的初中科学微项目化学习范式研究
　　——以"暖宝宝中的金属"复习课为例 …………………… 137
借助"三模"优化初中生科学疑难问题学习的实践策略 ………… 145
以模型促进科学思维的培养
　　——真实情境下玻璃杯成像问题的思考 …………………… 152
基于"问题思辨"的初中科学"五环问题导学"的应用
　　——以浙教版《科学》教材"压强"为例 ………………… 159
基于UBD理论促进初中科学核心概念理解的教学实践
　　——以"氧化还原反应"为例 ……………………………… 164

第四篇　成就伙伴，服务专业需求

从"教材的内容顺序"到"学生的认知方式"
　　——论基于"实践体验"要素的品质课堂 …………… 173

从"问与答"到"议与析"
　　——论基于"问题思辨"要素的品质课堂 …………… 178

品质课堂：破解"我讲了，你不会"困境
　　——以初中科学"力的存在"教学为例 …………… 185

刨根问底，成就品质课堂 …………… 192

区域推进"品质课堂"深化行动研究的实施策略 …………… 197

名师工作室的内涵发展要在细化"颗粒度"上下功夫 …………… 200

整体构建基于"五育融合"的学校课程 …………… 206

从"五环节"到"七要素"
　　——基于"学生立场"的品质课堂项目研究报告 …………… 211

附　录

绍兴市暨越城区初中科学何灿华名师工作室（2021—2023）
　　三年行动计划 …………… 226

浙江省初中科学何灿华名师网络工作室章程（暂行） …………… 236

关于公布2022年绍兴市名师工作室年度考核结果的通知 …………… 244

后　记 …………… 245

第一篇

聚焦理念，
提炼教学主张

"教学主张"是教师在已经积累了相当丰富的教学经验，并形成一定教学风格后，对教学经验、教学风格进行理性审视、提炼、总结出的具有教师个性的核心观点。教学主张是教师教学的独特视角，是教师教学创新的探测器，更是形成教学风格和教学思想的基石。提炼教学主张可以让我们的教学不再是无灵魂的重复行为，而是充满活力、不断进取的生命进程。完整的教学主张包含三方面：教学主张基本内涵、教学主张实施策略和教学主张实践案例。

本篇选用的十篇关于教学主张的文章，是教师们注重新课标的理念，结合自身教学的实践研究撰写而成的。有教学生学会学习，帮助学生形成认知框架的教学主张——沈强老师的《类比·推理——我的初中科学概念教学主张》、王宇飞老师的《师生协力，建设"高参与度课堂"》；有为学生的发展提供机会，带给学生理智的挑战的教学主张——梁根英老师的《问题驱动建模：科学思维发展的可行路径》、宋家园老师的《问题解决，学为中心——我的初中科学课堂教学主张》；有创设课堂问题情境，引导学生以科学精神实践创新的教学主张——朱兴钢老师的《设疑—导疑—释疑——我的初中科学概念教学主张》；有创造丰富的课堂教学形式，带给学生广博深厚的文化浸染的教学主张——许敏老师的《基于核心素养的微项目学习——我的初中科学教学主张》、卢朝霞老师的《以"自制学具"促进学生探究发展——我的初中科学教学主张》；有服务于完整的人的发展，实现课堂教学与社会环境的和谐沟通的教学主张——杨松耀老师的《极简为主 实用为王——我的信息技术与科学融合的教学主张》、郑利庆老师的《以人为本，感受先行》等。

优质的教学主张是成熟的教师在吸纳、判断、甄别、实践、反思的基础上形成对教育教学的自我理解，内化而来的自己所秉持的教育教学理念，是多年教学经验的智慧结晶。"纸上得来终觉浅，绝知此事要躬行"——用于指导教学，强调的是"躬行"，即教师个人对于教学的领会与掌握的意义；"实践得来终易散，心中悟出始知深"——强调的是"悟"，即教师个人经验在理解、吸收、运用过程中被建构。基于教师自身的个性特质，提炼自己的教学主张，进而形成独特的教学风格和教学思想，最终成长为富有个性的教学名师，这是教师专业成长的必由之路，也是推进教师从平凡走向优秀，从优秀走向卓越，从而实现自我超越的专业生长点！

（绍兴市第一初级中学教育集团 许敏）

> 【成员简介】沈强，男，1979年7月出生。省特级教师，省教坛新秀，绍兴名师，市学科带头人。
>
> 【治学格言】自强不息行千里，兼容并蓄求创新。
>
> 【教学主张】以"促进理解的概念教学"为主张，开设"概念转变"教研专场，成立省市区初中科学工作室。以"类推·迁移"为精神内核，整合科学史、科学探究、科学实验和科学思维等四个维度的创新范式，显化、评估和反馈学生概念理解的发展层级。
>
> 【刨根问底】"气"的思考：吹气感到冷，呵气感到热；轻吹蜡烛灭，重吹火堆旺。
>
> 【工作业绩】浙江省特级教师，绍兴文理学院客席教授，省规划、省师训、市重点课题立项，市规划课题一等奖，多篇论文获奖，多次开展讲座和公开课展示。

类比·推理[*]

——我的初中科学概念教学主张

一、类比法促进概念转变的基本内涵

由于前概念的干扰、认知水平的局限、科学方法的缺失，或者新知识对思维能力的要求较高，学生对概念的学习往往伴随新旧知识的认知冲突，因此难以加深对科学概念的理解。突破障碍，搭建起新旧知识之间的"脚手架"，需要科学的学习方法的引领。正如维果斯基所言："科学概念的直接教授是不可

---

[*] 本文入选2019年绍兴市教学主张评比，参与2017年绍兴市学科带头人评比时所写。

能的，而且也是没有效果的。"类比法是一种有效促进概念转变的方法，它能让学生有效连接新旧概念，通过类推来突破思维过程中的难点。

类比法是一种科学方法，基于比较异同和根据证据进行的推测，有利于高阶思维中的创新意识的培养。根据来源、类型、特点、抽象程度、理解难度等因素，可将科学概念分为"概念—反思—改进—范围—拓展—总结"六环节，依次架构起类比法促进概念转变的运用策略。类比法促进概念转变是把两个事物进行比较，然后在比较的基础上进行推理，即把其中与某个对象有关的知识或结论推移到另一对象中去，并注意两者的差异。

二、类比法促进概念转变的实施策略

（一）书本源类比迁移策略，显化教材的隐含点

教材多处使用了类比法来帮助学生理解概念，虽然师生在平时已在使用该方法，但都处于比较朴素的阶段，不但使用的步骤不完整，也无法较正确地综合使用判断、类比等方法。如果教师能充分利用书本中列举的典型类比法，对教材中的类比法教学内容做一个整体规划，在科学课堂教学中有步骤、有计划地培养运用类比法的能力，就能使学生逐步加深对类比法的了解，并尝试灵活运用。如果教师在讲解过程中选择匹配度高的类比模型，不但有利于学生深入学习，还可以培养学生的类比能力。

（二）定义方法型迁移策略，深挖方法的本质点

概念教学中会经常使用科学方法，科学方法是初中科学课堂教学中的一项重要内容，是课堂教学的三维目标之一，更是提升学生思维深度的途径之一，但由于科学方法的教学比较分散，而且缺乏一定的步骤性和系统性，导致学生在理解和应用上有一定困难。其实同种科学方法的内涵有相似性，完全可以采用类比法来探寻其本质，以达到一通百通的效果。如果学生能用恰当的科学方法来解决问题，就如找到了打开科学之门的金钥匙。

（三）生活情境型迁移策略，结合"STSE"（科学、技术、社会、环境）的着力点

学生如果以生活情景中的现象和事例作为模型，将它们与靶概念之间的各要素一一进行对应比较，将会获得很好的学习效果。因为不论是对于事物的表层现象还是深层次的本质规律，身边的现象和事例已经让学生有了初步的前概念和一定的感性理解，再加上教师适当的点拨，学生的认知就能上升到理性的高度。科学从生活中来，最终也要回归到生活中去。随着科学技术的发展和大

数据的积累，"STSE"成为大家关注的重点，也成为科学教学需要连接的要点。在初中科学教材中单独设立了有关"STSE"的阅读专栏，不但提供了类比的模型，也为教学指明了起点和终点。

（四）跨学科模型迁移策略，整合科学的闪光点

由于思维的发展和知识经验的水平都相对较低，学生自主运用类比思维往往存在较大困难。有些学生不能自发生成类比；有些学生即使运用类比思维，也只能生成较低层次的类比，对理解学习内容的帮助不大；有些学生甚至会由于生成了不合适的类比而对学习内容产生误解，从而影响学习效果。逐步培养类比思维，不断扩展知识体系，让学生在运用类比思维解决问题时，能有意识地选择合适的类比物，即选择合适的类比"锚点"。选择的"锚点"越熟悉，就越有利于类比的进行，学生就越能进行深层次的思考。

（五）学生源有效迁移策略，激发自主的兴趣点

学生自创的类比，能使学生主动参与概念的自我建构，积极发展随机应变、打破习惯思维束缚的能力。这种类比方式不会与学生的直觉相悖，能让学生根据问题的具体条件，自觉地、灵活地变换思考角度和思维方向，灵活地运用相关知识对科学现象和科学信息进行深层次的挖掘和高精度的提炼，以形成较强的迁移能力。学生建立类比模式的过程可分成四步：①解释现象；②建立自己的类比，得以较深入地理解该现象；③类比该现象，并且找出其中的相似和相异性；④参与课程讨论，以讨论在解释现象时所使用的建议类比的恰当程度。

三、类比法促进概念转变的实践案例

浙教版《科学》七上第四章第四节　物质的比热

情境一：寒冷的早晨，草地上覆盖着厚厚的霜，学生在打扫卫生。

概念理解1：引入并解析"热"这个概念。

问题1：同学们，这些天气温下降，早上大家觉得冷吗？当你在室外做完值日回到教室，手还是冷冰冰的，你有什么办法较快地让手热起来？

生：方法1——双手互搓，摩擦生热；方法2——开空调，吹出热风来加热室内空气；方法3——用热水袋暖手。

师：手冷、热风和热水袋，各类物体的冷热表示其温度的高低；而摩擦生热的"热"将在九年级学习，它俗称"热能"。那热水袋是以怎样的方式让我们的手变热的？首先我们来感受一下。

概念理解2：概念比较，定义"热量"概念。

师：我们给物体吸收或放出热的多少下个定义。大家可以回想"质量"这个定义——物体含有物质的多少为质量。

生：物体吸收或放出热的多少为热量。

设计意图：通过概念比较，理解"热量"的定义，通过科学史辨析"温度"和"热量"这两个概念，破解学生的迷思，提升概念理解的准确性。

情境二：除了我们平常使用的热水袋之外，网络上也出现了一种取暖的热沙袋。到底哪个效果好？我们就拿热沙袋与热水袋比一比。

提出问题1.0版：热沙袋与热水袋哪个取暖效果好？**提出问题2.0版**：热沙袋与热水袋谁放出热量多？**提出问题3.0版**：沙子与水谁吸收的热量多？

控制变量：明确了目标，既然要比，就要确保公平，我们一起制订规则，大家觉得袋中的沙子和水应该符合什么条件？

生：沙子和水的质量要相同，并且升高相同的温度。

师：判断吸收的热量多少看什么？（提示：烧半壶水我们需10分钟，那一壶水就要大约20分钟，判断水吸收热量的多少就是看什么？）

生：通过加热时间来比较吸热量的多少。

升级提出问题4.0版：相同质量沙子和水，升高到相同的温度，分别需要多长时间？

设计意图：提出问题是科学探究的首要环节，从问题1.0版到4.0版的思考过程体现控制变量、转换的思想，是定性—定量—逆向思维的历程，是减少干扰变量的影响，显化概念理解的思考历程。

探究环节1：设计实验，我们来比较沙子和水的吸热本领。

师：如何来评判结果？这边有两个变量：第一个变量是加热时间的长短，第二个变量是温度的升高量。

生：方案一，沙子和水升高相同的温度（都升高10 ℃），比较加热的时间。方案二，加热相同的时间，比较沙子和水温度的变化幅度。

师：这边两大组采用方案一的比较方法，另外两大组采用方案二的比较方法，开始实验。同屏呈现实验结果：第1、2组，升高相同的温度，水需要加热的时间多，吸热多；第3、4组，加热相同的时间，水上升的温度低。大家得出的结果是哪种物质的吸热效果好？

概念理解3：类比迁移，"吸热时间长短"的概念。

师：有一点是可以肯定的，大家认为沙子和水的吸热和放热本领是不一样的。我们用一个类比实验来演示,看大家是否会有所启发。

师:如果把水比作热量,液面高度变化相当于温度变化。向A、B容器中分别倒入100 mL水,A物体的液面上升幅度小,这体现出它的水容量大。上面两个实验的结果也是统一的——水的吸热本领更好(见图1和表1)。既然容器具有水容量,沙子和水的这种性质我们可以命名为什么呢?

图1

表1

比较	
转移的水量	传递的热量
加水	吸热
减水	放热
液面高度	温度
类推	
杯子具有水容量	物质具有热容量

生:"热容量"。以上两种演示方案都体现出水的热容量大。

设计意图:打破加热相同时间升温高的物体热容量大的迷思,通过实际物体的类比迁移来深度解析"容量"这个隐含概念。

概念理解4:消除"热量"的迷思概念。

师:"乙杯中的水含有的热量较多"这句话对吗?

生:热量是相对于热传递的过程而言的,没有热传递就无所谓热量,热量是个过程量。

概念理解5:相同质量的不同物质,升高(或降低)相同的温度,需要吸收(或放出)的热量并不相同。这个性质称为比热容量,初中阶段称之为"比热容",简称"比热",该概念描述的是物体容纳热量的能力。

设计意图: 层层解析"比热容量"中的"比"的含义。

在讲授新课时常会遇到授课内容远离学生已有知识经验的情况,如果把教学内容直接灌输给学生,学生很难理解。遇到这种情形,教师可以运用类比的方法,引入学生较熟悉的事物作为类比对象,来讲解新的教学内容。运用合适的教学类比能够有效地提高教学效果,降低教学难度,做一个会"打比方"的教师,就掌握了有效教学的方法。

类比可以提高学生提出科学假说的能力,激发学生探索未知事物的兴趣,帮助学生形成科学的思维逻辑和推理方法。探索总是从已知向未知的领域进发,未知的事物,是人们暂时陌生和不了解的。要了解未知事物,就要发展学生的迁移能力,迁移主要是指已经获得的知识、技能对学习新知识、新技能的影响。迁移之所以发生,是因为新旧知识之间存在着共同的要素或特征,或者受共同原理的支配。类比就是借助两类事物间的相似性,用已知比较未知,使学生在原有知识的基础上有效地学习新知识。

参考文献

[1] 皮亚杰.发生认识论[M].范祖珠,译.北京:商务印书馆,1990.

[2] 蔡铁权,姜旭英,胡玫.概念转变的科学教学[M].北京:教育科学出版社,2009.

[3] 曹宝龙.学习与迁移[M].杭州:浙江大学出版社,2009.

[4] 沈强.类比思维法在初中科学课堂教学中的培养新探[J].基础教育课程,2013(12):51-54.

[5] 沈强.运用类比法促进初中科学概念转变的教学策略研究[D].杭州:杭州师范大学,2015.

> 【成员简介】朱兴钢，男，1982年1月出生。原柯桥中学十佳班主任，十佳"优质轻负"教师，现为柯桥区鲁迅外国语学校骨干教师。
>
> 【治学格言】不愤不启，不悱不发。
>
> 【教学主张】教师应善于设疑、导疑、释疑，从而引导学生敢疑、多疑、思疑，通过"疑"为学生思维"点火""加油""导航""铺路"，从而促进学生思维发展。
>
> 【刨根问底】水能灭火，"奥运圣火"却可以在水中燃烧。
>
> 【工作业绩】获得初中科学主题论文市一等奖、市规划课题一等奖、区规划课题一等奖；多次开设市级讲座和公开课，参加市级及区级初中科学拓展性知识命题；指导学生获得绍兴市创新科技大赛市一等奖，指导学生在省级以上杂志公开发表论文多篇。

设疑—导疑—释疑[*]

——我的初中科学概念教学主张

一、设疑—导疑—释疑的基本内涵

"学起于思，思起于疑"，思维从问题开始，有问题才有思考。在课堂上，教师若能因势利导，引导学生质疑问难，或直接提问，不仅能激起学生思维的浪花，还能一石激起千层浪。有效的课堂提问是激发思维的动力，是开启学生智慧之门的钥匙，是师生沟通思想认识、产生情感共鸣的纽带，也是评价教学效果以及推动学生实现预期目标的控制手段。

---

[*] 本文为2021年度浙江省教师教育规划课题阶段性成果。

"设疑"是指在教学过程中设计适当的问题，引发学生的思考与质疑。这些问题并非随意的、无意义的，而是有针对性、有侧重点，且目的明确的特殊问题，其基本目的在于激发学生学习的积极性与主动性，激发、引导、促进学生的思考与质疑，进而形成探究型思维等。

"导疑"可以在一定程度上激发、引导、促进学生的思考与问题解决，让学生可以从更为广阔的视角来分析、研究手头的问题，甚至在思考的基础之上对问题进行一定的推广和拓展，从而培养学生的创新精神，提高学生学习的积极性，提升课堂效率，同时也有利于学生发散思维的形成和探究性学习活动的开展。

"释疑"是设疑教学的最终目标，也是有效"设疑"策略的关键、重点。设疑教学旨在通过教师的适当提问（提出问题或疑问）或学生的自主发问引起质疑与思考，并在此基础上消除疑难、解决问题、促进理解、拓展认识等。另一方面，对学生而言，"拨开云雾见月明"，问题得到解决可以大大增强其学习的自信心，提高其探究问题的积极性与主动性，为探究拓疑奠定了基础。

二、设疑—导疑—释疑的实施策略

（一）创设情境，巧设疑问

古人曰："学贵于疑，小疑则小进，大疑则大进。"课堂教学中，教师要创设趣味性问题情境，激发学生的疑问，培养学生质疑问难的能力，让学生自主探索、猜想、实验，最终学会提出问题、分析问题和解决问题。这就要求教师在实际教学中，要巧妙地把问题贯穿于教学，服务于教学，做到恰到好处地抛砖引玉。在教师的引导下，学生问出有挑战性的问题，可以让全班同学都参与进来。学生自己提的问题，往往是最贴近生活实际，也是最感兴趣的、最想知道答案的，大大有利于提高学生学习科学的兴趣及科学素养。

（二）递进追问，手脑并用

递进追问是环环相扣地追寻探索事物真相的一种提问方式，它在既有信息与未知内容之间建立了桥梁，也在"最近发展区"和学生现有水平之间部署了知识和能力发展的"脚手架"。它包含了学生对既有问题的内化及将其与个体思维融合的过程，可以把学生从"生活世界"带到"科学世界"。在老师的引导下，学生自己设计实验、动手操作，学习主动性、思维思辨性不断得到提升。

（三）巧构模型，解疑释惑

在复习课中，教师紧扣教学内容，灵活巧妙设疑布疑，引发认知冲突，一方面可深化巩固学生对知识的理解，另一方面可以唤起学生的探究欲望，点燃思维火花，活跃课堂气氛。借助模型的科学思维是科学学习和探究的主要思维方式。初中科学学科中，所涉及的有些科学概念是复杂又抽象的，如以学科知识作为载体，利用模型，突出事物的本质特征，使教学过程明朗化，将有利于全面理解相关现象的本质，深化思维，提高科学素养，解决实际问题。

（四）用问收尾，提升思维

一个耐人寻味的课堂结尾，不仅能消减疲劳、巩固新知、激发并维持学习兴趣，还能一石激起千层浪，在愉快的气氛中把课堂教学推向新的高潮，进一步巩固和提高教学效果。而用问题来收尾就能实现上述目标，且普遍适用。

三、设疑—导疑—释疑的实践案例

浙教版《科学》八下第一章 "电与磁"的复习

情境一：在复习"电与磁"时，让学生尝试"翻斗猴子"的第一种玩法。装入电池，按下开关，"翻斗猴子"的灯亮起，同时音乐响起，"猴子"开始翻跟斗（图1）。

图1

有趣的玩具立即吸引了学生的兴趣，教师此时马上抓住契机，引导学生自我提问："你能根据这个玩法提出有研究价值的问题吗？"

"猴子为什么会翻跟斗？"

"这简单，因为有电动机呗。"一同学马上解决了这一问题。

"为什么会放音乐？"

"因为有扬声器。"一同学马上回答道。

"好，这些问题都很容易解决，谁能提出有深度一点儿的问题呢？"教师适时地提醒大家。

"发光的是普通的小灯泡还是发光二极管？"马上有同学提出了新问题。

"这个玩具内部的电路元件有哪些？"

"玩具内部电路是如何设计的呢？是串联还是并联？"

不一会儿，学生们提出了好多挑战性问题。

情境二：案例1中有学生提出问题："玩具内部电路是如何设计的呢？"

"好，要设计这个电路，首先要知道什么？"教师紧接着追问。

"电路元件组成。"学生立马答道。

"那你知道电路元件有哪些吗？"教师继续追问。

"电动机、扬声器、灯泡吧。"

"不一定是灯泡吧，也可能是发光二极管。"另一个学生补充道。

"很好，你有什么方法来验证你的猜想呢？"

"发光二极管有单项导电性，我可以反装电池看看它还会不会亮。"

"好，请你动手操作一下。"

该生立马将电池反装，然后按下开关，结果出人意料，"猴子"一点儿反应也没有。

"好，问题出在哪里呢？"教师"幸灾乐祸"地问道。

学生仔细观察，发现了问题所在："原来电池反装后，电池的锌壳与接触电池铜帽的部位有缝隙，导致断路。"

"这个方法行不通，你还有其他办法吗？"

"反向摇动'猴子'手臂。"

"很好，请你当场演示一下，并说说其中的道理。"

学生欣然应允，马上动手操作，旁边的同学伸长了脖子，瞪大了眼睛，满怀期待地注视着。

情境三：学生取出"翻斗猴子"的电池，反向摇动"猴子"手臂，音乐响起，灯不亮。

"这是什么原理？"

"电磁感应。"

"电磁感应现象需要哪些条件呢？"

学生立马就回答出了电磁感应的条件。

"好，接下来，大家来做一个练习题（教师投影出精选例题）。"

如图2所示，虚线区域内的"×"为垂直纸面的磁感线。当线框从位置A向右匀速移动到位置B时，线框内产生感应电流，下列说法中正确的是（　　　）。

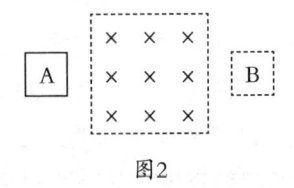

图2

A. 无→有→无→有→无   B. 无→有→无
C. 没有感应电流   D. 一直有感应电流

结果发现70%同学选答案B。

"演示线框全在磁感线内时（见图3），向右移动时有无感应电流呢？"

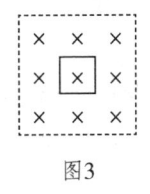

图3

学生回答："应该有，因为左右都在切割磁感线，电路是闭合的。"

"不对，应该没有，左右产生的感应电流会抵消掉。"另外的学生说。

"左右移动产生的感应电流会抵消掉吗？有什么方法来验证你的猜想？你能构建一个模型吗？"老师继续提问。

学生通过小组合作，建立如图4的模型：

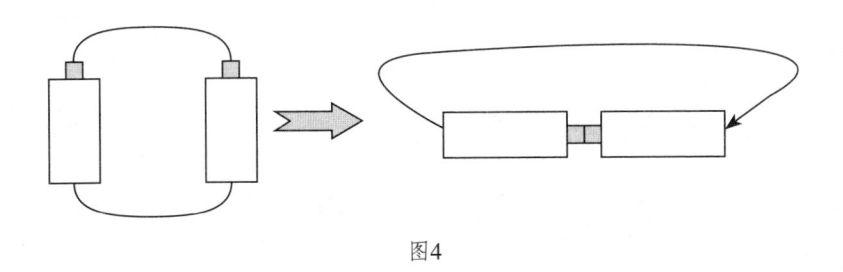

图4

学生一看到这个模型，马上发现，演示线框全在磁感线内时，向右移动没有产生感应电流。

情境四：授课快结束时，教师向学生抛出了最后一组问题：①这节课你收获了什么？②这节课你还有哪些疑问？③你能运用所学知识以及常见材料，设计制作出一个自动旋转爱心吗？

这种意犹未尽的结尾，不同于我们平常的归纳总结式结尾，学生带着疑问走出课堂，会关注身边的科学，进而继续探究妙趣横生的科学世界。

"不愤不启，不悱不发"，只有学生出现强烈的问题意识，其思维才算真正达到较高的活跃度。因此，教师平时在课堂上要讲究策略，巧妙设疑，以疑激趣，引疑导思，培养学生的问题意识，从而构建灵动的高效课堂。

参考文献

［1］杨清源，王运淼，魏华.中学物理教学设计［M］.北京：高等教育出版社，2016.

［2］魏华，王运淼，杨清源.中学物理课堂教学［M］.北京：高等教育出版社，2016.

［3］郭文娟，刘洁玲.核心素养框架构建：自主学习能力的视角［J］.全球教育展望，2017，46（3）：16-28.

> 【成员简介】许敏，女，1979年4月出生。高级教师，区教坛新秀，越城区级名师，区学科带头人。
> 【治学格言】博学、审问、慎思、明辨、笃行。
> 【教学主张】围绕学生的学习活动，在具体的学习情境和活动任务中，培养学生核心素养和关键能力。在素养导向的课堂教学实践中，推进基于核心素养的微项目学习，促使教学从"听中学"向"做中学"转变。
> 【刨根问底】摩擦力的思考：两物体间有水，水量的多少与摩擦力大小的关系。
> 【工作业绩】获得"越城区学科带头人"称号，课题获区规划课题二等奖；多篇论文获奖，多次开设讲座和公开课。

基于核心素养的微项目学习[*]

——我的初中科学教学主张

基于核心素养的微项目学习是项目化学习模式的延伸和发展，它既保留了"基于项目化学习"的原有优势，又克服了"基于项目化学习"时间长、跨度大、评价难、参与度较低的问题，将学科知识分散为多个微项目进行学习，以训练学生在有限的时间里有效管理主题的能力。

一、基于核心素养的微项目学习的基本内涵

（一）微项目学习的核心特征

微项目学习具有项目小、周期短、见效快、可控性好等特征，它不必走完

---

[*] 本文获绍兴市越城区项目化论文评比一等奖。

整个项目学习的所有流程,可以针对其中一步,在课堂上进行实践探究。教师在课堂教学上可以更注重项目方案的设计,评价交流和具体实践可以放在课后或条件成熟的时候再进行。微项目学习,可以在学生的心中埋下创新的火种,期待在某一天终能实现"燎原"。

1. 微设计

微项目学习更注重设计,包括教师对项目的设计和学生对学习作品的设计。微项目学习通过设计促进知识的融合与迁移,通过作品外显学习的结果和习得的知识、能力等。设计出创意作品是获得成就感的重要方式,也是维持和激发教师开发动机、学生学习动机,保持学生好奇心的重要途径。因此,无论是对教师还是对学生,设计都不要过于复杂和庞大,要符合学生的"最近发展区原则"。

2. 微情景

微项目学习强调把知识还原于丰富的生活,结合生活中有趣、有挑战的一个个小问题,将知识融于有趣的、具有挑战性的、与学生生活相关的问题中,通过解决问题的方式完成教学。问题和活动的设计切口要小,小问题才好解决,而问题的解决才能让学生有成就感,才能激发学生内在的学习动机。

3. 微评价

微项目学习强调在群体协同中相互帮助、相互启发,进行群体性知识建构。评价可以来自教师,也可以来自同学或家长。微项目学习的问题往往与生活接轨,任务的解决离不开合作。学生以小组为单位,共同搜集和分析学习资料、提出和验证假设、评价学习成果,学生互相沟通,商讨如何完成规定的学习任务。在教学过程中,教师、同学快速准确地进行评价、分享、创造,让学生有所体验和获得,在分享中感受快乐,于创造中获得成就。

4. 微循环

微项目学习,往往项目小、见效快,以一节课或者课堂中的一个环节为单位,对本节课的教学内容或者本单元的教学内容进行顶层设计。以问题为导向,结合学生生活实际,强调用相互关联的知识解决问题,实现多单元、多学科知识综合应用,提高学生解决实际问题的能力。最后,根据实践探究、反思中出现的各种解决方案或新的问题,进行设计的迭代,实现微循环。

(二)微项目学习中项目建构要点

1. 微项目的目标要指向科学的核心素养

科学教学的总目标是提升学生的科学素养,而素养有两个要素是必不可缺的：第一，应用自己的所知完成特定的任务或问题；第二，有能力在不同的情境间进行迁移、转换。简而言之，在不同情境中，创造性地解决问题的能力就是"素养"。不同类型的项目可以在科学课中给学生带来多样的创造性体验，帮助学生形成对知识的新见解，引导学生创造性地用科学知识进行新实践。

2. 微项目的设计要以学科"大概念"作为引领

学科"大概念"是一个学科领域中最精华、最有价值的内容。"大概念"通常用陈述句来表达一个观点，例如"生物的结构和功能相适应"。开展"大概念"教学要求教师跳出知识点的惯性思维，挖掘各知识点之间的本质联系，从而把"大概念"提取出来，然后在其统领下，进行小项目设计，创造性地使用教材。

3. 微项目的建构需要价值观作为灵魂

机械重复的学习让学生和家长只知道分数和升学，而无法让学生产生对现实的关怀和天下兴亡、匹夫有责的情怀。诚信、尊重生命、独立的批判性思考、社会责任感、严谨的科学态度与精神，这些都是我们希望学生具有的能够迎接未来的优秀品质。微项目学习对成长的意义是让学生在做事中学习，在做事中打磨和升华自己的价值观。微项目学习强调要让学生关注真实世界，不仅仅是为了让学生深度理解和掌握概念，或者锻炼思维能力，同时也是为了引导学生敬畏自然和生命，理解何为社会责任。

二、基于核心素养的微项目学习的实施策略

项目学习的科学课堂模式分为六个阶段，即微项目建立、知识与能力的建构、探究实践、形成与修订成果、项目展示或交流、反思，而微项目的科学课堂模式更注重对前三个环节进行设计（图1）。

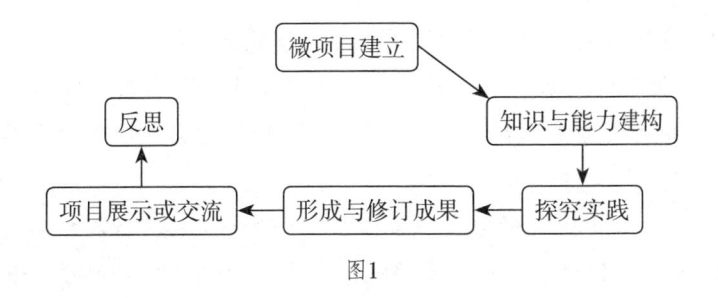

图1

（一）微项目建立

微项目的建立是进行项目教学的前提和基础。好的项目，学生探究的兴趣

浓、收获大，如果项目的切入点不好，则有可能使学生的探究浮于表面、流于形式，并没有发生真正的学习。

在项目建立的过程中，一定要遵循驱动性问题必须源于生活、指向学科关键内容，且具有开放性和多个可能的答案这一原则。教师可将教学的内容与一些新闻热点进行结合；或者对教材中的学生实验进行再开发，对教材中的阅读材料进行再利用；或者对学生学习过程中发现的难点或易错点进行再挖掘。

（二）知识与能力建构

在知识和能力建构的环节中，根据项目建立初期学生暴露出的认知难点，教师应进行有针对性的教学，提供富有支持性的指导。但是，教师的指导要延迟，延迟到让学生的学习进入"僵局"，即在学生探索失败不能再向下推进的时候，教师再进行教学，这样才更有成效，更有利于学习的真正发生，有利于学生获得更深刻而丰富的理解。

（三）探究实践

微项目建立后，通过知识和能力的重新建构，学生掌握了必要的知识，带着对项目新的理解，再一次进入到低管控的小组合作解决问题的过程中。

探究实践学习小组组建原则：组内异质，组间同质。在小组中挑选出学习成绩好、组织能力强，并且威信较高的学生担任组长。在小组讨论阶段，教师要给学生留有充足的时间，关注学生的过程性表现，对于不成熟的建议和设计要有包容性。学生组成的项目小组相互进行对话，分享不同的观点，相互帮助，互相汲取力量，共享学习工具，逐渐提出改进版的解决方案。

三、基于核心素养的微项目学习的实践案例

浙教版《科学》九下复习课 "呼吸作用"

【片段一】微项目建立：巧借新闻热点，建立微项目

师：今天老师和大家一起分享一个疫情防控期间发生在国外的故事。2021年4月28日，距离国外某记者的死亡，还剩20小时。他第一次网上求助："我的血氧已降至52%。"

血氧是指血液中氧气的浓度，正常值在95%～98%，血氧饱和度仅有52%是非常危险的。这位记者身体严重缺氧，需要及时进行吸氧治疗。哪位同学知道，吸入身体的氧气有什么用？

生1：进行呼吸作用。

师：呼吸作用表达式是什么？呼吸作用的能量转换过程如何？呼吸作用的实质是什么？

生2：……

本节课借助了一位国外记者在新冠疫情防控期间发布求助信息的新闻，建立了氧气用途的微项目探索。学生对驱动性问题进行自由的探索，通过真实的体验形成认知冲突。

【片段二】知识与能力建构：延后指导，促进知识与能力建构

师：同学们分析得很好，其实呼吸困难的原因有很多种，我们要根据不同的原因去寻找不同的解决办法。该记者的儿子也在全城寻找呼吸机，可是都遭到了拒绝。根据呼吸运动、气体交换的原理，小组合作讨论分析呼吸机可能从哪些方面帮助患者呼吸（讨论的时间适当久一些，延后指导要给学生充分时间进行思考）。

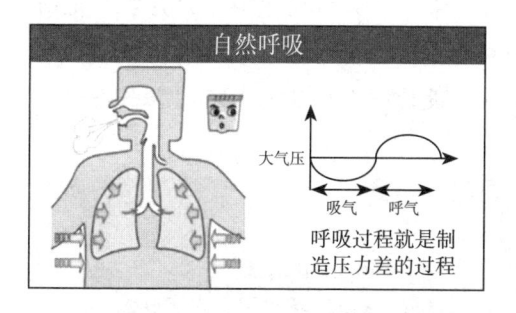

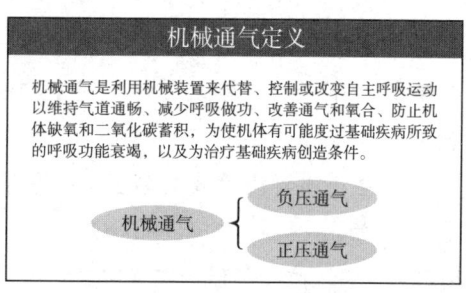

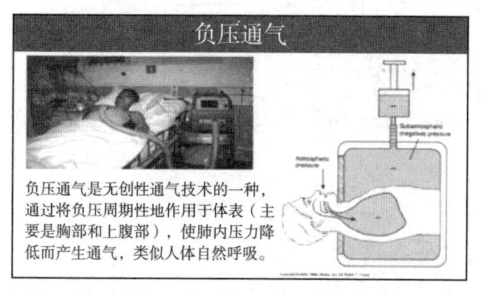

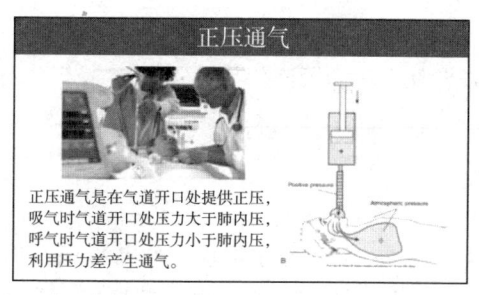

图2

生1：可以增加氧浓度，让扩散作用更顺畅一些。

生2：他都不能进行呼吸了，增加氧浓度没有用，要给他加个高压氧舱，把氧气直接压进肺里面去。

生3：氧气被你压进去了，呼不出来怎么办？我可不可以把外面的气压做成可以变的，吸入时高压，呼出时低压？

生4：他身体已经那么差了，估计经不起这样的折腾。我们能否帮助他呼吸，就像人工呼吸一样，在胸部给他辅助扩展和收缩？

生5：他的肺已经彻底没有用了，你们这些方法都没有办法把氧气送进去了，我觉得还不如把他血管中的静脉血引到体外，进行气体交换后再送回体内。

师：同学们的想法都挺好的，大家动笔设计一下。

15分钟后学生展示，并和实际医用呼吸机进行对照。

为了提升学生的思维，从呼吸运动、气体交换等原理出发，让学生设计呼吸机，让学生感受到自己所掌握的知识的强大，让知识从书本中走出来，走向生活。

浙教版九下复习课 "电路探秘"

【片段】探究实践：激发认知冲突，促使学生真探究

师：我们夜自习放学的时候，楼道灯时常不小心被同学关闭，存在一定的安全隐患，但是我们也不能让楼道灯一直开在那里，因为不够节能。我们如何做到在楼下开灯，楼上关灯？同学们能不能设计一个合理的电路图来解决这个问题？

学生小组讨论设计电路图，并分享交流。

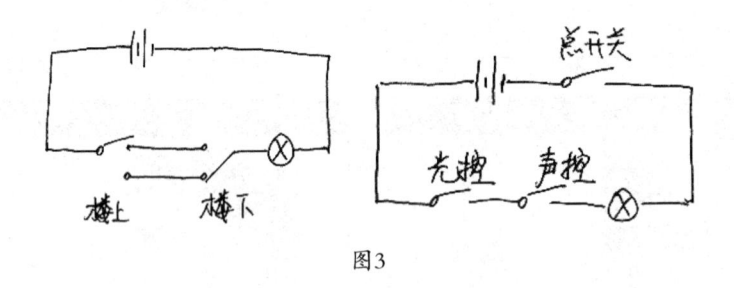

图3

师：对于同学们设计的电路图，你们觉得各有什么优缺点？

生：第一种设计实现了楼下开灯楼上关，第二种实现天黑了、有人来才能开灯，不需要人员控制，而且白天不会产生浪费，各有优缺点。

师：那我们有没有那种都能兼顾的设计呢？而且我们教学楼一共有六楼，你觉得我们的电路图还可以怎么改进？

师：我们还可以用手头的电学器材进行安装，看看在实际操作过程中，是否还存在问题。

通过学生实验来进行实践，一个组只分配一个双联开关，组与组之间必须合作与沟通才能完成实践，最后实现在探究和实践中培养学生的各种能力的目标。

通过实践和研究，发现微项目学习同样适合于平时的科学课堂，尤其是初三的复习课。从简单的知识堆砌走向能力的形成，微项目学习提供了一种较好的教学变革方式，是"双减"背景下初中科学课堂教学模式深化改革的一种尝试。

参考文献

[1] 赵慧臣，陆晓婷.开展STEAM教育，提高学生创新能力——访美国STEAM教育知名学者格雷特·亚克门教授［J］.开放教育研究，2016（5）：4–10.

[2] 陈锐彬.基于STEAM理念的统整项目课程初探——以有机合成为核心设计制作"冰红茶饮料瓶"［J］.化学教学，2019（7）：59–63.

[3] 郑华东.基于项目式学习的初中科学课程教学研究［J］.考试周刊，2020（91）：6–7.

[4] 卢芳芳.基于项目式学习的初中科学课程教学研究［D］.杭州：杭州师范大学，2019.

[5] 夏雪梅.项目化学习的实施：学习素养视角下的中国构建［M］.北京：教育科学出版社，2020.

> 【成员简介】梁根英，女，1988年9月出生，市优质课一等奖获得者。
>
> 【治学格言】尚自然，展个性。
>
> 【教学主张】针对"思考与讨论"栏目在课堂实践中的弊端，把"问题"的难度进行梯度提升，驱动学生思维进阶；对"问题"的内容展开类比联动，驱动学生思维迁移；将"问题"的情境指向实际操作，驱动学生思维整合。过程中以模型建构为载体，使学生的知识体系容量更饱满、结构更合理、输出更顺畅，使学生的科学思维品质得以实现多角度的发展。
>
> 【刨根问底】为什么一个人既可以近视也可以远视？
>
> 【工作业绩】曾获得市级论文一、二等奖，市级教改课题二等奖，开设过多次省市县级公开课及讲座。

问题驱动建模：科学思维发展的可行路径*

一、问题驱动建模发展科学思维的基本内涵

《义务教育科学课程标准（2022年版）》指出，科学课程要培养学生的核心素养。科学思维是尊重事实和证据，崇尚严谨和务实的求知态度，运用科学的思维方法认识事物、解决实际问题的思维习惯和能力，是科学核心素养的重要特征，也是科学课程中最重要的核心素养。"思考与讨论"作为浙教版初中科学教材中每一章节都有的重要栏目，通过"问题"的形式，对教材内容的呈现进行过渡、总结，对课堂教学的展开进行辅助、引导，也对学生的思维进行联结、发散。

---

*本文系2023年作品。

但是在具体科学教学中，该栏目的应用目前存在以下普遍问题：①从环节设置的流程看，存在为了提问而提问，拘于形式的交流，看重结论的得出，忽视思维形成的过程等问题；②从问题选择的内容看，几乎是照搬教材中的问题，往前缺少问题引出的过程，往后没有问题解决后的拓展延伸；③从问题选择的难度看，有时过于简单，不能有效促进学生思维的提升，有时又过于复杂，学生找不到思考讨论的切入点，理不清知识点之间的逻辑联系；④从栏目实现的形式看，大多数局限于内隐的"思考"与外显的"讨论"，停留在纸上谈兵的层面。

针对"思考与讨论"栏目在课堂实践中的弊端，现将其中涉及的问题根据难度、内容、情境进行重新整合，驱动学生以模型构建的方式，铺就科学思维发展的道路。实施主体框架见图1。

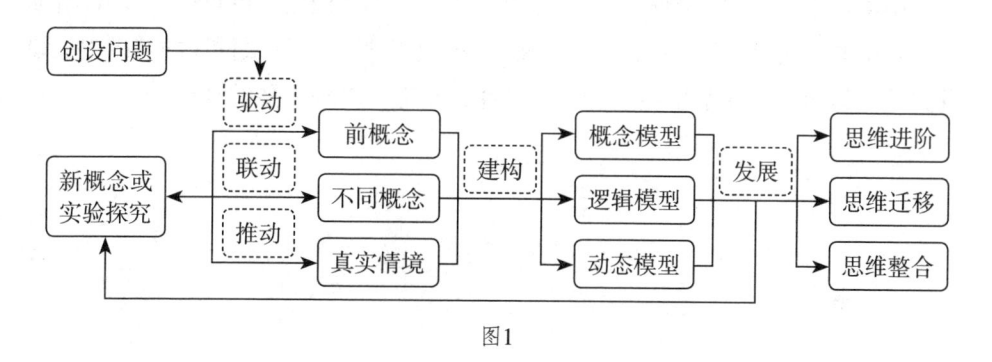

图1

二、问题驱动建模发展科学思维的实施策略

（一）创设驱动性问题，促使学生思维进阶

概念的学习往往伴随着新旧知识的认知冲突，导致科学概念的建构存在一定困难。基于学生思维发展的连续性，在学生原认知的基础上，通过设置驱动性问题链，以问题撬动前概念、重塑新结构、攻克难关卡，让学生不断思考、设计、改进，建构科学概念或实体模型，从而获得思维的进阶式发展。

（二）设置联动性问题，促使学生思维迁移

理解不同概念、解决不同问题的过程有时存在某种共性，例如理解速度、密度、压强、功率等概念的定义。把未知的东西跟已知的东西进行对比，联动同种问题、联动互通问题、联动实际问题，抓住知识之间的内在联系性，不断构建形成科学逻辑模型，达到促进思维同向迁移、类比迁移、应用迁移的目的。

（三）综合操作性问题，促使学生思维整合

在科学学科的课堂教学中，对操作性实验的处理方式，大多是老师先讲授如何进行正确的操作以及操作当中应注意的主要问题，给学生植入正确的操作流程，再让学生按照老师或教材中的提示具体动手操作，学生往往亦步亦趋但不知所以然。因此在这类教学中，授课教师要让学生在实际情境中试错，去培养学生的探究思维；在情境交流中知错，去培养学生的演绎思维；在归纳总结中求真，去培养学生的概括思维，最终帮助学生构建解决问题的动态模型。

三、问题驱动建模发展科学思维的实践案例

浙教版《科学》七上第四章第二节 质量的测量——天平的建构

小学科学三年级上册第四章"水和空气"中提到了如何判断空气是否有质量，采用的方法见图2。基于学生思维发展的连续性，在一根棍棒的基础上，设置驱动性问题链，让学生不断思考、设计、改进，得到天平的雏形。

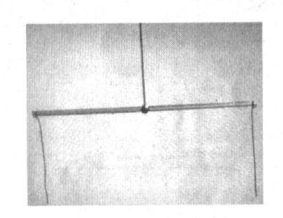

图2

问题1：利用图3所示的棍棒，如何测出质量为10 g的食盐？

学生乍一看到这一问题，思维还处于相对混乱的状态，因此需要老师撬动学生的前概念——什么是测量（测量是一个把待测的量与公认的标准进行比较的过程）。①当学生得出在棍棒的一端悬挂10 g的标准物，另一端放上食盐，直至棍棒处于水平位置，即可得到10 g的食盐时，问题得到了理论上的初步解决。②让学生置于真实情境中，思考棍棒式称量存在哪些不合理之处。在学生拿到这款简易称量工具时，马上发现食盐是颗粒状，无法直接悬挂，而且标准物（砝码）的悬挂也十分困难，并且至少要两位同学配合才能完成称量任务，这就是将问题结合情境进行延伸，提高学生发现问题的能力。③将棍棒式称量工具进行改进，学生根据生活经验率先提出将物体的悬挂变成摆放，即用棍棒两端的绳子分别系上托盘，而且在固定该装置时使用了实验器材中可以起到固定作用的装置——铁架台，改进后的装置见图4。

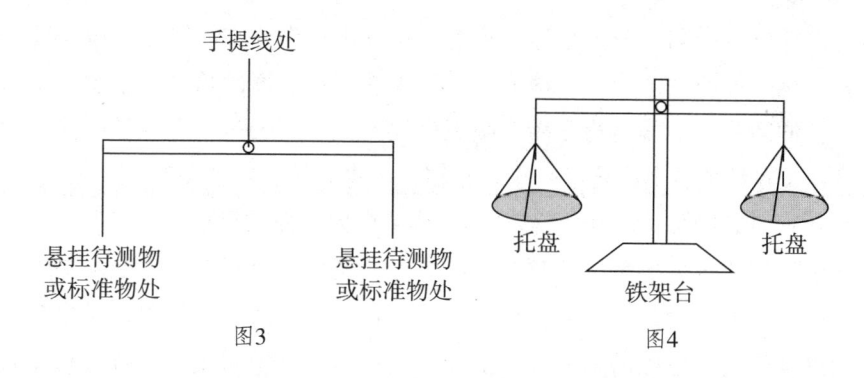

手提线处

图3　悬挂待测物或标准物处

图4　托盘　铁架台　托盘

问题2：改进后的装置基本上都出现了图5所示的情况，如何处理？

结构1：平衡螺母的引出。学生提出该情况是棍棒两端系的两个托盘质量不一样引起的，应使用两个大小、形状、质量相同的托盘，但也有学生发现在没系托盘前，这根棍棒就已经倾斜了。针对这种棍棒静止后无法水平的情况，学生联系生活中常见的跷跷板找到原因——向下倾斜的这一端太重，继而得出初步的解决方案：①在翘起来的一端挂一重物；②将向下倾斜这一端的托盘往铁架台方向靠近。

这两种方案是否都可行呢？结合用这一称量工具称量10 g食盐的操作，待测物与标准物的质量是相等的，如果改进后的装置在两边托盘放上等质量的物体能再次处于水平状态，则证明方案可行。学生通过操作后发现方案①可行，方案②不可行，改进后的装置见图6。

图5　　图6 用于调节平衡的重物　　图7

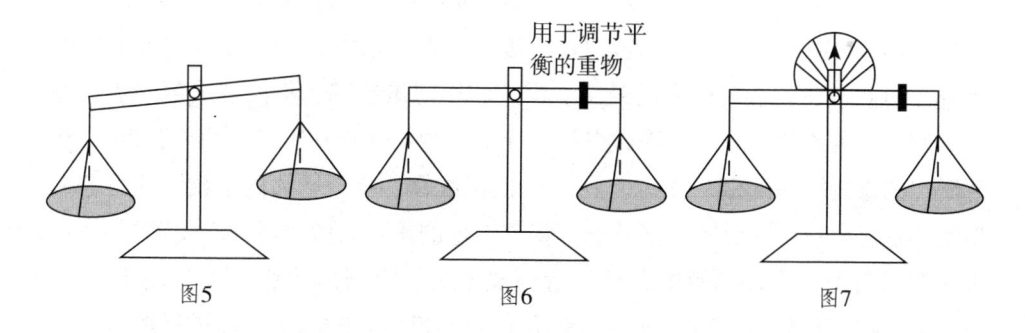

结构2：分度盘和指针。在调节棍棒使其处于水平状态的过程中，很多学生为了节省时间都用手轻扶棍棒两端。针对这一现象，老师让学生轻轻拨动已经水平的棍棒，观察棍棒的运动特点，发现棍棒在摆动时，左右摆动的幅度是基本一样的，最后仍然处于水平不动的状态。老师提出，在这种左右摆动幅度一样的情况下也可以进行称量，但是观察太不方便了，可以作何改进呢？有学生提出可以在棍棒中间系一个小球，也有学生提出在棍棒中间固定一根小棒，他们的思路是一样的，即观察小球或小棒偏离铁架台铁杆的角度。学生尝试后马上发现新的问题——偏离角度靠肉眼观察误差太多，于是联系数学中测角度用的工具，又在铁架台上固定了一个量角器，改进后的装置见图7。

问题3：称量时，能否再度移动用于调节棍棒平衡的重物？

学生利用改进后的装置称量10 g食盐，发现加食盐至棍棒快要水平时，通过移动棍棒上的重物可以达到让棍棒水平的目的。针对这一现象让学生自主讨论，通过学生之间思维的差异性，引导学生得出在称量时重物往哪边移动就相当于在增加哪边的质量，所以会导致称出的食盐质量偏大或偏小的结论。探讨这一问题，不仅是为了预先解决在后续平衡螺母使用时的"凸"出问题，也为接下来天平构建中游码结构的设置提供依据。

问题4：只有一个5 g的标准物，如何测出质量为6 g的食盐？

解决该问题的关键在于如何增加1 g标准物，并分为两步展开思考。第一步，如何增加标准物这端的质量；第二步，如何确定增加的质量是1 g。针对第一步，联系棍棒上用以调节平衡的重物可知，重物往哪边移动就相当于增加哪边的质量，所以需要在棍棒上再加一重物，通过新加的这一重物的移动来增加标准物这端的质量。

解决第二步，对于七年级的学生来说挑战性很大，所以老师需要给学生搭建思维的桥梁。回顾浙教版七上第一章讲到温度时，规定了"在标准大气压下，把冰水混合物的温度定为0℃，水沸腾时的温度定为100℃，0℃和100℃之间分为100等份，每一等份就表示1摄氏度"。将问题中的1 g标准物与温度的设定进行串联，达到触类旁通的效果，促进学生思维迁移，提出解决第二步的办法。调节好棍棒使其处于水平状态后，标记"增加的重物"所处的位置为0；在"增加的重物"所处端的托盘上放上5 g的标准物，将"增加的重物"往另一端移动，直至棍棒再次处于水平状态，将"增加的重物"此时所处的位置标为5；用刻度尺量出"增加的重物"原位置到现位置的距离，并平均分为5等份，每等份对应的就是1 g（若平均分为10等份，每等份便是0.5 g）。改进后的装置见图8。

图8

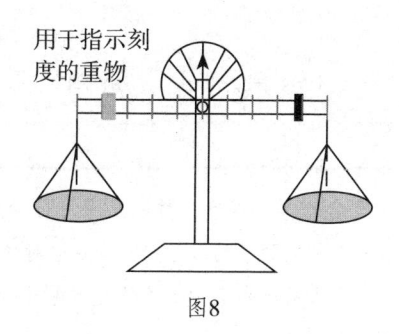

学生在操作过程中自然发现移动增加的重物时，原先用于调节平衡的重物会产生干扰，继而又思考将调节平衡的重物尽可能地置于棍棒的两端，或者选择较长的棍棒。至此，学生完成了天平实体结构模型的建构，并且在模型的建构过程中基本掌握了利用天平完成称量任务时要关注的要点。

创设的问题因为贴近学生的生活实际或者具有挑战性，所以极大地激发了学生学习的自主性，并且使学生的思维在解决问题的过程中从隐性化过渡到指导实践的显性化状态。实践不仅增加了学生的学习乐趣，而且便于教师观察分析学生的思维方式、思维角度，从而对症下药，使学生的科学思维得到优化。

参考文献

[1] 中华人民共和国教育部.义务教育科学课程标准（2022年版）[M].北京：北京师范大学出版社，2022.

[2] 王耀村，沈伟云.基于科学思维培养的"思考与讨论"栏目教学策略[J].中学生物教学，2021（6）：23-26.

【成员简介】宋家园，女，1984年1月出生。"浙里问学"名师团成员，区"最美师德教师"。

【治学格言】博学而笃志，切问而近思。

【教学主张】以"让学生能有学科专家一样的思考与行动力"的教学理念为主张，开展问题解决模式的教学研究，在平时的教学实践中不断探索和创新，逐渐形成一套属于自己的教学风格。

【刨根问底】桑供春蚕，花引蜜蜂。

【工作业绩】主持的微课程获得省精品微课程，参加区品质课堂比赛获得区一等奖，多篇论文获区一等奖。

问题解决，学为中心*

——我的初中科学课堂教学主张

一、问题解决教学方式的内涵

传统的课堂教学模式围绕教师的"教"，学生被动的"学"开展，这往往导致学生不得不通过大量刷题、背诵记忆等方式来学习概念。如果一直采用这种低效的教学方式，我们很难把学生从浅层学习的泥潭中解救出来。

现在国际上流行的教学理论都支持问题解决的教学方式，如美国犹他州州立大学教授戴维·梅里尔（M. David Merrill）于2002年在美国教育技术专业杂志《教育技术》上首先提出的"首要教学原理"。

梅里尔教授在总结了行为主义、认知主义、建构主义等众多学习理论，以

---

* 本文获2018年越城区教学论文评比"我的教学主张"一等奖。

及考察了众多的教学设计理论与模式的基础上，提出了以最终促进学习者学习为目的的五项教学的首要原理。这五项原理是：

（1）学习者介入解决实际问题，才能够促进学习（问题原理）；

（2）激活已有知识并将它作为新知识的基础，才能够促进学习（激活原理）；

（3）将新知识展示给学习者，才能够促进学习（展示原理）；

（4）学习者应用新知识，才能够促进学习（应用原理）；

（5）新知识与学习者的生活世界融于一体，才能够促进学习（整合原理）。

梅里尔教授的"首要教学原理"的内涵就是以问题为中心，将学习者置于五个明显的学习阶段中：①聚焦复杂的问题；②激活已有的旧知；③展示新知识技能；④应用新知识技能；⑤将知识技能整合到实际生活中。

二、问题解决教学方式的实施策略

（一）聚集挑战性问题启动教学

教师根据生活情境引出本节课需要解决的中心问题，既从学生熟悉的事物出发，又能引起学生的认知冲突。在具有挑战性、引起认知冲突的问题的刺激下，引导学生提出自己的观点和猜想，尝试感受、解释困难，激发学习新知的渴望。学生在解决挑战性问题的过程中既享受学习成功的愉悦，又在认知上获得"跳一跳摘到果子"的锻炼，科学思维能力也能得到提升。

（二）激活已有的旧知促进学习

"以旧知引新知"向来就是教师引导学生学习课程内容的一种策略。现在，"学习的准备""在新旧知识的相互作用中同化新概念"等理论阐释，已为教育工作者所认同。根据学生原有的知识状况进行教学，根据学生原有的知识经验的提示、融通、汇聚，促进新旧知识相互联系、相互渗透、相互作用，既整理了原有知识，又使原有知识得到巩固和发展，获得新的意义。首要教学理论也认为当激活已有知识和技能的心智模式，并将其作为学习新知识的基础时，才能够促进学习。

（三）显化加工新知提升科学思维

不管教学过程如何变化，学习本质是一种思维活动，2022版课程标准界定了科学思维的概念：科学思维是从科学的视角对客观事物的本质属性、内在规律及相互关系的认识方式，主要包括模型建构、推理论证、创新思维等。要让学生在动手、动脑、动口的过程中显化加工新知识，而实验探究是科学教学的重要特点，一定要引导学生将动手操作跟动脑思考相结合，结合模型建构、推理论证等科学方法，更好地理解新知识；同时也要引导学生把自己的所思所想表达出来，批判性地加工新知识，这更有利于把新知识融入原有的认知结构。

（四）运用新知识解决中心问题

在学生显化加工新知识之后，就要运用建构的新知识来解决课前教师提出的挑战性问题，即本堂课需要解决的中心问题。这体现了科学来源于生活又服务于生活的"STSE"（科学、科技、社会、环境）教学理念，而科学课堂的使命就是架构起科学与生活的桥梁。

（五）拓展迁移实现深度学习

将新知识拓展迁移到新的问题，是课堂教学中的最后一个环节，设计这个环节不是为了追求学生将来做题的正确率，而是让他们将所学的知识技能转化为终身学习的能力，让学生能有"学科专家一样的思考与行动力"，让学生能学以致用，拥有在类似情境中实现知识的迁移应用，以及在不同情境下创造性地解决新问题的能力，最终实现核心素养的提升。

三、问题解决教学方式的实践案例

浙教版《科学》七下第三章第七节　压强

（一）聚焦挑战性问题

游戏设置情境：请一位同学上讲台用针轻扎气球（如图1所示）；请两位同学站在气球上（如图2所示）。

图1　　　　　图2

师：两位同学站在气球上，气球没有破，而用大头针轻而易举就把气球扎破了。原因是什么呢？大家想知道吗？解决这个问题，就是本节课的中心任务。

设计意图：针扎气球，气球容易破，学生根据生活经验，自然认为人踩在气球上，气球也会破，但是当同学踩在盖在气球上面的玻璃板上时，玻璃板下的气球并没有破。这就与学生的认知发生了冲突，就能激发起学生解决这个中心问题的渴望。

（二）激活已有的旧知

问题1：当两个同学站在玻璃板上时，我们发现气球发生了形变。气球为什么会发生形变？

生：气球受到了压力的作用。

问题2：我们知道力有三要素，请同学们根据刚才的现象，分析气球受到的压力三要素分别是什么？

学生根据所学进行分析。

设计意图：学生在分析压力的三要素时都遇到了一些困难，特别是一些学生在前概念重力方向的影响下，自然而然地觉得压力的方向是竖直向下的。这一环节的设计就是要暴露学生的错误概念，再通过下一环节的动手实验，让学生自己修正对压力的三要素的理解。

（三）显化加工新知

探究：感受压力

活动1：把科学书平放在手掌上，感受压力（图3）。

活动2：把一个手掌竖起来当墙，用一个手指让科学书紧贴竖起来的手掌，感受压力（图4）。

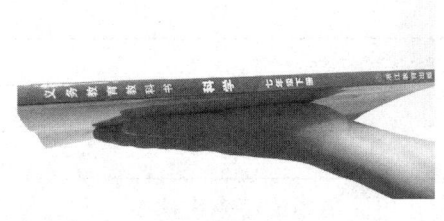

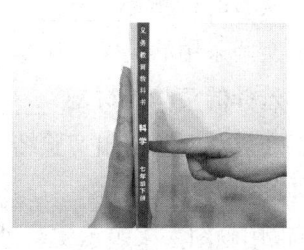

图3　　　　图4

问题1：活动1中什么物体受到了压力，活动2中什么物体受到了压力？

生：活动1中手受到了压力。活动2中科学书对手掌有压力，手指对科学书有压力；科学书对手指有压力，手掌对科学书也有压力。（力的作用是相互的）

活动3：请同学在任务单上画出活动1和活动2中手掌受到压力的示意图。

问题2：请分别说出以上两种情况的压力的三要素。

问题3：压力的作用点在哪里？现在如果想让同学们给受到压力的这个面取个名，我们可以取什么名呢？是叫接触面好，还是受力面好？

生：接触面有几个，但压力的受力面就只有一个，因此用"受力面"比较好。

问题4：请同学们比较活动1和活动2中手掌受到的压力的方向，总结一下压力的方向有何共同点。

生：垂直于受力面。

问题5：请问压力和重力一样吗？若不一样，请说明理由。

生：重力是由于地球的吸引而产生的，而压力是由于物体挤压而产生的。重力的作用点在物体的重心，而压力的作用点作用在压力的受力面上。重力的方向是竖直向下，而压力的方向是垂直于受力面的。

师：压力和重力是两种不一样的力，不能说压力等于重力，只能说在某种情况下，压力的大小等于重力的大小。

设计意图：通过类比修正前置的错误概念，准确地修正了学生对压力的三要素的理解。

活动4：探究影响压力作用效果的因素。

师：请同学们选择合适的实验器材来探究压力的作用效果与其影响因素。

（实验器材：肥皂、海绵、小木块、钩码、小桌）

师：大家先把实验的设计思路在活动单上填好，先不要动手实验，同桌可以互相讨论一下。

我们实验的猜测是_____。
我们实验采用的科学方法是_____。
我们选择的实验器材是_____。
我们通过观察来得出实验结论是_____。
具体的实验方法是_____。

（可以用画图法来表示实验过程，再简单用语言来表述）

请一位学生分享实验设计的思路，请其他同学从实验的可行性和合理性来评价这个同学的实验设计思路。

设计意图：通过这个探究让学生明白，要进行一个有效的科学探究，实验的设计思路是非常重要的。实验的设计必须选择合适的实验器材，实验现象要明显，实验操作要简单。学生在动脑、动手的过程中充分体验了探究的过程，也落实了知识要点。

问题6：刚才同学们得出了结论：压力大小相同时比受力面积；受力面积相同时比压力大小。当压力大小和受力面积都不相同时，怎么办呢？

师：回忆速度概念的定义。

生：单位面积上压力的大小。

师：我们把单位面积上压力的大小称为压强。

设计意图：通过回忆"速度"的定义方法，得出"压强"的概念，让学生学会用知识的迁移法来构建新的知识。

（四）运用新知识解决中心问题

解决中心问题：请同学们解释为什么几个同学站在气球上，气球没有破，而用大头针轻而易举地就把气球扎破了。

设计意图：学生应用新的知识来解释之前的疑问，学习的兴趣将更加持久。

（五）拓展迁移

活动5：请同学们利用压强公式，估算一下两位同学站在玻璃板上时，气球受到的压强。需要了解哪些数据？

设计意图：从定性到定量分析本节课的中心问题，计算结果不是目的，关键是让学生分析气球受到的压力大小，气球的受力面积是指哪一个面积，最终将本节课所学的知识结构化，并形成认知模型。

新课程强调让学生经历科学化的过程，在探究的过程中，教师应以学生为中心，让学生切实经历探究与发现的过程，挖掘每一环节里潜在的教育资源，把每一步做实、做足、做透，让体验、内化伴随活动的全过程。这需要教师的精心设计，用一个巧妙的、经过深思熟虑的问题进行提示，往往犹如将一颗石子投入平静的水面，能激起学生思维的涟漪。

参考文献

[1] 乔儒，陈锋. 初中科学教学设计指导：问题解决任务驱动［M］. 杭州：浙江大学出版社，2022.

[2] 喻伯军. 义务教育课程标准（2022年版）课例式解读　科学［M］. 北京：教育科学出版社，2022.

[3] 陈锋. 初中科学概念进阶教学范式的创新研究［J］. 教育参考，2021（3）：70–76.

> 【成员简介】卢朝霞，女，1986年6月出生。绍兴名师，绍兴市学科带头人。
> 【治学格言】守住初心，抓住本质。
> 【教学主张】以"自制学具"促进学生探究发展。
> 【刨根问底】被子的思考：人睡在被窝里会感受到热，棒冰放被窝里却不会融化。
> 【工作业绩】担任诸暨市初中科学教研员，教育研究中心副主任。省师训、市重点课题立项，获绍兴论文一等奖，多次开设讲座和公开课。

以"自制学具"促进学生探究发展[*]

——我的初中科学教学主张

　　科学探究的核心是思维，思维的提升和发展又需要通过学生的自我实践和体验来实现。以"自制学具"促进学生探究发展是笔者经过几年的探索而形成的教学实践方式。

一、对"自制学具"活动的认识和理解

　　"自制学具"活动以实验的形式动态性地展示了科学探究的过程，让学生真正做到"从做中学，从研中学"，充分发挥学生的能动性，强化学生解决问题的思维过程。它有利于激发学生对科学学科的兴趣，培养学生创新性动手习惯。同时，"自制学具"活动是基于生活资源的实践过程，让科学探究以解决现实问题的方式回到现实生活，有力地提升学生的自主思维和才干。

---

[*] 本文系参与2017年绍兴市学科带头人评比论文。

二、基于"自制学具"活动促进学生探究发展的实践策略

（一）强调自主参与——"自制学具"活动的实践基础

区别于以往教师在学具制作中大包大揽、详细指导、逐步解析，我们主张把学具制作的主动权和探究机遇完全下放给学生。学生们根据网络或教材上的资料去选定制作材料，尽量自行制作。尽管这种策略使得学生"自制学具"的效率较以往有明显下降，可是学生在课下对科学学科的实践探究兴趣却大大提高。也正因为这种自主性，学生们在不断的失败中积累了大量的经验教训，对于教材中的知识点和原理有了越来越深刻的认识和领悟。随着研究的深入，学生们开始在课堂上不断发现新的学具自制契机，在课上和课下主动结合成兴趣小组，进行科学实验和学具的制作，继而反哺于课堂教学，形成了良性的教育循环。

（二）重视生活化选材设计——"自制学具"活动的重要方向

要发挥出"自制学具"的教育潜能，真正促进初中生科学探究能力的发展，就需要重视"自制学具"的制作设计过程。

初中科学教材涵盖地理、生物、化学、物理等多学科的知识内容，知识范围广，可以进行"学具自制"的内容很多，不可能始终鼓励学生购买昂贵精致的材料去进行学具制作。因此，在学具材料的选择和设计上，应该鼓励学生自主发掘生活性材料，多以低结构、可塑性强的木、铁丝、纸等基础材料和废旧材料进行学具自制。比如废旧的玻璃瓶、电线、木板、铁丝、保险丝，废旧钟表上的螺丝和齿轮轴，废旧玩具赛车上的小马达、小电机等，都是很好的科学活动学具材料。

例如，在学习浙教版《科学》七年级下册第二章"地球和宇宙"时，学生需要对太阳照射角度和光线的变化进行理解，教师就可以引导他们尝试用铁条和圆木板，甚至木条和旧砂轮自己制作日晷或者太阳高度观察器。同样，在学习浙教版八年级上册"电路探秘"这一部分时，我带领学生尝试用废旧的铜片、电线、电池、铁片等自制手电和开关电路模型。

（三）突出探究学习——"自制学具"活动的实践核心

1. 具象解析：利用自制学具进行演示性学习

科学学科中许多知识内容抽象性很强，很多时候学生借助教师的讲解、视频的演示和自学能够勉强理解，但无法建立非常清晰的具象认知，尤其是一些距离生活实际有一定距离的生物或者化学知识内容，学生们很难建立良好的知

识印象。对于这样的状况，为了帮助学生去更好地理解科学教育的内容，依托具体的事物进行学具的自主制作尝试，是很好的学习路径。

例如，浙教版《科学》八年级下册第二章"微粒的模型与符号"中，粒子模型和原子符号模型这两个知识点内容都比较抽象，我引导学生结合书上的原子结构模型图，用橡皮泥、皮筋、木棍等材料自己建构了简单的原子结构模型。借助这个模型的制作，学生们非常具象地认知了原子的结构状态、原子核以及电子的核外运动。

2. 启发理解：借助自制学具开展概念性探究

科学学习中，经常有一些科学现象或者原理，尤其是一些知识细节和反应变化，学生们的理解深度通常不够。毫无疑问，借助"自制学具"可以为学生提供良好的理论分析和实践解析机会，帮助他们把抽象的物理、化学知识点具象为眼前的物理现象或者反应变化，自己在操作中结合着教材理论对各种细节和知识细则进行思考探究。

比如，浙教版《科学》八年级上册与电路有关的"变阻器"和"电流与电压、电阻的关系"中有不少内容前后关联性很强，抽象性也很强。教师可以通过多媒体教学和讲解分析帮助学生了解电路和电阻的知识，随后鼓励学生自己尝试制作"简易电路板"。学生们用木板、保险丝、电池、铜片、小灯泡、小开关等材料自己仿照着示意图制作了电路板。在制作的过程中，他们对知识内容重新进行了回顾和理解交流，还向教师进行了请教。"电路板"制成后，学生们借助"电路板"的支持，又开展了变阻器的尝试实验、绝缘体和导体的实验，并联串联开关实验，对电学概念有了透彻的深入理解。

（四）引导实践推广——"自制学具"活动的拓展延伸

1. 演绎交流，启发学生元认知思考

借助多媒体设备和网络等终端手段，帮助学生将学具应用的技巧与策略进行展示与交流，或者引导学生进行学具使用的解说和原理解析，从而启发他们对于科学知识和实践操作产生更深入的思考，形成自我的实践反思认识，进一步提升实践的探索性和创新性。

还可以引入了DV、手机、幻灯机等设备，在学生使用学具的过程中进行细节拍摄，随后播放一些有代表性的操作过程（如需要精确操作或者存在原理性问题，易犯错误的操作）的视频，通过再次回顾和集体交流探讨，发现和积累问题。对于一些特殊原理和知识点，可以上网下载更加规范的操作视频，通过慢放、暂停、配合实物操作等方法帮助学生理解。

比如，浙教版《科学》七年级下册第二章中有"透镜和视觉"这一课，学生们自制了简易的天文望远镜。针对望远镜的制作流程，我就自行制作并拍摄了简易的视频（部分），放在网络平台上供学生欣赏、学习。对于学生小组自己的制作、观察和使用望远镜的过程，我也鼓励他们进行拍摄，剪辑之后在课堂上进行交流学习。比如望远镜制作时要确定物镜和目镜的焦距，这时需要借助太阳光定焦，操作难度相对比较大，我就专门借助视频进行了分析，结合学生学过的透镜折射原理，帮助他们理解。在随后的望远镜观察视频记录中，我也借助学生们调焦、调角度等过程，配合透镜原理进行了分析，对于不能观察太阳（可以观察其他恒星）的注意事项和原因进行了启发思考。

2. 生活拓展，推动学生项目化学习

科学学习的最终目的是培养学生的科学探究能力，锻炼他们运用科学知识分析和解决生活中的问题的能力，养成科学思考的习惯，形成终身受益的能力。我针对学生"自制模具"也进行了课下运用和拓展，鼓励和支持他们灵活运用自制的模具解决生活中的实际问题，真正使课本上的知识与生活建立联系。

比方说，学生们在七年级上册学习测量时对曲尺产生了好奇心，他们借助网络自行查找了制作方法，随后用铁条制作了曲尺。学习了地理知识中的等高线之后，他们便尝试自己用曲尺测量校内小山的高度，根据小山的地貌绘制等高线地图，进而尝试自制地理沙盘。同样，学习了简单的机械知识以后，学生们也尝试利用齿轮、杠杆、滑轮等物理机械自行组合机器。一些动手能力比较强的学生甚至还借助这些机器模拟了初级的流水线，理解了现代工业精确标准的意义，探究了现代工业模式的机器特点。

3. 团队引领，鼓励学生合作式学习

无论是学具自制还是学具应用，学生个体单独地进行长时间的探索钻研很容易产生消极的情绪，导致效率过低。因此，我支持和引导学生们结合成兴趣小组，共同进行学具自制和学具应用。我首先在学校成立了科学兴趣小组，并为小组提供了活动室、资料库和材料库，引导小组成员对材料库进行充实，随后支持他们自行开展小组活动。每个小组不仅有校内的活动机遇，我还鼓励他们在网络上建立交流群，在校外也多进行学具合作自制。其次，为了保证小组内所有成员都能够获得参与实践的兴趣和契机，我还专门对小组成员的组合进行了统筹安排。再次，我定期专门对学生开展科学实验或者科学模具制作的讲座，帮助学生学习理论技巧、积累经验。我还会定期参与学生小组的活动，不进行指导干预，而与学生共同完成任务。最后，我精心为学生们搜集了大量有趣的科普动画、科普视频和科学小制作网络资料，在学生的交流群和校园网上进行共享，还定期组织各种"发明大王""小科学家"评奖活动，为学生们的活动提供支持和引导。比如，在学习完七年级上册"物质的特性"中"汽化与液化"一课之后，孩子们都学会了蒸发实验，随后一个兴趣小组的女生们就在网络平台上学会了简单的香水的制作工艺，她们准备了各种工具，制作了加热蒸发的实验模具，自己尝试用鲜花制作了香水，从中受益良多。

三、"自制学具"活动对学生探究发展的效果与思考

多年的"自制学具"活动的实践与研究是有效的，不仅学生对科学学习的兴趣和热情都有明显提高，思维更加开阔，而且学习科学的方式也发生了很大变化，学习过程的实践性与综合性也越来越强，学生已经不再孤立地学习科学一门学科，而是将它与综合实践、数学、体育、音乐、美术等学科关联在一起。

在实践的过程中，学生尤其学会了想方设法去探索和解决问题。他们会展开思考、分析和想象，必要时会进行创造和动手尝试，也会寻求同伴或教师的支持，或借助网络资源和力量去搜集自己需要的信息资料，然后自己动手探索。

当然，在不断的教学探索中，我们也发现了一些尚需钻研的问题。

第一，实验探究的内容大多依然拘泥于教材，对于课外的科学实践探索相对不足。许多教师自身对于课外的科学实践经验也比较浅薄，经常发生学生的问题和疑难无法及时解决的情况。这需要我们尝试引导学生在课外进行更大维度的科学实践，启发他们去实践更新奇、更实用的问题和项目，获得科学探究能力的系统提升。

第二，我们发现，培养学生的科学探究能力不能仅仅借助学校和学生资源，还要多引入社会教育力量。学校需要多与一些场馆机构、企业或者专门人员进行合作，为学生们带来各种校外的交流合作契机，推动他们获得更大的力量支持，从而获得更加长远的进步。

参考文献

［1］冯辰.初中实验室建设与管理的问题及对策——以泰州市E初中为例［D］.杭州：浙江工业大学，2022.

［2］舒琴.基于科学思维发展的初中生物"问题串"教学设计与实践研究［D］.石河子：石河子大学，2021.

［3］胡汝芳.浅谈多媒体教学的功效和缺点［J］.读写算（教育教学研究），2012（4）：35.

> 【成员简介】王宇飞，男，1983年11月出生，绍兴市学科带头人、上虞区名师、
>   学科带头人、教坛新秀。
> 【治学格言】巧析原理，联系实际，育知行合一之人才。
> 【教学主张】新时代的课堂，是学生主体、教师主导型课堂，良好的课堂氛围需
>   要两者协力创造。教师要给学生真实情境，巧设问题链，激发学生
>   的主体能动性；学生需要积极参与，用好评价手段，创设自我激励
>   机制。通过双方共同努力，建成训练高阶思维的参与型课堂。
> 【刨根问底】月亮每天升起的时间相同吗？夏季能看到天狼星吗？
> 【工作业绩】获得"绍兴市学科带头人"称号，参与绍兴市规划课题三项，发表
>   各级各类论文六篇，新开发课程一门，举办讲座三次。

师生协力，建设"高参与度课堂"*

一、基本内涵

要让学生具备核心素养的四部分内涵，就必须以学生为教学主体，让学生自然地产生问题，自发地思考问题，自行地解决问题。这样，才能将科学知识的本质、科学研究的精神、科学探究的方法内化为学生的信念和行为。但是，如何达到以上三个目标，却没有现成的可操作程序。因此，绝大部分的一线课堂还是被以教师为中心的讲授式教学所占据。这样的课堂模式，学生只能被动地听、抄、背，缺乏积极的思考、提问、质疑，久而久之，培养出来的肯定是思维疲懒的被动学习者。要提高学生在课堂中的参与度，建设"高参与度课堂"，既是生本位课程标准的追求，也是轻负高质教学背景的渴求。

---

* 本文为参与2019年绍兴市学科带头人评比的教学主张。

二、实施策略及配套案例

如何提高学生的参与度，我时常在思考和摸索，历经十七个年头后，我也渐渐有了一些粗浅的想法。我认为要保证学生的主体地位，需要教师和学生两方一起使力。具体来说主要可以从以下几点着手实施。

（一）教师的心中要有"以学生为教学主体"的革新意识

新时代的教师，要把以"教"为重心转移到以"学"为重心上来。教师要充分相信，学生是有自学能力的，教师要处在学生教学的辅助地位，要将自己的角色定位从"讲师"转变为"导师"，不必唠唠叨叨地讲知识点的条条框框，而只需要静静陪在学生的身旁，在他们学有疑难时，帮他们指一指方向，找一找关键。当然，学生的主体教学地位不可动摇，也不是说教师的作用在教学中就是微乎其微了。其实，发挥学生的主体能动性，还是要依靠教师的教学手段逐渐引导、培养的。如何做呢，我认为，主要是要做到以下几点。

1. 教师的课堂情境创设，要有"激发学生探究兴趣"的积极意义

著名物理学家杨振宁有一句名言："成功的真正秘诀是兴趣。"是的，有了兴趣，才能激发学生的探究热情，才能维持学生的探究持久力，才能加大学生的探究深度。因此，教师在课堂开始时的情境创设是尤为重要的。平铺直叙地告知学生课堂学习的内容，肯定不如让学生置身一个有趣的情境中自然地发出疑问有效。

如在浮力教学中，先将乒乓球压入水中，放手后乒乓球跳起，直至飞离水面再落水漂浮，再将石块投入水中，发现其沉入水底，追问学生："石块是否受到浮力作用？"飞起的乒乓球，让学生感受到浮力的魅力，而"下沉物体是否也受到浮力"这一与学生旧有经验相冲突的疑问，会让学生分成两个派别——认为受到浮力的有之，认为没受到浮力的也有之。这样的情境创设就使得学生迫切想探明石块是否也受到浮力作用，于是，不管是正方还是反方，都会开始思考设计实验来说服对方。于是，科学观点的验证热情被激发，科学实验的设计意愿也被启动。学生自己设计实验，能提高他们的科学思维，验证结果后，又能增强他们的成功体验，使得他们对科学探究的兴趣得到正强化。这样，激发兴趣、深化兴趣、增强兴趣的兴趣链就能慢慢形成。

2. 教师的环节设计，要有"顺应学生思维过程"的逻辑顺序

著名教育家杜威曾经说过："虽然个体的发展不尽相同，但是思维的发展（认知规律）却有惊人的相似之处。任何一个人，都是从具象思维开始，逐渐发展出抽象思维的……一次完整的思维过程也有基本的逻辑规律。"你是否有这样的经验：当我们遇到一个新事物时，很可能会先产生两个相对具体的疑问："这是什么？这有什么用？"解决这两个问题后，会产生抽象些的疑问："为什么它会（能）有这样的作用？它有怎样的特点？我应该怎么验证自己的想法？"这样的几个疑问，其实就包含了一次完整思维的五个维度：出现疑问、思考疑问的性质、联想可能的情况、推理过程、证实看法得出信念。因此，教师在教学设计的过程中也需要考虑学生的认知规律。

如地球的绕日运动教学，可提出以下问题：一天中旗杆影子的长度会不会发生变化？影子会发生怎样的变化？影子的朝向为什么会变化呢？影子的长短为什么会变化呢？一天中什么时候太阳高度最大？你是怎么判断出来的？同一天正午时两个不同纬度的地点，它们的太阳高度相同吗？（学生没有经验，说不上来。）接着，出示同一天、同一时刻、不同纬度四地的旗杆影子照片问学生能看出什么。（学生发现同一时间、不同地方的太阳高度不同，有些地方可能没有影子。）继续引导，为什么会没有影子呢？这种现象我们称之为太阳直射点。再看图思考一下，你能从中得出什么规律？（学生发现太阳高度与该地到直射点的距离有关，离太阳直射点越近，同一时刻的太阳高度就越高。）出示不同季节正午本地旗杆影子的照片，问：旗杆的长度为什么会不一样呢？（学生答不出来，于是进入地球公转、黄赤交角的学习。）

这一教学过程以旗杆影子的长短变化这种具体现象引发思考，引导学生研究杆影与太阳高度的关系；利用同一时刻、不同纬度正午时旗杆的长度这种具体现象引发思考，引导学生研究某地到太阳直射点的距离对该地正午太阳高度的影响；再利用同一地点、不同季节正午杆影长短的区别这种具体现象引发思考，引导学生研究地球公转与黄赤交角对太阳直射点在地球上位置的变化。有了先具象，再抽象；先表面，再深入；先本体，再联系的次序排列，学生就能主动地参与到对象的研究中来。

3. 教师的作业布置，要有"增强学以致用感受"的课外效能

对于作业的布置，教师要避免拿来主义。有些教师，买了哪本习题集，每次课后就布置对应章节的习题。虽然习题集的编选必然是有大量专家经过反复斟酌之后才最终确定的，却不一定能和我们自己的课堂内容完全配套，不一定能适应我们这个班级的学生。所以如果照搬习题集，甚至为了避免错过所谓的好题而选择好几本习题集，那么必然会将学生拉入到摸不着头脑的、机械的题海战术中去。我觉得习题集要选，同时，布置作业时还需要根据自己的教学内容和学生层次，选择有典型性、有渐进梯度的题型，如浮力这一节结束之后，可以选弹簧测力计测浮力的习题1道，阿基米德原理习题1道，物体浮沉条件习题1道。这是浮力一节内容中最主要的几个需突破的知识点，这样的例题比较典型，可以让学生在课后对课堂知识再梳理强化。然后，再选择1道关于3个等体积的球放入水中，分别处于漂浮、悬浮、沉底状态，比较其所受浮力大小关系的题目。这道题其实是对前面3个知识点的综合应用，难度就比单一一个知识点的题型要略有提升，这对于部分学生来说就是需要"踮踮脚"才能够到的"苹果"了，而学生有效思维的发生与延伸就是发生在"踮踮脚"的这一刻。而且，这种略有难度的题型在找到方法解决之后，学生心中就会产生学有所用的成功体验，真真切切地感受到课堂学习内容的实用性，就能激励学生更愿意在下一次课堂中投入地学习、钻研，以便获得更多的解决问题的能力。

（二）学生的心中要有"自己是学习主体"的主人翁精神

除了教师层面可以做出努力之外，我觉得学生作为教学主体本身也有许多可为之处。而首先，就是思想上的重视。学生必须正确认识自己在学习中的地位，必须清醒地认识到学习是自己的事情，课本是提供知识的依据，教师是自己深入学习的向导，只有通过自己的努力方可真正理解知识的内涵、外延，揭露事物的本质，发现知识内在的联系，获得最佳的学习效果。对此，也有两点小小的建议。

1. 学生的学习要有"善于自我激励"的机制

要想保持良好的主动学习状态，就需要有强烈的学习动机。这样，才能有强大的学习动力，也才能主动地投入积极的学习中去。学习动机有四种类型：外部动机，学习是为了得到某种奖励；社会动机，学习是为了让身边的某些人高兴；成就动机，学习是为了体现自身的优越性，获得某种价值感；内部动机，学习是为学习过程能满足自己情感和智力的需要。从第一动机到第四动机，学习者的学习目的逐渐由外向内转移，从对学习结果关注向学习过程关注转移，从"要我学"自觉地向"我要学"转移，从而达到"我会学，我能学好"。因此，学生要通过学习不断激励自己，体验高层次的学习动机，促使自己主动热情地投入学习过程。

2. 学生的课堂要有"热衷参与交流"的态度

现在的初中科学课堂中，之所以经常能见到教师的一言堂，其实也有学生不愿发言或交流的原因。很多问题，其实有不少学生心中有答案，但是因为担心说不好，或者因为个性比较内敛等缘故，在老师提问时，大家都是低着头，等着其他同学回答，或者索性直接等着老师给出答案。久而久之，教师就会因为担心课堂内容无法及时完成，而失去等待的耐心，不得不自问自答来完成知识点的讲授。如果课堂之上，在教师的有效引导下，学生能勤于思考，面对问题能开展有效讨论与交流，自行解决问题，那么，我想教师会很乐意在一旁倾听学生的表述，在有必要时才稍加提醒和修正。这样，课堂就能真正交到学生的手上了。

新课标教育理念已经深入人心，但是在一线教学中真正达成"高参与度课堂"的教育目标，还需要教师和学生两方协同，进行长期的合作。只要有大量的一线教师继续深入研究新的教学模式，相信我们就一定会向着期盼的目标，一步步坚实地前进，终有一天，我们能真正达成这一艰巨目标。到那时，我们的教育将让学生学会学习、学会生存、学会研究、学会交流、学会合作，发展潜能和积极创新。这就是我心中的教育理想国。我会为此继续坚持研究，大胆探索，科学实验，批判地吸取前人的研究成果，不断开拓进取。

参考文献

［1］约翰·杜威.我们如何思维［M］.伍中友，译.北京：新华出版社，2010.

［2］约翰·洛克.人类理解论［M］.谭善明，徐文秀，编译.西安：陕西人民出版社，2007.

［3］吴薇.初中物理科学思维方法探讨［J］.科学大众（科学教育），2017（3）：38.

【成员简介】黄军彪，男，1982年9月出生，现任绍兴市上虞区东关街道竺可桢中学校长，上虞区科学学科带头人、名师，曾获上虞区科学优质课、劳动与技术优质课一等奖。

【治学格言】能让学生高效学习、快乐学习、全面发展的学校才是名校。

【教学主张】人是无限开放、向上发展的个体，我们的学习系统要以学生立场为价值基石，以主动学习为价值诉求，以主动发展为价值追求，先学后教、学习先行、同伴互助，满足不同学习者的需要。

【刨根问底】蚂蚁外出寻找食物一走就很远，相当于人走到几百千米以外去一样。它是怎样准确无误地回到自己的巢穴中去的呢？

【工作业绩】开设国家级、市级讲座各一次，区级公开课一次，一篇课例、两篇论文在市、区级评比中获奖。

意料之外　情理之中[*]

——我的实验教学主张

义务教育科学课程是一门以实验为基础的综合学科，以实验来引出或展现的科学知识、原理与定律等占有较大比重，学生的各种能力也大多是在实验过程中培养与发展的，为此，教材中设计了不少实验方案，教学中也安排了很多实验活动。但在教学实践中，每个教师都会碰到实验的"意外"。"意外"可能给教师出了难题，但也可能给课堂带来转机，长期的教学实践催生了我的"意料之外，情理之中"实验教学主张。

---

[*] 本文在绍兴市特级教师协会开展的"基于特级教师教学主张的课例评选"中获奖。

一、"意料之外情理之中"教学主张内涵

所谓"意料之外",指的是在教师的演示实验或者学生的分组实验中,出现了与实验的设计和预设不相符的现象和结果。面对突如其来的教学意外,有的教师会装聋作哑,置之不理;有的教师会婉转称赞,避而不谈;有的教师会手足失措,胡乱解释……教师若不及时对"意外"加以正确的引导和彻底解决,不仅会让学生形成认知冲突,而且还会影响实验学习效果,给学生留下知识盲点,并让他们失去对实验学习的信心。

所谓"情理之中",是指老师把实验意外当作一种生成性的课堂教学资源,充分挖掘其价值,把握教学节奏,调整教学路径,师生共同直面问题,共同探索和发现,实现意义的建构,让学生"心存疑虑"地走出课堂,这是发展学生核心素养的"情理之中"。

二、"意料之外情理之中"教学主张实施策略

众所周知,生理特点、心理素质、情感特征、认知水平等诸方面的差异导致学生的思维存在多样性和差异性,使他们对教师课堂教学的反馈各不相同,因此经常出现一些在教师预设之外的教学意外。面对突如其来的"意外",教师的态度是压制、搁置,抑或"回避"?这其实是在考验一个教师的教育机智,我的实施策略如下。

(一)将"错"就"措",峰回路转

实验教学中,学生受认知和理解水平所限,难免出现一些"意外偏离",如果教师为了让自己预设的内容顺利实施,对此加以阻止和搪塞,就势必背离了实验教学的初衷。教师应该正视和利用课堂上的教学意外,及时捕捉学生潜意识里的信息,引导他们拨开"云雾"看"花"。

(二)另辟蹊径,扭转窘境

科学课堂有一定的不可预知性,在设计实验时,如果教师对学生的实际操作能力把握不准,就会导致实验偏离预想的尴尬局面。此时,面对自己的失误教师应敏捷、巧妙地处理,化被动为主动,顺水推舟,巧妙迁移。

(三)见机行事,变拙为巧

在实验中,学生经常会有一些突发奇想,这会打乱教师的预设计划。这些意外事件可能是学生有意"栽花"得到的,也可能是无心"插柳"得来的。此时,适宜停一停、议一议、换一换,通过对话交流碰撞出智慧的火花,让课堂

更加丰富多彩、亮点频出。

其实，"意外"实验的处理策略还有很多。苏霍姆林斯基说过："教育的技巧并不在于能预见到课的所有细节，而在于根据当时的具体情况，巧妙地在学生不知不觉之中做出相应的变动。"仔细想想，觉得在理，要不，怎么说教育是一门深奥的艺术呢？让我们正视意外，善待意外，把握意外，化意外为亮点，让意外不仅能给课堂增光添彩，而且还能为提高学生的思维品质奠基。

三、"意料之外情理之中"实践案例

浙教版初中《科学》第三册第四章第五节"电压的测量"，是一节内容十分平常的电学课，确立的教学目标一是知道电压对电路中的持续电流有"推动作用"；二是知道一些常见的电压值；三是会把电压表正确连入电路；四是会根据不同的量程读出电压表的读数。本节课的重点是"使用电压表测量电压"，难点是电压的概念。

按照常规教学设计思路，我安排了以下教学环节：情景导入，通过和水压的类比，引入电压的概念；新知学习，包括电压的符号、单位、常见的电压值和提供电压的电源；实践体验，包括认识电压表和电压的测量。在电压的测量这一实践体验环节，我设计安排了关于电池电压的测量和用电器（灯泡）两端电压的测量的随堂实验。

情境一：干电池反接串联后的两端电压有意外。

在完成对一节干电池的电压测量（实验结果是1.5V）后。

师：两节干电池的电压是多少呢？

生：3V。

学生上台演示实验，实验结果确实是3V。

师：那三节呢？

生：当然是4.5V啦！

另一位学生上台演示实验。

生：啊？怎么变小了？1.5V？

我当时也诧异，心跳突然加快，以前确实也没碰到过这种情况。

生：哦，反啦反啦！正负极接反啦！

师：某同学，你发现自己的错误了吗？

某同学在其他同学的提示下，将串联上去的电池正反极做了调换，再次测得三节干电池串联之后的总电压为4.5V。

师：同学们，连接电池时，我们一定要看清楚电池的正负极，第二节电池的正极一定要连第一节电池的负极，第三节电池的正极一定要连第二节电池的负极，依此类推。

趁热打铁，我立即开展了电池连接的巩固练习。我在黑板上画了三组并排的三节干电池，正极都朝上。第一组我没有规定组合后的正负极；第二组我在左上角的正极处和右下角的负极处各画了一条曲线；第三组我在左下角的负极处和右上角的正极处各画了一条曲线。让学生在草稿纸上完成，然后叫了三个学生到黑板上进行演示。巩固练习反馈的情况较好，或许这是之前同学"错误连接"这一实验发挥的作用。

情境二：如图1，干电池串联后的两端电压有什么规律？

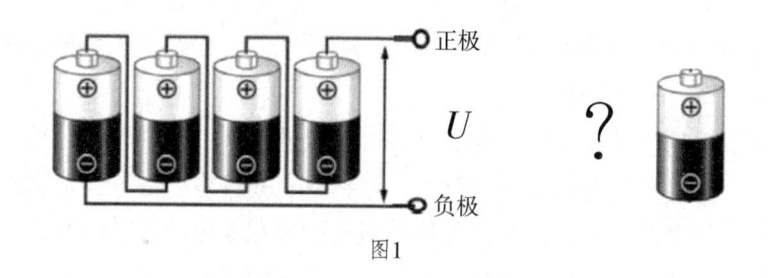

图1

师：同学们，从之前同学"错误连接"这一实验中可以发现，三节干电池相互连接，其中一节干电池并非首尾连接，结果总电压并不为零。那么，干电池串联后的两端电压有什么规律？与干电池之间相互串联的方式有关吗？

生：有关。

师：具体什么关系呢？如何探究？

生：实验证明。

师：好，我们先来设计好实验方案，课后大家合作去探究，下节课我们再交流，得出结论。

于是，师生之间通过合作完成了表1。

表1

实验序号	干电池1号	干电池2号	干电池3号	干电池4号	总电压
1	+ −	+ −			
2	+ −	− +			
3	+ −	+ −	+ −		

续表

实验序号	干电池1号	干电池2号	干电池3号	干电池4号	总电压
4	+ −	+ −	− +		
5	+ −	− +	+ −		
6	+ −	− +	− +		
7	+ −	+ −	+ −	+ −	
8	+ −	+ −	− +	− +	
9	+ −	− +	− +	+ −	
10	+ −	− +	− +	− +	

说明:"+""−"表示干电池正极朝左,负极朝右;"−""+"表示干电池正极朝右,负极朝左;上述干电池的型号都是1号。

情境三:如图2,干电池并联后的两端电压有什么规律?

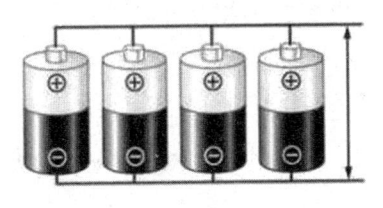

图2

我开展了下面的教学环节。

师:同学们,老师心中还存在一个疑团,想请同学们帮忙解决。

生:老师,您说。

师:如果把相同型号的干电池并联,总电压又会如何呢?是否也有规律可循?

生:实验探究。

师:好,我们再次来设计一下实验方案,课后大家合作去探究,下节课我们再交流,得出结论。

于是,师生之间再次通过合作完成了表2。

表2

	实验1		实验2		实验3	
干电池1号	+	−	+	−	+	−
干电池2号	+	−	+	−	+	−
干电池3号			+	−	+	−
干电池4号					+	−
总电压						

说明:"+""−"表示干电池正极朝左,负极朝右;"−""+"表示干电池正极朝右,负极朝左;上述干电池的型号都是1号。

第二天,同学们带着实验数据,一起总结得到了以下两个探究规律。

(1)当干电池之间相互串联时,总电压等于各干电池电压的代数和(规定一个朝向的电池电压为正,与该朝向相反的电池电压为负)。

(2)当相同电压的干电池之间相互并联时,总电压等于每一节干电池两端的电压。

情境四:干电池的串联或并联应注意些什么?

学生1:如果其中一节电池坏了,就要及时更换,以免腐蚀其他电池或电器。

学生2:注意干电池的极性,如果有一节电池装反了,会减小整个电池组的电压。

学生3:保持每节干电池的连接点清洁,若连接点不清洁会增大电池组的电阻。

学生4:不要对不可充电的干电池进行充电,否则有可能引起爆炸。

学生5:新旧干电池最好不要混合使用。

学生6:不要随意丢弃废旧干电池,最好把用过的电池送去进行再循环处理。

……

著名数学家华罗庚指出:"善于'退',足够地'退','退'到最原始而不失重要的地方,是学好数学的一个诀窍。"又说:"先足够地退到我们最容易看清楚的地方,认透了,钻深了,然后再上去。"这就是以退为进的思想,这种思想也是我们处理课堂教学意外的有效策略之一。在上述"电压的测量"一课中,面对突如其来的"实验意外",我们不能装聋作哑,置之不理,而要趁热打铁，通过"情境二：干电池串联后的两端电压有什么规律""情境三：干电池并联后的两端电压有什么规律""情境四：干电池的串联或并联要注意些什么"三项实验进行探究，使教学意外变成了课堂生成的教学资源，虽然打乱了原定的教学流程，但收获的是学生实验思维的进阶。

科学是一门生活性极强的学科，科学来源于生活，生活处处是科学。科学课堂上的很多生成性资源都是学生在认识世界、改造世界中遇到的一些困惑，将这些困惑进行加工，最后呈现给学生一些认知的规律，这会让学生终身受益。

参考文献

[1] 安富海.促进深度学习的课堂教学策略研究［J］.课程·教材·教法，2014（11）：57-62.

[2] 方友浩，胡世龙，汤玉敏.让创新实验成为深度学习的"助推器"——以观摩一节省评优课"内能热传递"教学为例［J］.物理教师，2021（1）：46-49.

迈向名师之路
——初中科学名师工作室学员成长足迹

【成员简介】杨松耀，男，1982年12月出生。高级教师，绍兴市学科带头人。

【治学格言】立足课堂教学，关注学生发展。

【教学主张】以"极简为主、实用为王"为信息技术与科学融合的教学主张，立足课堂这个科学教学的主阵地，关注学生整体和长远的发展，积极探索信息技术与科学教学融合的方法和策略。

【刨根问底】烧水时水的温度：容器底部的水直接与容器接触，因而容器内水温下高上低；容器底部的水先受热膨胀，密度减小而上浮，上面的冷水下沉，形成对流，水温上高下低。

【工作业绩】获得"绍兴市学科带头人"称号，评上高级教师，成立嵊州市名师工作室。

极简为主　实用为王*

——我的信息技术与科学融合的教学主张

一、教学主张的基本内涵

上海师范大学黎加厚教授在《现代极简教育技术》一书中强调：极简教育技术是指在学校教学中，倡导师生使用方便、实用、易学、易用，能够有效提高工作学习效率的技术。我的"极简为主、实用为王"教学主张，即与科学教学融合的信息技术手段或者方式尽可能简单、随手可用，不需要过多的技术知识和繁杂的操作；同时，这些手段或方式对于科学教学来说是有效的，是有实实在在作用的，其内涵可以用图1来表示。

---

* 本文主体部分发表于《中小学数字化教学》2022年第9期。

图1

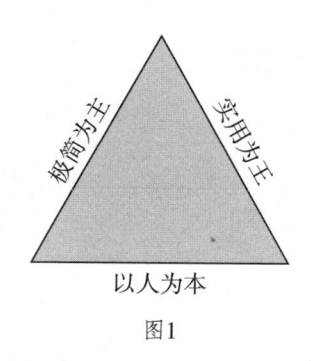

二、教学主张的实施策略

教师在平时的教学设计中，往往只侧重于教学内容和学情分析，而对于教学内容利用何种信息技术方式加以呈现、教学难点利用什么信息技术手段加以突破等问题考虑较少，在"极简为主、实用为王"的信息技术与科学融合的教学主张中，教学内容和信息技术手段和方式的匹配是必须研究的问题，并由此来达到教学内容落实的最优化，具体策略如图2。

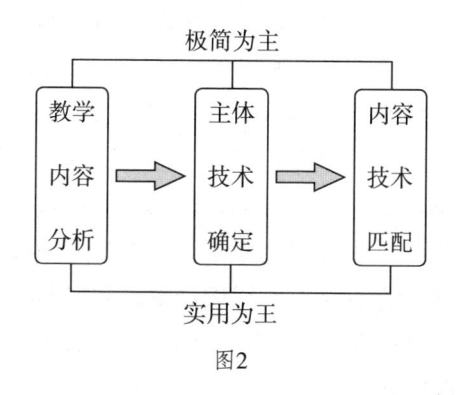

图2

"极简为主、实用为王"的教学主张具有以下三个特点。

（1）掌握简便：易学、易用、方便、省时，几乎没有学习障碍。

（2）解决问题：实用、有效，能够解决科学教学中的实际问题。

（3）提高效率：减轻教学过程中师生工作或学习的强度，提高教学的效率和质量。

三、教学主张的实践案例

2021年9月，我参加了全省中小学教师信息技术应用创新大赛，选择的教学内容为"组成物质的元素"。在这节课中，我全面充分落实"极简为主、实用为王"的信息技术与科学融合的教学主张，获得了绍兴市一等奖、浙江省二等奖。

1. 扫码前测，以学定教

用QQ问卷设计在线作业，操作简单，便于直接获取答题情况，体现在极简理念上就是可以极大地提高教师改作业的效率。"组成物质的元素"是浙教版《科学》八年级下册第二章第四节的教学内容，在此之前学生已经学习了七年级上册第四章"物质的特性"，建立了分子的概念；学完了八年级上册第一章第二节"水的组成"，明确了分子由原子构成；加上本章前面几节的学习，学生已经初步建立了对具体粒子（分子、原子、离子）的认识，也知道了元素的概念。本节内容的知识目标为"知道自然界的物质由110多种元素组成；知道构成人体、地球的主要元素"；技能目标为"能够借助信息技术手段和工具，搜索资料、编制分类图表"；情感目标为"从元素角度能对物质进行分类，建立初步的物质分类思想"。学生在日常学习、生活中对元素、物质及其分类有一定的接触，存在较多的前概念。为减少前概念对课堂教学的影响，找准学生在元素、物质分类理解中的难点所在，根据"以学定教"的理念，教师课前利用QQ问卷，设计了"物质构成""水电解""对元素的理解"等几个问题，对同学的已有知识进行摸底。学生在家利用家长的手机扫码答题，通过问卷的自动批改和统计功能，教师可以直接得到反馈结果，并根据学生对元素知识的掌握情况和对物质分类理解的程度，对教学内容进行针对性的设计。

2. PPT展示，设置冲突

PPT作为一种常规的教学演示软件，在教学中以"方便、实用"而著称。在本堂课中，为了给学生制造认知冲突，根据教材中"古希腊哲学家认为，万物都是由气、土、火和水四种元素组成的"的说法，引导学生思考"我们中国古代是否也有类似的思想"，学生不难想到中国古代的"五行说"。我利用PPT展示这两种对物质构成认识的相关图片（图3），同时展示学生已熟悉的"水电解示意图"（图4）。

图3

图4

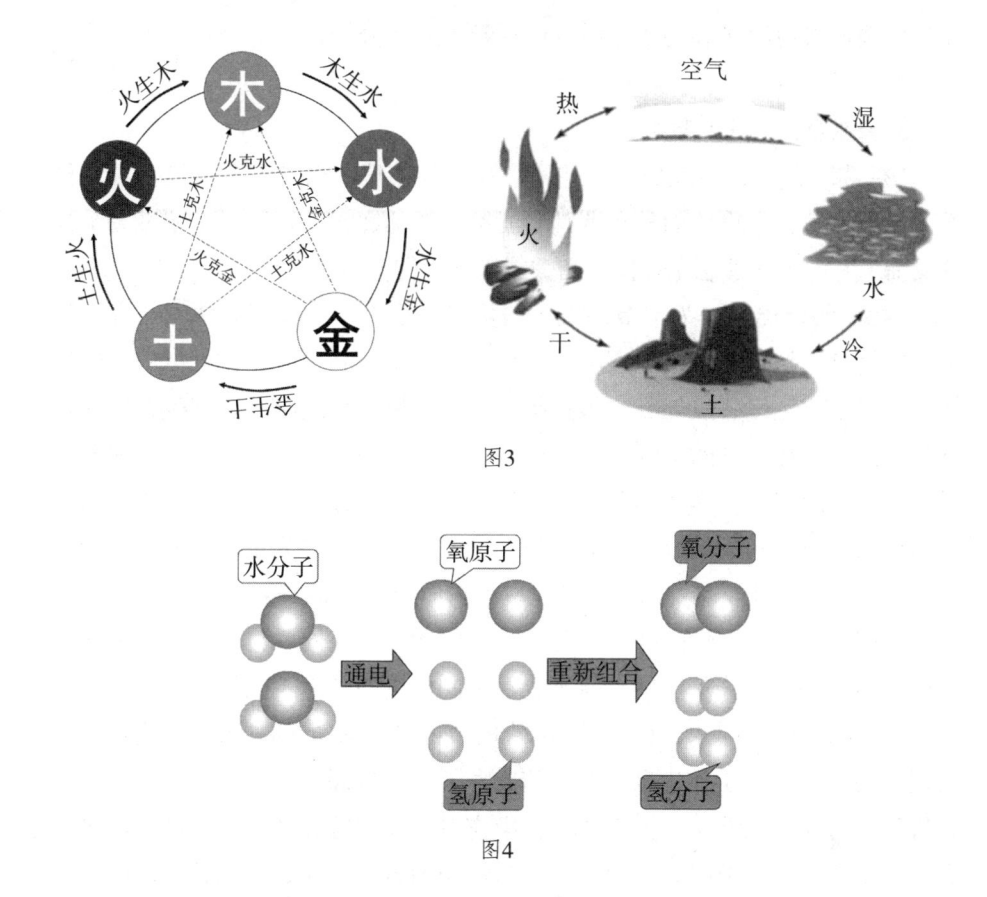

师：古代中国的哲学家和古希腊的哲学家认为物质是由什么组成的？

生：金、木、水、火、土和火、气、水、土。

师：古人认为这些是构成物质的基本元素。我们前面已经学习了水的组成，谁能回忆一下电解水实验说明了什么。

生：说明了水是由水分子构成的，水分子是由氢原子和氧原子构成的。

生：水是由氢元素和氧元素组成的。

师：那么，这些古代哲学家的物质组成观点是否存在问题？这些观点对于当时的人们认识世界来说，有什么价值？

生：根据电解水实验，说明水还可以再分，说明水不是组成物质的基本元素。但是当时的人们由于受到各种限制，能提出"水是组成物质的基本元素"已经是很难能可贵的了……

PPT图片的直观展示和对比，引起学生对"古人认为水是构成物质的基本元素"和"电解水实验证明水还可以再分"这一对冲突与矛盾的发现，同时也让学生很自然地回忆起构成物质的微观粒子——分子，为下一步学习物质构成与分类做好铺垫。

3. 智慧整合，精准教学

"智慧课堂"的特点是"智慧"，其优势体现在教学上不仅能整合各种教学手段和资源，更重要的是在课堂中能给予教师和学生以即时、精准和个性化的反馈，其中极简理念主要体现在"促进学生的学习"上。

"物质的分类"作为本节课教学的重点和难点，借助"易课堂"这个智慧平台的优势，就较为轻松地解决和突破了。教学中利用易课堂的点对点推送功能，将"水、氢气、氧气、一氧化碳"等分子模型推送给每位学生，要求学生进行讨论，并在自己的平板上利用剪贴、拖动、圈画等方式将它们分成两类。通过同学间的交流，学生明确了由一种原子构成的分子可以分为一类，由两种或两种以上原子构成的分子为另一类，进而明确由一种元素组成的物质为一类（单质），由两种或两种以上元素组成的物质为另一类（化合物）。

在智慧平台中，学生通过给分子分类的活动，与同学讨论交流，回忆"原子种类不同构成的分子不同，原子数量不同构成的分子不同"，从而对"不同分子构成的物质不同"，也对"物质的分类"有了本质的理解，进而从元素角度理解物质分为单质和化合物就顺理成章了。智慧课堂中的这些生生、师生、人机互动的即时反馈、个性推送、精准应对，让教师在课堂上能随时准确地把握每个学生的学习情况，进而实施更为适切的教学手段，提高课堂教学的即时性、针对性和有效性。

4. Excel绘图，拓展能力

Excel具有强大的数据处理功能和图表功能，能把数据快速、准确地用图像的方式形象直观地表示出来，为绘制数据图形、分析和解决科学学习问题提供了方便简捷的途径，而且简单、易学。本节中，教材在明确了物质分类和元素分类后，设置了元素在地球上的分布情况的阅读资料，并要求学生将地壳、海水、人体中等主要元素分布进行绘图。在"智慧课堂"中让学生手绘图表，在教学场景中显得有些"不合时宜"，为此，让学生利用在信息技术课已经学过的Excel的图表功能，结合极简教育技术的理念，在课堂上进行Excel绘制图表的操作，并利用"易课堂"的展示功能将每位学生的作品进行同屏展示（如图5）。这样，既拓展了学生利用信息技术手段辅助学习的能力和思路，又促进了信息技术在日常科学教学中的应用融合，还在学生思维中建立了学以致用的观念。

第一篇
聚焦理念，提炼教学主张

人体中各元素质量分数

人体中各元素质量分数

地壳中各元素质量分数

地壳中各元素质量分数

图5

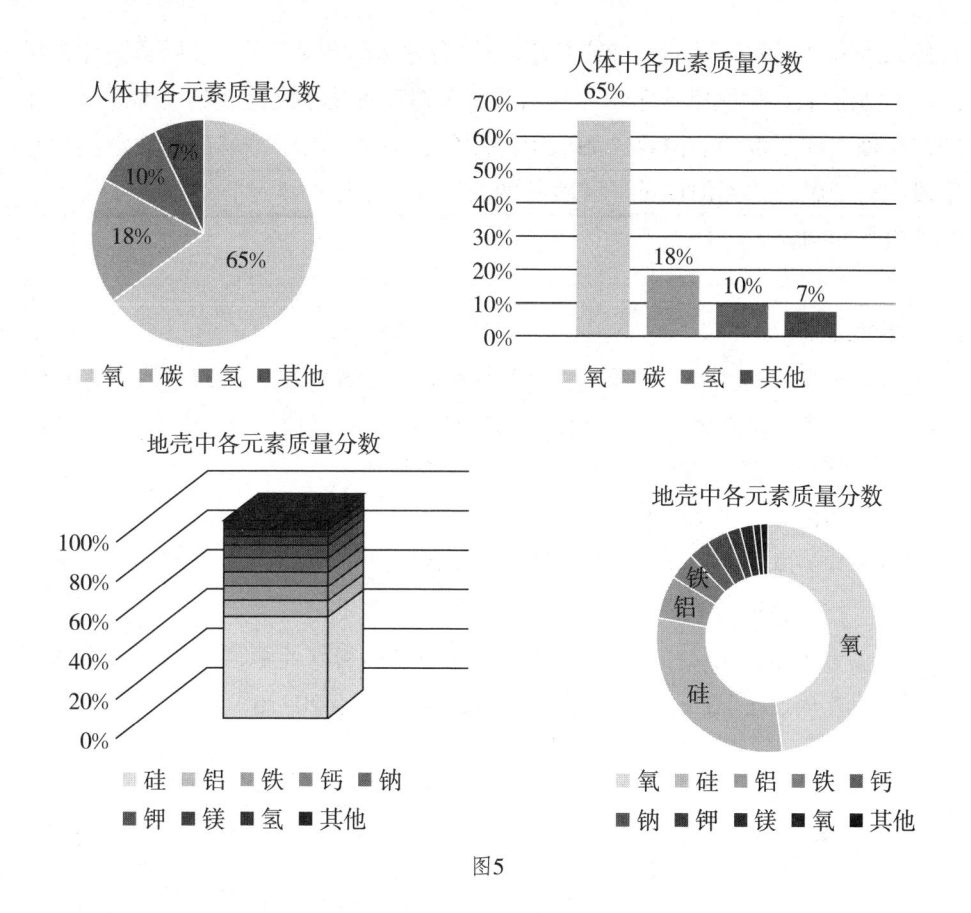

5. 网络搜索，完成作业

网络既是一种教学资源，也是一种教学手段。学生在平时就有通过网络获取信息和搜索学习资料的习惯，作为教学资源，网络的最大特点是"易用"。在本课中，教材最后用几句话对元素的作用做了简单介绍，而学生对于"人体内元素的作用"有很强的学习兴趣。由于课堂教学时间的限制，我在教学的最后布置了两个课后作业：①查找微量元素对我们人体的作用的相关资料。②什么是有害元素，我们该怎么来认识它们？我建议学生借助互联网搜索引擎，寻找相关网络资源进行解答，以此加强网络技术的应用，促进学习，加深对元素在日常生活中的应用的认识，体验生活中处处有科学。

有专家指出：随着信息技术逐渐渗透各个学科，学科相关实践活动也越来越多地依靠信息技术来完成，"用技术教"和"用技术做"是技术的教学应用和学科实践应用的深度融合，丰富了学科教学的内容和形式。在"组成物质的元素"这节课的教学中，无论是利用平板这样的硬件，还是"易课堂"这样的软件系统来开展教学活动，抑或利用QQ问卷做课前测试，用PPT展示图片，用Excel绘制图表，用网络搜索学习资料等，都体现了技术既是教学的形式，又在一定程度上成了教学的内容，无形中将简单、实用、易学、易用的教学技术和手段进行了融合，不但促进了"教师的教"和"学生的学"，还加深了技术与科学教学的融合。

参考文献

［1］中华人民共和国教育部.义务教育科学课程标准（2022年版）［M］.北京：北京师范大学出版社，2022.

［2］黎加厚.极简教育技术在基础教育领域的兴起［J］.中国电化教育，2019（2）：6-10.

［3］黎加厚，鲍贤清.现代极简教育技术［M］.北京：北京师范大学出版社，2020.

［4］周佳伟，王祖浩.信息技术与学科教学如何深度融合：基于TPACK的教学推理［J］.电化教育研究，2021（9）：20-26，34.

【成员简介】郑利庆,男,1982年2月出生。区优质课一等奖获得者,区优秀共产党员。

【治学格言】非学无以广才,非志无以成学。

【教学主张】以人为本,感受先行。

【刨根问底】用分析、比较、反思等方式来寻找事物内在的规律和本质关系。

【工作业绩】市、区规划课题立项,论文获区级奖,多次举办讲座和公开课。

以人为本,感受先行

一、教学主张:以人为本,感受先行

在我的教学理念中,有一个核心观念:知识是现存的材料,每个人都有能力积累,而使用知识则需要在正面的情绪体验下才能进行。如果孩子们遇到困境就产生退缩心理,不去尝试为自己争取创造更美好的生命体验,这对于孩子来说,无疑会错过许多宝贵的精神体验;站在教师岗位,也不利于德育和智育目标的达成。

所以在我的教学生涯里,我将知识的输送摆在课堂设计中的第二位,而把孩子们运用所学知识解决生活问题的体验放在第一位。我相信在拥有解决人生困境的能力以后,孩子们一定能明确科学知识是世界进步的基石,一切困境、难题都能随着时间的推移和人类文明、智慧的发展得到解决。

我初始的教育理念并不如此。出于自己"小镇做题家"的身份,我深知知识改变命运。在课堂上我疯狂堆砌知识点,课后我频繁布置作业,每周考试强化,非常迫切地希望能够把课本上的知识和我脑海里的内容都灌进这群和我一样出身平凡的未来"小花朵"的脑袋里,希望他们能乘着教育的东风,走到更大的平台,去更大的世界看一看,能够掌握更完善的技能,为家人和自己的未来谋划更美好的生活。

但在后来的教学过程中，我看到考试结果不尽如人意，孩子们也总是一副疲惫难过的模样，我开始反思自己的"填鸭式教学"是否正确。我尝试与孩子们沟通，了解他们真实情况，做出了教育方法的调整。

在我所在的城市，现在的孩子们虽然衣着漂亮，物质不复早些年那样的贫困，但精神缺失却比"千禧年代"更为严重。许多孩子的父母为了更好的生活选择去远方工作，导致出现了较多的留守儿童。很多孩子由爷爷奶奶照顾，基本的吃喝是有了，然而在具体生活细节上的陪伴，父母是完全缺位的。孩子们成功了，没有亲密的人分享；失败了，没有成熟的人指引他们走到正确的方向。孩子们慢慢在自己的生活中丧失与人沟通的欲望，转而把所有的情绪向虚拟世界投射，将自己变为电子产物的傀儡。他们对除了手机以外的一切生活都提不起兴致，最终走向消极。

我意识到绝望才是阻碍孩子们发挥巨大潜力的最重要因素，便立马转变了自己对于科学老师的定位。即便我始终认为，学科教育是得到更好资源，实现更高价值的工具，但我把它在教育中作为升学工具的重要性减弱，把它作为让孩子们拥有健全人格的工具的重要程度大大拔高。让孩子们在学习过程中自己预设问题，自己解决问题，不管是独立解决还是小组合作，或者是向外请求帮助，我都会在一旁给予正向的情绪反馈，让孩子明白每完成一步对于自己和他人人生的意义。

从此我的科学课，不仅有了更多来自实际生活的内容，考试与温故环节也变得更加容易接受了。孩子们成了教育这场人生不停歇的马拉松的主人，而我也恰好荣幸地在此过程中实践了自己的教学梦想。

二、教学策略：观念先行，健教先健脑

我的教学策略只有一个核心：让每个孩子都能参与其中。

我对自己的要求也只有一个：时时刻刻以正面积极的情绪参与孩子的学习过程，以专注的态度参与教学方式的调整与反馈。以下是我最近三年教学过程中的思考。

七年级是世界观建立的初始时期，这时的孩子哪怕有原生家庭带来的不如意也能非常轻松地保持乐观，养成积极面对困难的学习态度。在七年级的课堂上，我采取的是以讨论课为主，讲授课为辅的授课模式，让孩子们在课堂的收尾处自己复述课堂知识，总结自己的课堂收获，并学会自主复盘。而我作为课堂的管理者，定期为孩子们处理完成作业时的情绪困惑，顺带进行知识点的科

普与解疑，帮助他们解决问题。

得益于七年级打好的学习习惯与思辨基础，八年级进入讲授课和实验课，学生通过自主动手、观察，真切感受到物质世界的真理、真相，将对手机和虚拟世界投射的情感拉回至现实之中。八年级的学习内容更关注现实世界中材料的组成与物质的运行原理，更多维度的观察与体验让孩子们对于组成世界的基石的感知更加清晰。此时的讲授课只是帮助孩子们对于自己的观察进行确认，并将他们的观察串联起来变成有逻辑性的事实。他们在此过程中不仅可以完成对未知的祛魅，更可以确定知识对于了解未知的重要性。结合七年级打下的大科学观念基础，让孩子们再度感受知识的复合效应，习惯接受知识，爱上接受知识，形成对世界的好奇心与探索欲望，树立对生活的信心。

九年级课程中对知识的实际应用是重点。我从科学在实际生活场景的应用出发，设计讨论。我把学生在讨论中提出的不适合解决这一问题的方案调整到适合使用的场景，树立学生对自己解决问题的信心。学年后半段的教学会把考试当作重点，让学生在观念上接受生活处处充满考验的现状。每个人的生活随时随地都充满了各种考验，只有拥有了面对挑战及时做调整的能量与心理素质，才能克服接受教育路上遇到的挫折。

综上所述，观念先行，健教先健脑。

三、教学案例：九年级浙教版——九年级下册第三章·传染病课程

由于对健康的重视是这几年最重要的公众课题之一，我将自己作为一个"探视镜"，抛砖引玉，提出问题，让同学们把眼光对准家人。

这节课采用讨论的方式进行。我作为主持人，以问题贯穿了全场。由于有了前一节课的铺垫，大家对死亡、疾病的概念，有了新的了解和认识。

"不知道大家身边是否有因传染病离世的家人或者朋友的案例。我知道这样的故事分享起来并不快乐，但希望大家能参与进来，共同分享彼此的经历，让更多人意识到，防治传染病真的能保护每一个人。"

同学们踊跃发言。大家在一种悲情而庄重的氛围中，感受到了生命的脆弱，以及病毒的无情。

我适时追问，大家是否知道传染病是怎样传播的？我们怎么样防护传染病？

孩子们回答得超乎想象的好。

通过讨论，同学们非常清晰地想起了前面学过的死亡的真实含义，并感觉到传染病是真的有可能随时改变我们的生活，让我们失去生活中重要的人。我在讲台上见到大家凝重的眼神，知道这堂联系实际的传染病讲课开始在生活中发挥真实价值。

后续，我们让孩子们讨论了生活中的防疫手段。

我让孩子从真实案例里厘清传染源、传播渠道、易感人群，又让孩子们把自己当作易感人群做好自我防护，或者站在决策制定者的角度思考应该怎样去处理传染源、控制传播渠道。

祖国妈妈的一系列手段给我们带来了健康与安全，我们一定要珍惜现在的生活，并且努力创造自己的价值。

科学课作为孩子们走向世界的注脚，需要的远远不止课本内容上的图片与文字，而是活生生的生活世界给孩子们带来的体会与感受。我有幸作为一位老师参与其中，用自己的方式感染、影响孩子们。而孩子们给我的反馈也让我明白，这种从孩子们的真实生活出发的教育，才是我们真正需要的教育。

参考文献

[1] 皮亚杰.发生认识论［M］.范祖珠，译.北京：商务印书馆，1990.

[2] 郑上厚，在初中教学科学中培养学生创新能力的策略研究［J］.天天爱科学（教学研究），2022（12）：97-98.

[3] 施燕芳，初中科学教学过程中实施"生活化教学"的策略［J］.科幻画报，2022（10）：183-184.

第二篇

深耕课堂，
捕捉实践智慧

"课例"即课堂教学案例，一个课例应包含一个有疑难问题的实际教学情境和解决上述疑难问题的具体方法，它描述的应是课堂教学过程中"意料之外，情理之中"的事。所谓"意料之外"，是指课例展示的课堂情节应有"故事性"，能发人深思、给人启迪；所谓"情理之中"，是指经过深思后发现，在课例中渗透着情感态度和科学理念。完整的课例应当包括标题、署名、正文、参考文献等四大部分，本次选的课例分别从主题与背景、规划和方案、情境与描述、成效与反思、点评及愿景五方面展开。

本章选用的十个课例，有注重探究实践的课例，如顾丹群老师的《基于模型构建的项目化学习的实践研究》，黄焕超老师的《促进深度学习的项目化学习课例研究——以"自制密度计"为例》；有注重培养科学思维的课例，如蒲少军老师的《思维模型在化学教学中的妙用——以浙教版"物质的转化"为例》，周超老师的《构建思维模型 创新教学手段——以"空气中氧气含量测定实验"教学为例》；有基于问题驱动的课例，如范培明老师的《基于问题导向的科学数字化课堂教学——以"植物的叶和蒸腾作用"为例》，俞冬冬老师的《推进问题思辨 提升思维品质——以"机械能复习课"教学为例》；有注重深度学习和模式运用的课例，如吴能初老师的《利弊分析促进深度学习的教学设计——以浙教版"细菌和真菌的繁殖"为例》；有注重理解的教学课例，如包婵钧老师的《唤醒生活经验，促进概念理解——以浙教版"体温的控制"为例》。

优质的课例应具有真实性、创新性、实用性和可推广性。真实性体现在课例是经过教学实践反复检验过的；创新性体现在教学内容的处理、教学方式的改进，以及教学技术和实验器材的创新；实用性体现在给大家提供了可借鉴的教学设计，可操作的教学流程，可模仿的重难点突破方法；可推广性体现在"从小到大""以小见大"，通过一个课例能解决一类问题，对别的问题解决也有启发作用。老师们，课例是架起教学理论与教学实践之间的有效桥梁，让内隐的教育思想理念与外显的教学行为艺术相互融合，一起迸发出智慧的火花！

（绍兴市锡麟中学 沈强）

【成员简介】顾丹群，女，1989年12月出生。中学一级教师，省"教改之星"金奖获得者，越城区教坛新秀。

【治学格言】教育是用生命影响生命。

【教学主张】利用模型建构进行概念教学，通过实体建模、图表建模、逆向建模等方式作用于概念的认知与理解，从而从感性认知、信息提取、归纳整合、分析推理等方面有效促进学生思维能力的发展，提升学生的科学素养。

【刨根问底】长、短蜡烛在大容器里燃烧，短蜡烛先灭；在小容器里燃烧，长蜡烛先灭，这是什么原因导致的？

【工作业绩】获得浙江省"教改之星"金奖，获"越城区教坛新秀"称号，浙江省初中科学学科论文一等奖，绍兴市课题一等奖，三个区级课题立项并获奖，十篇论文市区级获奖，开设省、市、区级公开课及讲座十次。

基于模型构建的项目化学习的实践研究[*]

一、主题与背景

模型建构是帮助人们认识科学事物、培养科学思维、提升科学素养的重要方法。在传统课堂中，因课时有限，教师为了追赶教学进度，会将重点放在课本理论知识的传授上，而对学生建模思想的培养则往往只是"点到即止"，由此导致学生的建模能力有所缺失。项目化学习是将科学知识与科学素养进行有效衔接的"契合点"。依托项目化学习，将模型建构的思想融合在"核心知

---

[*] 本文系绍兴市学科教改一等奖"模型法促进初中科学概念理解的实践与研究"（立项序号：SJG21201）阶段性成果。

识—驱动性问题—高阶认知—学习实践—公开成果—全程评价"这六个维度的设计中，能较好地平衡学生的知识习得与素养发展。本文通过对浙教版《科学》七年级上册教材中"质量的测量"一课的教学设计，对基于模型建构的项目化学习的实践进行探讨。

二、规划与方案

"质量的测量"项目化学习设计框架见图1。

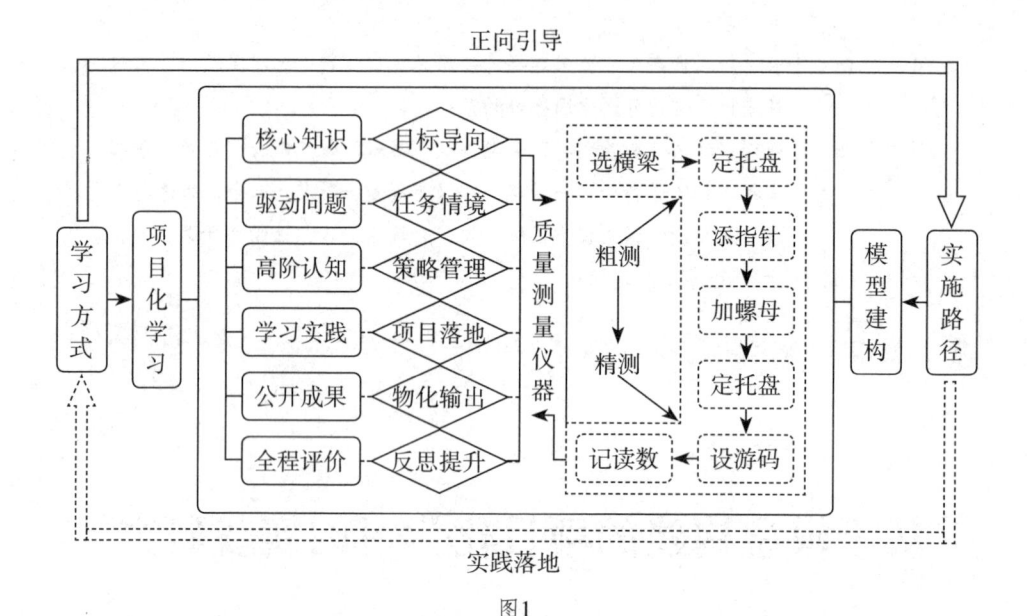

图1

结合教材序列及教学实践可知，学生在学习"质量的测量"前，已经具备了一定的测量知识，因此，可以以项目化学习为载体，以"测量"概念的延伸为知识线，以"跷跷板"的使用为情境线，以质量测量仪器的建构为活动线，在"公平"这一理念下，依托模型建模，以"物质的结构和性质"为核心概念，以"如何利用生活中常见的物体，构建一个公平、合理，又可以加以推广的质量测量仪器"为驱动性问题，完成从"定性到定量，粗测到精测"的模型构建。通过这样一系列基于模型建构的项目化学习组织教学，达到改善教学质量并促进学生科学素养发展的目的。

三、情境与描述

情境一：跷跷板是常见的器材。当两个学生静坐在跷跷板上，跷跷板的两端会出现高低，这说明他们的质量不同。除了学生的质量有差异，不同物体的质量也有差异。此时同步呈现跷跷板玩乐图及生活中常见物品图片。

模型建构1：质量粗测仪器构建

师：不同物体有不同的质量，我们怎么样来测量它们的质量呢？能不能用生活中常见的生活用品设计一个简单的质量测量仪器，来粗略比较物体质量的大小？大家可以从刚才的图片中找到灵感吗？

生：可以设计一个类似于跷跷板的仪器，在它左右两边各放一个物体，根据这个仪器的倾斜程度来判断物体的质量。

师：现在有以下物品，有水的矿泉水瓶、空的易拉罐、两头粗细不均的筷子、质量均匀的木棍、一次性纸杯、一次性挂袋和绳子。如何利用这些物品构建一个像跷跷板一样的粗略的质量测量仪器？请小组讨论，画出草图。

学生小组讨论，画出质量粗测仪器的草图（图2）。

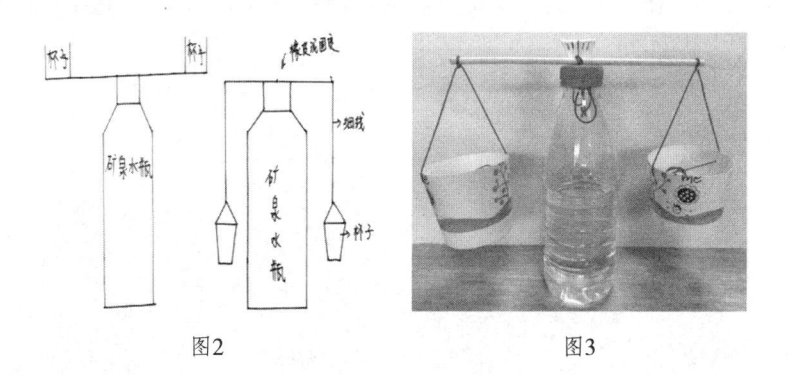

图2

图3

师：这样设计的意图是什么？

生：最下边的底座需要稳固，因此选用有水的矿泉水瓶；横梁为了方便确定重心最好材质均匀，因此选用质量均匀的木棍；放置物体的材料需要坚固且稳定，因此选择一次性纸杯，并用绳子固定。

师：大家采用类比的方法进行了思维模型构建，接下来请根据设计的草图，进行实体模型搭建（图3），并用它比较两种学习用品的质量。

学生搭建实体模型，并比较常见学习用品质量。

设计意图：借助"跷跷板"这一种生活中常见的器材，引导学生设计出质量粗测仪器草图；通过解释说明，明确底座、横梁、托盘的选材、原理及作用；通过实体搭建呈现质量粗测仪器，并为仪器的进一步改进打下基础。

情境二：展示学生制作的质量粗测仪器和一个用木块制作的质量粗测仪

器。发现两者在使用后都可能会出现横梁不平衡的情况。

模型建构2：质量精测仪器构建——加螺母

师：横梁无法保持平衡就用来进行质量的比较是不公平的。那么，如何调节横梁平衡？能否联系跷跷板的使用过程想到解决方案？

生：跷跷板的平衡除了在两端施加同样的力以外，还可以通过横梁翘起一端的同学往端头位置坐或者横梁落下一端的同学往中心位置坐来调节。所以可以通过移动盘子来调节质量粗测仪器的横梁平衡。

师：不断拆装盘子，显得非常麻烦，能不能把横梁延长，在延长的地方加一个小质量的物体，通过调节它与中心位置的距离来实现横梁的平衡？

生：可以。

师：现在有一个延长了横梁，并加装螺母的质量粗测仪器，如何调节可以使得横梁平衡？

学生动手操作，并得出调节的结论：横梁哪边高，螺母就往哪边调节。（图4）

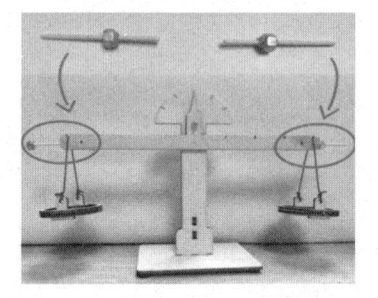

图4

设计意图：借助跷跷板，引导学生明白可以通过移动托盘来使得质量粗测仪器的横梁达到平衡；再进一步明确因为托盘移动不便，所以延长横梁并增加螺母进行调节。通过类比比较与动手实践相结合的方式对模型进行进一步完善，并明确平衡螺母的作用及调节原理。

情境三：两个物体借助质量测量仪器，可以较为方便地比较出质量的大小，但它们具体的质量却无法得知。

模型建构3：质量精测仪器构建——设砝码

师：如果要精确知道物体的质量，就需要利用砝码。那么，砝码的大小如何确定？将所有的砝码都设定为1 g或1 kg，合理吗？货币的使用与物体的称量具有一定的相似性，货币有哪些面额？

生：小组讨论完成表格——物品价值及购买所需货币面额，并交流讨论。

表1

物品价值	需要货币的面额	物品价值	需要货币的面额
5元	1元纸币（硬币）	60元以内	1元、5元、10元、20元、50元纸币
10元以内	1元纸币（硬币）及5元纸币	70元以内	1元、5元、10元、50元纸币
30元以内	1元、5元、20元纸币	90元以内	1元、5元、10元、20元、50元纸币
40元以内	1元、5元、20元纸币	100元以内	1元、5元、10元、20元、50元纸币
50元以内	1元、5元、20元纸币	200元以内	1元、5元、10元、20元、50元、100元纸币

师：结合货币的面额，可知称量质量时，砝码值如何设定？

生：通过类比，可以知道需要的砝码质量有：1 g、5 g、10 g、20 g、50 g、100 g。因为物体的质量未必就是整数，所以还需要0.1 g的砝码。

设计意图：物体质量的测量不仅仅需要横梁保持平衡以保证测量的公平，还需要有标准量进行后续的测量。将砝码与货币类比，完成精测的第二个建模过程，明确砝码值设定的原理，并为游码的提出打下基础。

情境四：1 g及0.1 g的砝码，构造麻烦且易磨损，不方便长期使用。

模型建构4：质量精测仪器构建——补游码

师：利用0.1 g的砝码，可以较为精确地称量出物体的质量。但是0.1 g的砝码制造麻烦，且多次使用后，容易磨损而造成误差。那么，有没有其他办法来代替0.1 g的砝码使得横梁平衡呢？

生：在横梁上再增加一个物体，通过移动这个物体，来实现横梁的平衡。

师：这个物体一开始增加在哪里更合适？

生：横梁的中间。

师：如果我们将这个小物体往右移，相当于增加了谁的质量？

生：右边托盘。

师：所以我们可以通过将质量转化为距离来影响横梁的平衡。根据物体移动产生的影响，移动的距离可以转换为对应的质量，为了使得可以调节的距离更长，小物块一开始应该放在哪里？物体右移时，又相当于增加了哪一边的质量？

生：小物块一开始应加在横梁的最左边，当它右移，相当于增加了右盘的质量。

师：所以这个游动的小物体，影响了横梁的平衡，我们可以将这个小物体取名为什么？

生：游码。

添加了游码及标尺的质量测量仪器见图5。

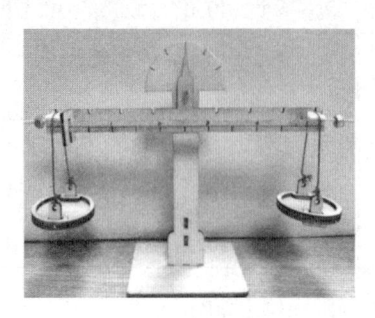

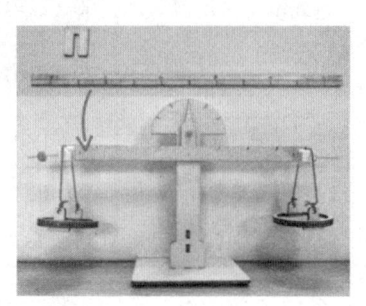

图5

设计意图：通过联系平衡螺母，明确横梁的平衡可以通过移动小质量的物体来实现，进而将小质量的砝码用物体移动的距离来等效替代。由此提出砝码的概念并进一步明确游码的调节原理，在完成精测建模的同时，初步明确称量原理，为天平的呈现及使用打下基础。

情境五：托盘天平是实验室常见的质量测量仪器。实物呈现托盘天平，学生将托盘天平与小组构建的质量精测仪器进行比对。

实物呈现：托盘天平。

师：这两种仪器在构造上非常相似，结合刚才的建构过程想一想，用托盘天平称量前，需要注意些什么？

生：使用前要调平——游码需要移到零刻度线，横梁需要调节平衡。

师：在称量中，物体放在哪一边，砝码放在哪一边，为什么？

生：物体放在左盘，砝码放在右盘。因为游码向右移动，相当于增加了右盘的质量。

师：物体的质量怎么表示？

生：物体的质量=砝码的质量+游码移动的刻度值。

学生结合天平操作过程，进行具体的物体质量称量，并交流讨论。

四、成效与反思

在真实情境中进行问题解决能有效提升学生的思维能力，发展学生的科学素养。在抽象概念、比值概念及平时难以接触的物体的相关概念的教学中，以项目化学习为载体，制作出实体模型并提炼出思想模型，可以帮助学生走出思维困境，让他们以更活泼、更积极的心态进行科学学习。具体包含以下过程。

第一步：明确本节课的主要概念并将其与课标中的核心概念相联结，找到本节课想建立的本质概念并提炼出核心概念。第二步：寻找生活中常见的又容易引发认知冲突的事例，将其加工出适切的驱动性问题，构造真实情境。第三步：在教学过程中，引导学生根据驱动性问题进行步步推进的模型建构，直到问题解决，成果呈现。

五、点评及愿景

依托模型建模实践项目化学习的科学课堂，着眼于科学本质问题，将问题解决、创见、决策等高阶思维融合在真实的课堂情境中。本节教学设计的主旨在于明确天平各结构的原理及测量的广义含义，经过逐渐深入的模型建构，完善仪器功能，使学生的认知在活动中不断提升和发展，较好地提升了学生的思维能力和科学素养。除了质量测量仪器的构建，程序性概念及生活中一些工具的认识，都可以借助模型建构，以"做中学"的方式进行项目化学习，由此提升学生对科学的认知，提升学生的学习乐趣及学习主动性，从更广阔的维度促进学生素养的发展。

参考文献

［1］夏雪梅.项目化学习设计：学习素养视角下的国际与本土实践［M］.北京：教育科学出版社，2019.

［2］中华人民共和国教育部.义务教育科学课程标准（2022年版）［M］.北京：北京师范大学出版社，2022.

［3］温·哈伦.科学教育的原则和大概念［M］.韦钰，译.北京：科学普及出版社，2011.

［4］王溢然.模型［M］.北京：中国科学技术大学出版社，2015.

［5］格兰特·威金斯，杰伊·麦克泰.理解为先模式：单元教学设计指南（一）［M］.盛群力，沈祖芸，柳丰，等译.福州：福建教育出版社，2018.

【成员简介】黄焕超，男，1984年11月出生。高级教师，诸暨市学科带头人。

【治学格言】教育者，非为已往，非为现在，而专为将来。

【教学主张】以"回归科学教学本源，促进学生主动发展"为主张，立足教学实际，创新教学方式，将传统教学理论与前沿理论相结合，从小问题着手、从自己的长处着手、从自己的专业入手，不断捕捉灵感，开展科学的教育教学研究，促进自己的专业发展。

【刨根问底】器官和整个有机体如何了解停止生长的时间？

【工作业绩】获得市教育科学规划课题三等奖，两篇论文获市级论文评比一等奖，一篇论文获市级论文评比二等奖，多次进行县级讲座。

促进深度学习的项目化学习课例研究[*]

——以"自制密度计"为例

一、主题与背景

深度学习是学生以促进高阶思维发展和解决实际问题为目标，以整合知识为内容，积极主动地将新知识整合到原有认知结构中去，并且能将已有知识迁移运用到新情境中的一种学习方式，更是引导学生深入理解，并将所学知识加以应用甚至进行创造的教育理念。深度学习的主要载体是学习任务，是学生在教师引导下围绕着具有挑战性的任务开展的，这也是培养学科素养的主要途径。对于初中科学的复习课来讲，要打破传统的"炒冷饭""刷题""低水平重复"，教师就必须设置新颖又具挑战性的任务，将科学知识原理充分整合，才能

---

[*] 本文获绍兴市初中论文评比一等奖、浙江省三等奖。

更好地激发学生的学习动机，激活学生思维，使其高阶思维能力充分得以发展，最终使学生从"浅层学习"真正过渡到"深度学习"。

二、规划与方案

项目化学习的一般流程见图1。浙教版《科学》初中八年级上册的教材，将密度计作为物体浮沉条件的应用，以图片和文字的形式进行了介绍，内容相对较少。但在浮力的复习课中，其背后的科学知识对于学生学科素养的提高有极大的促进作用。浮力作为八年级学习的第一个力学重点，难度较以往有所提升，因此创设有具体生活情境，且相对有挑战性的复习课是必要的。

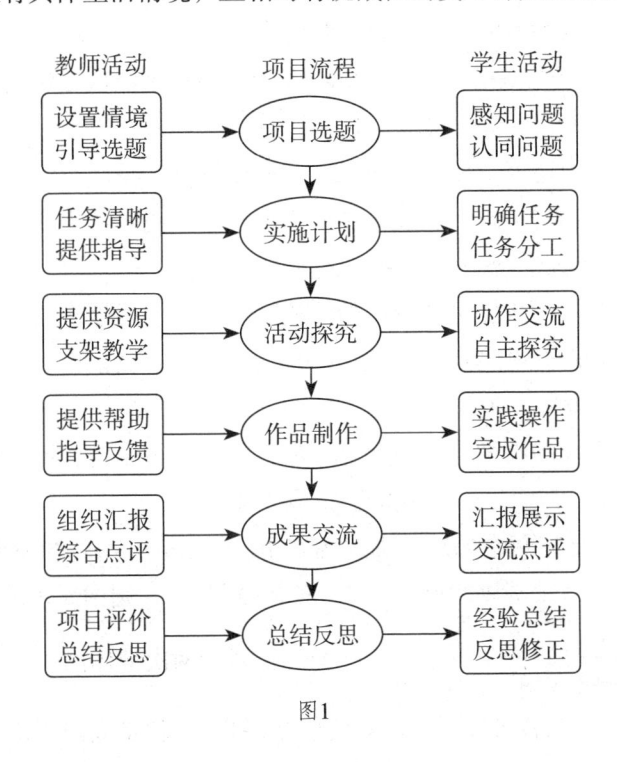

教师活动	项目流程	学生活动
设置情境 引导选题	项目选题	感知问题 认同问题
任务清晰 提供指导	实施计划	明确任务 任务分工
提供资源 支架教学	活动探究	协作交流 自主探究
提供帮助 指导反馈	作品制作	实践操作 完成作品
组织汇报 综合点评	成果交流	汇报展示 交流点评
项目评价 总结反思	总结反思	经验总结 反思修正

图1

本节课以小组合作的形式进行，过程中渗透科学、技术、工程、艺术和数学等学科素养的运用，学生在讨论之余联系所学知识进行分析，包括浮力中的阿基米德原理、科学实验现象的分析、数学中数形结合思想的运用等。

三、情境与描述

（一）设情境抛问题，建立科学模型

教师将同一木块放在两种等量的无色透明液体中，学生观察得到同一木块

排开液体的体积是不一样的（见图2）。教师由此提问。

图2

（1）木块在两种液体中受到的浮力相等吗？（生：浮力是相等的。）

（2）为什么浮力是相等的？（生：因为它们都是漂浮在液面上，漂浮时木块受到的浮力等于它自身的重力。）

（3）那么浮力还等于什么？（生：$F_浮=G_排=\rho_水gV_{排水}=\rho_液gV_{排液}$。）

（4）据此，两种液体的密度大小，你能比较了吗？（生：当物体所受的浮力不变时，液体的密度越大，排开液体的体积越小。）

（5）怎样判断两物体排开液体的体积？（生：因为该木块是规则固体，水平漂浮时横截面积S是相同的，根据$V_排=Sh_排$，$V_排$与$h_排$成正比，只需要比较在水下的木块高度$h_排$即可。）

（6）两次木块的高度$h_排$并不明显，有什么方法可以使它更明显？为什么？（生：竖立起来。但学生不能很好地解释原因。）

教师引导：要让两次的$h_排$更加明显，即$\triangle h_排=h_{排A}-h_{排B}$的值要更大，这个值该如何计算？[设木块的重力为G，横截面积为S，则两次木块的$\triangle h_排=h_{排A}-h_{排B}=\dfrac{G}{\rho_A gS}-\dfrac{G}{\rho_B gS}=\dfrac{G}{gS}\left(\dfrac{1}{\rho_A}-\dfrac{1}{\rho_B}\right)$]即若要增大两次液体的$\triangle h_排$，一者可以增大物体的重力G，二者可以减小木块的横截面积S，就是大家所说的将木块竖立起来。

明白了原理，学生在动手尝试后却发现木块始终无法竖立。

（7）该如何使木块竖立漂浮在液面上？能否从不倒翁处得到启示。（生：降低重心。）

教师展示在相同的木块底部钉入铁块后，木块能竖立在液体中，而且可以更加清楚直观地比较$h_排$，进而比较$\rho_液$（见图3）。这就是密度计的原理。

图3

设计意图：从常见的生活物品入手，创设问题情境，以问题串的形式帮助学生回顾浮力的相关知识，进行公式的推导，引导学生进行项目化学习，促进其知识的主动建构与整合，展现学生已有的学科素养，为后续课程的开展做铺垫。

（二）选材料探原理，创新技术改进

教师讲述：给大家准备了一些材料（见图4），你能用已有的材料自制密度计，比较不同液体的密度大小吗？

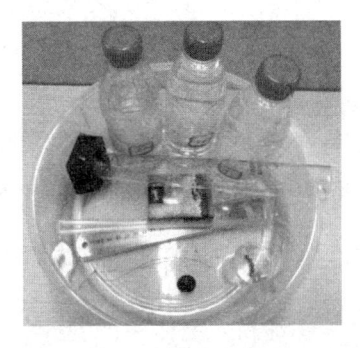

图4

学生观察材料后，选择横截面积较小的吸管作为比较工具，但它和木块一样始终无法在液体中竖立。有了前面的经验，学生能很快想到要给吸管加配重。不同小组各有千秋：有将铁丝缠在吸管外面的，有将铁丝塞进吸管内部的，有用橡皮泥外包住吸管底部的，有用橡皮泥堵住吸管底部的。但无论怎么做，吸管或沉底或倾斜，始终不能竖直漂浮。由此，部分学生开始思考失败原因并进行改进：用橡皮泥堵住吸管底部后继续加配重（小钢珠），直到吸管能够竖直漂浮。

改进方案后，所有学生将制作好的密度计放入不同液体中，比较其$V_{排}$，进而得出$\rho_{液}$的大小。

教师引导：借助用吸管自制的密度计，已经能定性区分所给的三种液体的密度大小。若提供的液体，一种是水，另外两种分别是酒精和盐水，要定量地知道酒精和盐水的密度，该如何对此密度计进行改进呢？（最好能够直接读出密度，也就是密度计上标有刻度。）

学生思考后发现，有一个刻度可以直接标出，就是水的密度。密度计在水中竖立时，液面处的标记刻度应该为1.0 g/cm³，可称之为基准线。那么ρ为0.9 g/cm³的刻度该怎么标呢？

引导学生回到漂浮的原理：漂浮时$F_{浮}=\rho_{水}gV_{排水}=\rho_{液}gV_{排液}$，对于形状规则的圆柱体吸管而言，$V_{排}=Sh_{浸}$，得出$\rho_{水}gSh_{浸水}=\rho_{液}gSh_{浸液}$，化简后可得$\rho_{水}h_{浸水}=\rho_{液}h_{浸液}$，将等式进行变形，得到$h_{浸液}=\dfrac{\rho_{水}h_{浸水}}{\rho_{液}}$。根据这个数量关系，只需要通过数学计算就可对密度计进行标度。

设计意图：根据问题，提出有创意的方案，然后根据科学原理或限制条件进行筛选，最终实施项目，并利用工具和材料进行加工制作。这一过程不仅考查了学生对科学概念的理解和学习效果，还培养了学生的数学素养和技术素养。

（三）找规律究原因，数形结合破难点

教师展示液体密度与密度计浸入液体深度的关系表（见表1），当密度计总长为18.0 cm，浸入水中的深度为14.0 cm时，请学生根据推导公式$h_{浸液}=\dfrac{\rho_{水}h_{浸水}}{\rho_{液}}$，计算出当液体的密度和表中的密度数值相等时，该简易密度计浸入液体的深度$h_{浸液}$。依次计算完成后，根据求得的数据，在该吸管上标出的刻度线就是对应的液体密度值。这样，一个能够直接读数的简易密度计就制作完成了（见图5）。

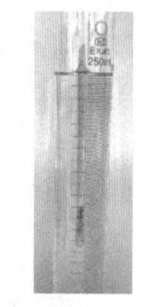

图5

表1

液体密度ρ（g/cm³）	0.8	0.9	1.0	1.1	1.2
浸入深度h（cm）			14.0		

小组合作制作完成后，教师提问。

（1）能否发现简易密度计上的刻度线有什么特点？学生讨论交流后回答：刻度线不均匀，上疏下密，且越往上密度值越小。教师进而拓展提问：这是

为什么？学生思考后回答，首先由公式 $h_{浸液}=\dfrac{\rho_{水}h_{浸水}}{\rho_{液}}$ 可知，在 $\rho_{水}$ 和 $h_{浸水}$ 一定的条件下，$h_{浸液}$ 和 $\rho_{液}$ 成反比，故刻度不均匀，且 $h_{浸液}$ 越大，对应的液体密度数值越小，故刻度线越往上密度值越小。然后，教师引入数学中的描点法，以 $\rho_{液}$ 为横坐标，$h_{浸液}$ 为纵坐标，画出 $h_{浸液}$-$\rho_{液}$ 图像（见图6），在坐标轴上 $\rho_{液}$ 较大处和较小处选取相同的改变量 $\Delta\rho$，由图清晰可见：$\rho_{液}$ 较小时，Δh 会更大，即 $\Delta h_1 > \Delta h_2$。

图6

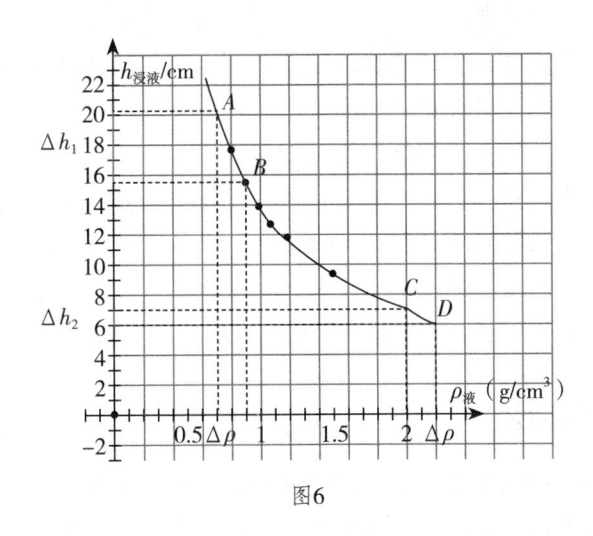

（2）怎样检验自制密度计的刻度误差？学生合作讨论后回答：将自制密度计放入已知密度 ρ 的液体中（课前已准备了密度为 1.1 g/cm³ 的食盐水），将测量值与已知密度 ρ 进行比较，就能得出误差大小。

设计意图： 跨学科项目化学习强调通过学科间不可分割的联系达到整体理解，而不是简单的多学科的主题活动。教师在引导学生定量测量液体密度时，运用了数学的建模法、标定法、描点法，对阿基米德公式进行推导应用，结合多学科思维，促进项目的完成。整个实验过程由学生自己控制，学生在动手前设计，在动手中思考，在动手后改进，在改进后反思，根据实际效果对项目进行修改迭代。教师在实验过程中起到引导帮助的作用。借助数学的描点法画图，清晰明了地解释了密度计的刻度为何上疏下密，有助于学生突破难点，提升数学和科学素养，促进深度学习。

（四）勤尝试多交流，回归真实情境

要成功完成一个项目，学生需要更多的时间，更多的探究尝试，不能因课程的完成而停止探究。因此，课后要求学生用自制的密度计分别测量生活中的可乐、食用油、牛奶等液体的密度，完成后交流分享实验结果。用自制密度计进行课堂的延伸，学生看到了自己所学知识的价值，检验了学习的成效，这会提高其学习的兴趣，促使其更加积极地钻研。

四、成效与反思

本节课设计完成后，笔者曾多次在不同学校和班级进行教学实践，整堂课以"科学探究"的思维和"工程设计"的实践为核心，让学生基于问题和任务经历完整的设计与制作过程，整合跨学科知识，解决挑战性任务，并且制造出一个实用的成品——自制密度计，顺利完成预设的教学目标。

教学主要是激发学生思考和探究的动机，引导学生由浅入深地逐步探究知识的本质，让学生有更多的质疑和思考空间，综合运用知识完成具体的项目，从而培养学生的高阶思维能力，促进深度学习。因此，教师立足科学学科内涵，在项目化学习模式下，唤醒学生的探究欲望，发展学生的探究能力，让学生用思考支撑实践操作、科学拓展等，最终提升学生的科学素养。

五、点评与愿景

（1）以真实问题为基点。真实问题强调真实情境中的实际问题，其本质是基于建构主义知识观的情境性。让教育回归真实生活，发掘生活中的问题，促进学生对所学知识的理解、建构与迁移，从而进行深度学习，习得隐含于问题背后的学科知识。

（2）以实验探究为主线。本课在注重学生动手实践的基础上，还强化了学生用理论指导实践的能力。将课堂中的难点巧妙化解为学生乐于接受，能够接受的内容，以小组合作的方式进行探究和寻找答案，很大程度上提高了科学教学的趣味性和学生对科学原理的理解。在不同学科的相互碰撞中，学生实现了深度学习，更好地建立高阶思维，有效促进学科素养的形成。

（3）以循环反复为特色。学习本就是一个循环往复的螺旋上升的过程，不能一蹴而就。帮助学生深度认知事物的特性，清晰认知事物本质，了解学习过程的严谨性，在过程中建构具有个人特色的知识结构，推动深度学习。

参考文献

［1］安富海.促进深度学习的课堂教学策略研究［J］.课程·教材·教法，2014（11）：57-62.

［2］谭顶良.深度学习是整体性的教育变革［J］.江苏教育（中学教学版），2016（4）：19.

［3］夏雪梅.项目化学习设计：学习素养视角下的国际与本土实践［M］.北京：教育科学出版社，2018.

［4］钟启泉.深度学习：课堂转型的标识［J］.全球教育展望，2021（1）：14-33.

> 【成员简介】蒲少军，男，1980年1月出生。高级教师，区智优生指导教师。
> 【治学格言】由心出发，为理解而教。
> 【教学主张】以"指向理解的科学教学"为主张，每一天去不断地追问，不断地思索。
> 【刨根问底】摩擦的本质是什么？
> 【工作业绩】参加2022年绍兴市中考命题工作，同时开设了多节区、校级公开课以及讲座。

思维模型在化学教学中的妙用

——以浙教版"物质的转化"为例

一、主题与背景

根据教材的内容设置，初中化学是在八年级下半学期和九年级上半学期学习的。教材编撰者充分考虑到了学生个体的发展规律，经过两年的科学学习后，九年级的学生已经初步掌握了科学研究的基本方法，抽象思维能力也开始不断增强，相对其他学科知识来说更加抽象的化学本质和微观原理，在这个阶段开始学习确实是最佳时机。但是对处在中考最后关头的九年级学生来说，时间非常紧迫，他们不愿沉下心来仔细思考化学学科的本质，更多的是希望通过刷题来快速提高自己化学部分的得分率。这与以提高解决真实问题能力为宗旨的新课标理念有些背道而驰。如果有一种可以让学生在紧张的学习中快速理解化学本质，继而完成举一反三的学习方法，那就可以两全其美了。因此，笔者想到了用思维模型的方法开展化学教学。很多化学知识的学习具有相通的模式，比如酸和碱的知识点，就可以基本按照相同的思维模型进行教学（见图1）。

归纳酸的定义 → 通过研究两种酸，寻找酸的共性 → 研究常见酸的个性 → 分析酸的用途

图1

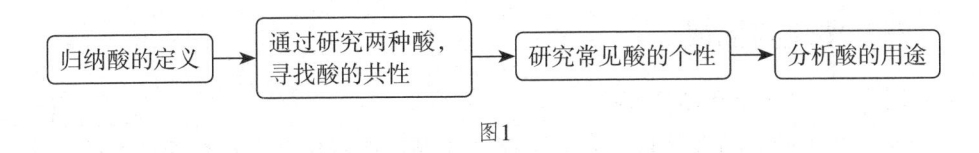

因此，在学习完酸的知识后，就可以让学生用相同的思维模型去探究碱的知识。这样既能让学生掌握研究某类物质的性质和用途的通用方法，也能培养学生使用归纳法的意识，更可以提高学生在课堂中的主体地位，增加实践机会，增强课堂参与感。

二、规划与方案

所有的物质都是不断变化着的，化学变化正是利用某些条件促进了物质的变化。在本节学习的过程中，需要了解化学变化是如何对物质世界进行改造并实现物质的互相转化的。在实际的生活中，我们又应该如何利用化学变化来达到物质的转化并利用转化的结果呢？事实上，教师应当要先明确物质转化的目标产物，并对原料和目标产物进行对比分析，依据实际需要来了解物质的基本情况，再选择转化原理。教师应该引导学生们依据物质性质和其反应规律，选择合适的反应试剂，最后再决定是进行氧化还原反应，还是复分解反应。

目前学生已经学习了金属及酸碱盐的性质，并对物质性质已经有了系统认识。物质的转化与利用，是2022版科学课程标准十三大核心概念中"物质的变化与化学反应"的重要部分，对这部分知识内容进行学习，能够有效培养学生的化学逻辑思维和实际解决问题的能力。学生们需要分析物质的构成，寻找物质间的联系，并思考将其进行特定转化的方法。

在教学过程中，首先要对常见的非金属和金属的转变规律进行回顾。其中金属单质可以转化成金属氧化物，金属氧化物与酸可以进行反应，而非金属单质可以转化成非金属氧化物，非金属氧化物与碱可以进行反应。不过需要注意，这里所说的氧化物不包括一氧化碳，二氧化氮和一氧化氮。本节课的学习要让学生们了解金属单质与其化合物的转化过程，并能够在实际运用中清楚地了解转化的过程与概念，学习并运用用氢气冶炼、用碳冶炼、用一氧化碳冶炼的方式。

三、情境与描述

情境一：金属冶炼的引入。

师：自然界中的金属是以游离态存在的多还是以化合态存在的多？请你说说理由。

生：化合态更多。因为金属会与氧气反应转化为金属氧化物，金属氧化物还能够转化为可溶性碱、盐等化合态的物质。所以，应该是化合态的更多。

师：是的，其实开采出来的很多金属矿都是含有某种金属的化合物，比如黑铜矿的主要成分就是氧化铜。那么，如果我们想要得到单质铜，可以想什么办法呢？

生：让氧化铜发生化学反应，转化为单质铜。

师：让我们比较两者的元素组成，你觉得主要的差异是什么？

生：氧化铜含有氧元素和铜元素，而单质铜只含有铜元素。所以，只需要将氧化铜中的氧元素去除，就能得到单质铜。

师：去掉氧元素之后，铜的化合价会如何变化？这样的变化是化学反应中的哪一种？

生：铜元素的化合价会降低，这是一种还原反应，我们可以加入还原剂。

师：能给化合态到游离态的金属冶炼构建一个思维模型吗？

生：首先判断矿物的组成，再比较化合态和游离态两种物质的组成差异，最后确定转化路径。

设计意图：通过对自然界中金属存在形式的思考，既复习了物质转化的已有知识，也帮助学生产生了完成金属冶炼这一课程目标；再思考氧化铜和铜的元素组成差异，归纳出金属冶炼的化学方法，为冶炼其他化合态矿物提供了思维模型。

情境二：氢气还原氧化铜。

师：常见的还原剂有氢气、一氧化碳、单质碳等。让我们先以氢气为例展开具体的思考。氢气从何而来？

生：可以利用酸的性质进行氢气的制取，比如稀硫酸与锌粒的反应。

师：氢气的制取装置应该选哪一种呢？可以从已知气体制取装置中进行选择。

生：用过氧化氢制氧气的那个装置，因为两者都是液体和固体混合后制取气体。

教师出示装置（见图2）。

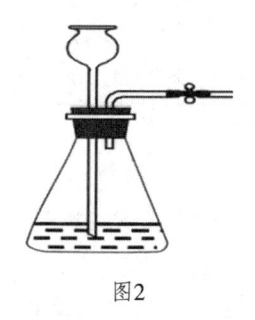

图2

师：气体制取装置都要先进行气密性的检验，请问这个装置如何检验气密性？

生：夹紧右侧橡皮管上的止水夹，接着向左侧的长颈漏斗中注水，看长颈漏斗内是否能维持一段水柱。

师：这样检验的原理是什么？

生：夹紧止水夹，是为了在加水后制造一个密封的环境，再想办法改变内部的气压，通过观察现象来判断装置的气密性。

师：能否给气体制取装置的气密性检验归纳出一个思维模型呢？

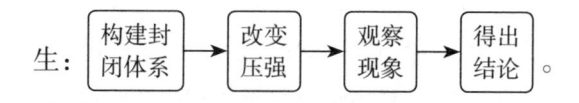

生：构建封闭体系 → 改变压强 → 观察现象 → 得出结论。

师：有了氢气，应该让氢气和氧化铜在哪里发生反应？

生：让两者在试管中发生反应。

师：为什么要在试管中反应？

生：因为两者的反应需要加热，而试管是可以直接加热的。

师：试管有没有什么放置要求？

生：要将试管口向下倾斜，因为氢气如果夺取了氧化铜中的氧元素，应该会产生水，必须让水从试管口流出。

师：实验开始时是直接让氢气与氧化铜发生反应吗？

生：不能，因为试管中还有氧气，氢气和氧气在加热条件下可能会发生燃烧，引发爆炸。

师：那么该如何解决这一问题呢？

生：可以先通一段时间的氢气，使得试管中氢气纯度比较高之后，再点燃

83

酒精灯，让氢气和氧化铜发生反应。

师：实验过程中会出现怎样的现象？

生：黑色的氧化铜会慢慢转变为红色的铜，试管口会有水珠滴下来。

师：转化完成后，应该先做什么呢？你有几种选择？

生：可以先熄灭酒精灯，再停止通氢气；也可以先停止通氢气，再熄灭酒精灯。

师：大家觉得哪个顺序比较好？说说你的理由。

生：先熄灭酒精灯，再停止通氢气比较好。因为铜还处于高温状态，如果此时先停止通氢气，那么空气就会慢慢进入试管，红热的铜又会与空气中的氧气反应，转化为氧化铜，导致实验前功尽弃。

师：我们已经掌握了用氢气进行金属冶炼的原理和方法，你们能归纳出一个思维模型吗？

生：制取氢气 → 思考反应装置 → 思考开始顺序 → 分析实验现象 → 思考结束顺序。

设计意图：以氢气还原氧化铜为例，让学生体验金属冶炼整个过程，并以此为例，提炼出金属冶炼过程的思维模型。让学生有了后续两种物质冶炼过程的思考路径。

情境三：学生利用思维模型，自主思考一氧化碳还原氧化铜的过程。

师：有了思维模型，请大家思考一下一氧化碳还原氧化铜的实验过程。

学生进行小组讨论交流，推导一氧化碳还原氧化铜的实验装置和实验过程。（见图3）

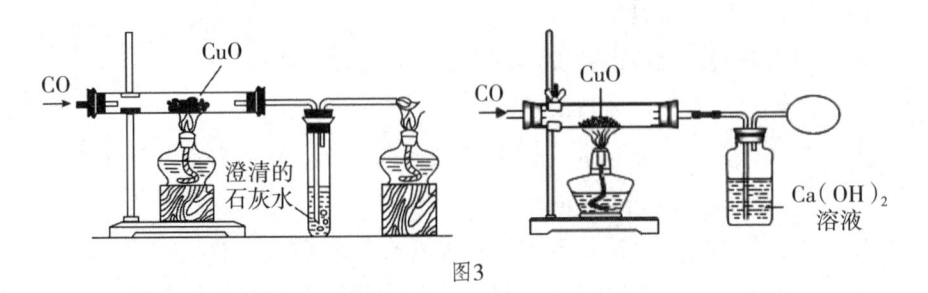

图3

师：一氧化碳和氢气有没有什么差别？

生：一氧化碳是有毒气体。

师：那么在设计实验装置时要注意什么？

生：要避免一氧化碳排入空气。

师：如何避免？

生：可以在实验尾部加一个酒精灯或者进行尾气吸收。

师：加入这个设计后，对于实验开始和结束的先后操作顺序有什么影响？

生：实验开始前要先点燃装置尾部的酒精灯，通一氧化碳，一段时间后再点燃中间的酒精灯。实验结束时，要先熄灭中间酒精灯，等冷却后再停止通一氧化碳，最后熄灭尾部酒精灯。

师：你觉得该实验会出现什么现象？

生：黑色氧化铜会变成红色，并且一氧化碳会转化为二氧化碳。

师：如何判断是否产生了二氧化碳呢？

生：可以在尾气处理前加入一瓶澄清石灰水，作为二氧化碳的检验装置。

设计意图：让学生通过思维模型自主开展一氧化碳还原氧化铜的实验设计，但是教师要给予一定的引导，让学生发现一氧化碳和氢气的性质差异，并据此对实验装置和实验顺序进行修正，找到最适宜的方案。

四、成效与反思

通过氢气还原氧化铜实验，归纳出了金属冶炼思维模型、装置气密性检验思维模型、金属冶炼实验思维模型。相应的思维模型给学生的后续学习提供了方法和指南，让学生有了自主探究类似问题的能力和手段。比如一氧化碳还原氧化铜的实验，基本上都是由学生自主完成，教师只要对特别需要注意的事项进行引导式提问即可，真正地将课堂交给了学生，让学生体会到了理论知识与解决真实问题之间的联结。

其实本节课还可以进一步引导学生对两个实验进行比较和分析，构建出氧化还原反应化学方程式的书写思维模型、两套装置中的试管和玻璃管在反应前后质量变化的思维模型，也可以进一步深入，构建出混合气体的检验和除杂的思维模型等。

在化学教学的过程中适时归纳类似问题的思维模型，可以让学生开展更深层次的原理思考，进行深度思维。同时，也可以为学生学习类似问题找到一个范式体例，让学生可以更有效、更快速地找到正确的思维路径。这样的学习方式，授的是"渔"，培养的是学生的思维能力与洞察能力，提高的是学生的核心素养。

五、点评及愿景

综上所述，费时少、效率高的教学模式是真实存在的，教师教学方式的改变可以影响学生的学习兴趣、学习效率、学习能力。在核心素养教育理念的指导下，教师应该合理使用思维模型，帮助学生们找到解决问题的思路，从根本上帮助学生更好地理解化学本质和原理。在实际学习的过程中，也应当回归现实，在不脱离实际生活的情况下，鼓励学生自发思考思维模型并合理运用，让学生真正融入化学学习，切身感受化学的魅力。

参考文献

［1］王珊.基于模型建构的"物质分离与提纯"复习课教学研究［J］.化学教与学，2023（4）：66–70.

［2］胡卫平，刘守印.义务教育科学课程标准（2022年版）解读［M］.北京：高等教育出版社，2022.

［3］颜世利，孙晓春.初中化学利用思维导图培养学生物质转化观的教学策略［J］.云南化工，2023，50（3）：214–216.

［4］李焱，孙慧杰，孙成林.利用思维模型解决初中化学表格型计算问题［J］.教育实践与研究：中学版（B），2019（5）：48–52.

【成员简介】周超，男，1990年11月出生。一级教师，诸暨市教坛新秀，诸暨市优秀教师。

【治学格言】学以治之，思以精之。

【教学主张】教学不是简单地把知识经验灌输到学生的头脑中，而是要通过激发和挑战其原有知识经验，提供有效的引导、支持和环境，帮助学生在原有知识经验的基础上生长起新的知识经验。

【刨根问底】人赋予知识以意义，知识又会如何改变人？

【工作业绩】工作室期间，获得诸暨市课题一等奖，诸暨市教科研论文一等奖，"诸暨市教坛新秀"称号，多次开展诸暨市公开课、观摩课。

构建思维模型　创新教学手段[*]

——以"空气中氧气含量测定实验"教学为例

一、主题与背景

"空气中氧气含量测定实验"是浙教版《科学》教材八年级下册第三章"空气与生命"第一节中的内容，被安排在第二章"微粒的模型与符号"内容之后。作为化学学习的开端，学生对空气、氧气等概念都已经有所了解，这样的知识教学布局符合学生的认知发展水平，也能够使学生比较顺利地进入初中化学知识的课堂学习中。但是，由于学生化学知识的储备有限，再加上空气看不见也摸不着，空气的成分仅仅只是学生头脑中的前概念，不一定与科学知识相符。在课前，我也向学生提出过一些问题，例如"空气到底是由哪些物质组

---

[*] 本文获绍兴市教育教学论文二等奖。

成的""氧气有哪些性质",发现学生的认知都比较模糊,甚至有一定的偏差,所以需要通过这一节内容的学习,让学生对"空气的成分"有比较清楚的认识。

二、规划与方案

根据教材的内容编排,"测定空气中氧气含量实验"放在空气成分研究科学史之后。法国化学家拉瓦锡首先通过实验得出了空气由氮气和氧气组成,其中氧气约占空气总体积$\frac{1}{5}$的结论,所以本实验并非探究性实验,而是基于拉瓦锡实验结果的验证性实验。实际教学中常存在以下问题:

(1)在日常教学中大多数教师只是简单地完成演示实验,并没有对实验的原理展开进一步的分析和推理。对于"为什么要选择这样的装置进行实验""为什么红磷燃烧后打开止水夹烧杯中的水会进入集气瓶"等问题,教师在教学中常常会引导学生直接去认同书本给出的结论,学生并没有经历逻辑推理,更没有构建思维的模型,这样的方式是无法提升学生的思维推理能力和科学探究能力,更无法提升学生的科学素养的。

(2)过度重视对实验的记忆。在教学过程中,大多数教师会要求学生记忆实验的操作步骤、实验现象、实验结论、考试要点等,学生会将需要动手操作的实验理解成简单的记忆内容。例如,分析实验误差的过程中,根据实验要求,需要使装置冷却至室温后再打开止水夹,大多数学生只知道会使实验结果产生误差,但如果要求学生分析实验结果产生误差的具体原因,学生并不能顺利地结合气压的相关知识进行分析,这样的教学无法提升学生动手操作能力和思维推理能力。

(3)忽视实验教学的本质。在教学过程中,大多数教师忽视了实验的原理教学,使得学生把"测定空气中氧气含量实验"的实验学习、思维推理学习当作了"死记硬背"的知识学习。

三、情境与描述

(一)研究现状分析

在中国知网上以"测定空气中氧气含量"为主题进行搜索,1990—2023年共有293篇期刊文献发表。随着时间的推移,围绕该主题开展的研究呈逐年增加趋势。从整体上看,大部分的学者主要围绕实验原理、燃烧装置改进、反应物选择、误差分析等四方面开展，但是针对课堂逻辑思维方面的分析并不多。由此，我在自主改进实验装置的前提下，提炼本堂课中所包含的思维逻辑，以此为教学重点，培养学生构建、应用思维模型的能力。

（二）原理解读

根据"测定空气中氧气含量实验"教学的现状分析，结合我在日常教学中的切身经历，我从以下方面进行分析。

1. 原理解读一：装置选择

在实验教学中，我并未急于将测定空气中氧气含量实验的装置展示出来，而是先展示图1所示装置，解读本实验的原理。该装置由广口瓶、针筒、橡胶塞、玻璃导管、橡胶导管、烧杯、止水胶、红墨水组成。接着，我带领学生复习气压的相关知识：先简单回顾影响气压大小的因素，并举例"热胀冷缩"是由于温度影响气压，温度越高，气压越大；用吸管喝饮料的时候，把吸管内的空气吸走，吸管内的气压（$p_{内}$）变小，但是外界大气压（$p_{外}$）不变，形成气压差，外界这个更大的气压便把饮料压入吸管内，我们就喝到了饮料。借此引导学生利用吸管内外气压的大小分析实验装置的原理，构建思维模型。

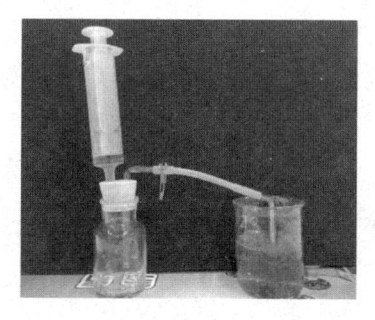

图1

在实验前我先向学生提问"当止水夹夹住橡胶管后，将针筒活塞向外拉动一段距离抽气，固定活塞位置，预计将会看到什么现象？打开止水夹后预计将会看到什么现象"，通过设置情境引导学生思考，将学生带入实验情境中，激发学生的学习兴趣。在学生给出自己的猜想后先不评价对错，让学生认真观察实验现象，激发学生探索的欲望。之后我按步骤演示实验，学生可以观察到一开始水并没有进入广口瓶，打开止水夹后，水才进入广口瓶，于是我让学生说一说实验的原理。学生有了之前气压相关知识的铺垫后，能顺利地利用瓶内外气压的变化和大小分析出实验的原理。

分段实验的好处是使学生更好地理解烧杯中的水并不是被针筒"吸"入广口瓶中，而是被外界大气压"压"入广口瓶中的。最后我引导学生转换思维，测量进入广口瓶中的水的体积，并比较其与针筒内空气的体积的大小，得出两者体积相等的结论。

我通过以上实验教学环节引导学生构建思维模型（如图2）：整个实验装置构成一个密闭容器，用针筒将集气瓶内的部分空气抽走之后，瓶内的空气质量变小，导致瓶内气压减小，而外界大气压不变，此时外界气压大于瓶内气压，便将水压入广口瓶内。

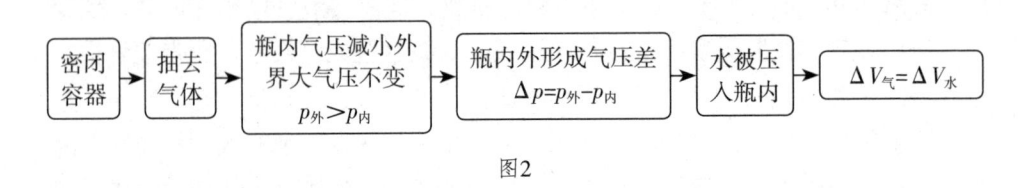

密闭容器 → 抽去气体 → 瓶内气压减小外界大气压不变 $p_外 > p_内$ → 瓶内外形成气压差 $\Delta p = p_外 - p_内$ → 水被压入瓶内 → $\Delta V_气 = \Delta V_水$

图2

2. 原理解读二：药品选择

利用上述实验装置，能否利用针筒抽气的方法测定空气中氧气的含量呢？在这个问题的驱动下，我引导学生思考设置针筒抽气这个环节的实验目的：针筒抽出的是集气瓶内的空气，而测定空气中氧气含量的实验必须"抽出"瓶内的氧气，但是集气瓶内的氧气是无法被"抽出"的，所以更好的办法是利用氧气的助燃性消耗瓶内氧气。我再次引导学生构建思维模型（如图3），使学生深刻地认识到"针筒抽气"和"消耗氧气"两者之间的等效关系，且进入集气瓶内的水的体积等于集气瓶内空气中氧气的体积，从而可以利用"燃烧法"除去瓶内的氧气，测定空气中氧气含量。

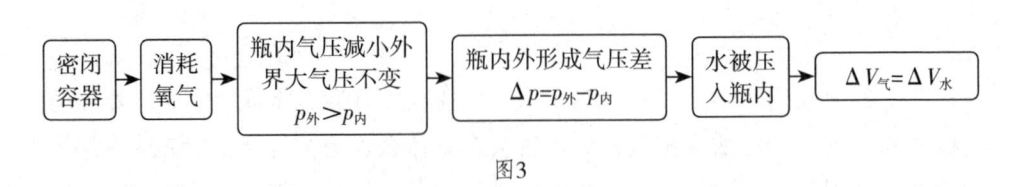

密闭容器 → 消耗氧气 → 瓶内气压减小外界大气压不变 $p_外 > p_内$ → 瓶内外形成气压差 $\Delta p = p_外 - p_内$ → 水被压入瓶内 → $\Delta V_气 = \Delta V_水$

图3

接下来，我围绕"燃烧法"引导学生开展讨论，并选择适宜的药品进行实验。课堂中引导学生列举常见的能在空气中燃烧的物质：木炭、硫、磷（包括红磷和白磷）等，分析这些物质燃烧的条件、产物，进一步确定反应物。借助上述思维模型可知，反应物在燃烧过程中必须拥有消耗氧气，使瓶内气压减小的能力，若燃烧后又产生新的气体，则会占据氧气的体积，使瓶内气压再次增大，所以木炭和硫不符合实验要求。白磷虽然着火点最低，但具有较大毒性，所以并不推荐使用。进一步筛选后可知，红磷最符合实验要求。

四、成效与反思

多次实验结果反映，采用激光笔点燃红磷往往导致实验结果偏小。查阅文献发现，一方面由于激光笔点燃红磷法省去了点燃红磷后将燃烧匙伸入集气瓶的环节，瓶内环境始终与外界隔绝，瓶内气体不会因为燃烧匙伸入时受热膨胀而逸出；另一方面，红磷燃烧时集气瓶内的氧气含量下降到一定值时，红磷会因为温度降低而停止燃烧，因此无法完全消耗瓶内的氧气。

但在实际教学过程中，教师可以引导学生借助思维模型，结合实验注意事项寻找测量结果偏小的原因。利用之前的思维模型逆推法分析：实验测量结果偏小的原因是进入集气瓶内的水偏少，即气压差偏小，而外界的大气压是不变的，所以真正导致测量结果偏小的原因是瓶内气压偏大，由此可在上述思维导图的基础上再次进行误差分析（如图4）。同理，测量值偏大的原因是瓶内气压偏小（如图5）。

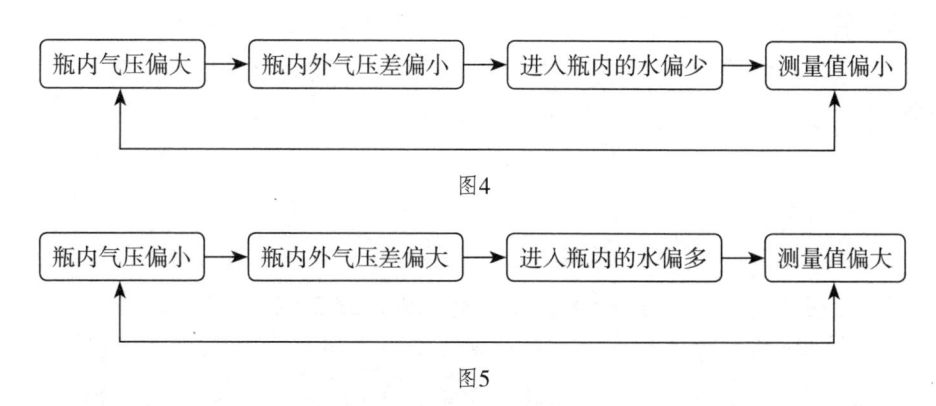

瓶内气压偏大 → 瓶内外气压差偏小 → 进入瓶内的水偏少 → 测量值偏小

图4

瓶内气压偏小 → 瓶内外气压差偏大 → 进入瓶内的水偏多 → 测量值偏大

图5

整合图3、图4、图5的思维模型，引导学生进行思维逻辑推理。通过学生独立自主的推理，顺利地找出了实验结果偏小的原因为：红磷量不足，外界空气进入集气瓶，没有完全冷却就打开止水夹等。同理也找出了实验结果偏大的原因（如图6）。由此可见，思维模型的建立让学生思维迁移、发散，开拓、活跃，切实提高了学生分析和解决问题的能力，落实了素养教育。

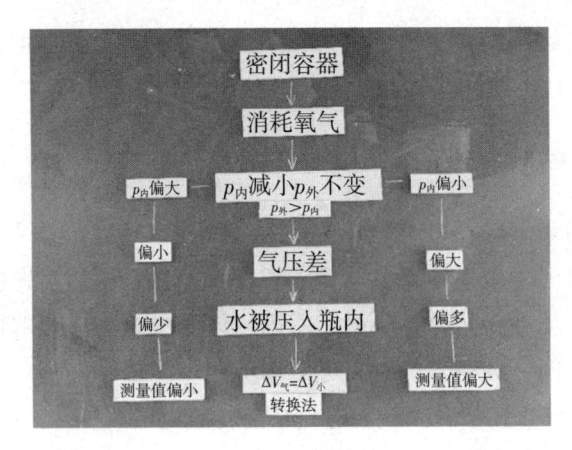

图6

五、点评与愿景

结合课后对师生的访谈，经过教学反思，可以发现教学过程中利用知识思维模型解读实验原理，建立"问题—证据—结论"的推理意识，引导学生自主思考、动手实验、合作交流，让学生从简单的知识记忆转变成独立自主分析问题、解决问题，既提高了教学效率，也提升了学生的科学素养。值得注意的是，思维模型的构建只有在教学过程中长期实践与渗透，才能不断地提升学生的思维品质，让其学会自主应用模型解决实际问题。

参考文献

［1］吴丛铎.例说基于课程核心素养的初中化学教学设计与实践：以"质量守恒定律"为例［J］.化学教与学，2022（4）：37-41.

［2］康永军.基于化学史教学发展初中生化学学科核心素养：以"水的组成"为例［J］.天津师范大学学报（基础教育版），2021（2）：62-65.

［3］张文华.初中化学教材中拉瓦锡实验的进阶探析［J］.中学化学教学参考，2020（22）：51-52.

【成员简介】范培明,男,1978年6月出生。一级教师,绍兴市优质课一等奖获得者。

【治学格言】君子博学而日参省乎己,则知明而行无过矣。

【教学主张】和谐平等,互动生成,突出本质,实践应用。

【刨根问底】用水灭火时,如果只有少量水,火则更猛,为什么?

【工作业绩】曾获绍兴市优质课一等奖,所带班级多次获得绍兴市区级先进班级。

基于问题导向的科学数字化课堂教学*

——以"植物的叶和蒸腾作用"为例

一、主题与背景

本次品质课堂提出了七个要素,即"关注学科素养""关注学习状况""关注学习趣乐""关注问题思辨""关注实践体验""关注资源技术""关注学习效果",无论哪一个要素都与学生紧密联系,体现了以学生为主体的根本原则。本课在以学生为本的理念指导下,尝试建立真实情境,以问题为导向,叠加新技术的应用,以期在真实情境的问题解决活动中,促进学生的学科知识、认知思路和核心观念的结构化,发展其初中科学学科核心素养。

主体性理论认为,教育的目标不仅是传授知识,更是培养学生的主体性,发挥其自主性、能动性和创造性。在问题导向的课堂中,学生不再是被动的知识接受者,而是主动的知识探索者和问题解决者。认知建构理论认为,学生通过经验、环境等多种信息源来构建自己的知识体系,而非简单地从外部接受和

---

* 本文系越城区优质课一等奖的教学设计。

接触知识。问题导向的学习模式可以更好地激发学生的学习兴趣和动力，促进他们自主建构知识体系。以浙教版初中《科学》教材第四册第四章第六节"植物的叶和蒸腾作用"为例进行说明。

二、规划与方案

在浙教版《科学》教材中，"植物的叶和蒸腾作用"（第一课时）从叶的形态入手，再到叶的结构，然后提出蒸腾作用的概念，进而讨论影响蒸腾作用的因素，整个内容的设计既遵循结构决定功能的基本科学理念，又符合学生的认知规律。在设计实验环节时通过转换思路法，用U形管液面的变化表示植物蒸腾作用强弱的变化。不过由于实验器材的限制，这个实验在实际操作过程中实验现象并不明显，导致学生对规律的认知其实更多地停留在教师的讲解中，而非来自实验过程中的切身领悟。同时，由于教材内容的设计安排比较平实，使得学生在整个学习过程中没有很多自己思考的动力和意愿，所以学习并没有达到最佳效果。

关于蒸腾作用的知识，实际上学生在小学就有所接触和认识，所以在讲解这部分知识的时候，对于叶的形态和结构可以略讲，而更加重视对蒸腾作用强弱影响因素的探究，利用情境素材对知识加以分析，并且引导学生进行合作探究，在此基础上让学生在真实情境中进行发掘、梳理、分析、推理和实验取证，最终形成对于整个蒸腾作用过程的认识和深度学习。

利用有关蒸腾作用的真实情境，探究蒸腾作用的相关知识；通过发现问题、实验探究和证据推理，构建模型认知，促进关键能力的形成；通过多范围、多维度的合作学习，特别是借助数字化教具对实验的帮助，让学生更加直观地了解蒸腾作用，完成对知识的深度认知。

三、情境与描述

（一）科学实验，创设问题情境

上课播放科学实验小视频"会喝水的白菜"。学生看完视频后，教师立即提出问题："白菜'喝'的水到底去哪了？"学生热情高涨，纷纷举手回答，也许被白菜"喝"到"肚子"里去了，也许进行光合作用了，也许散失到空气中去了……教师顺势引出今天的课题：学习了今天的内容，老师想你一定可以从容回答刚才的问题，今天我们要学习的是植物的叶和蒸腾作用。

（二）问题导向，初探事物本质

教师展示准备的材料：白菜（放入蓝色墨水中）、容器、湿度传感器。教师介绍数字化教具——湿度传感器的使用方法。

师：刚才有同学说白菜"喝"的水可能散失到空气中去了，你如何借助现在这些材料证明？

生：将白菜放在容器中，盖上盖子，测出容器中的空气湿度，如果空气湿度不断增大，说明白菜"喝"的水散失到空气中去了。

师：大家想一想，我这个放白菜和水的容器必须得满足什么条件？

生：必须密闭，否则散失出来的水可能来自容器中水的蒸发。

师：那么咱们这个实验是不是得增加一个对照组呢？

生：对，这样先测没有白菜的容器中空气湿度的变化，然后再测放了白菜的容器中空气湿度的变化，进行对比。

师：嗯，我们每隔10秒记录一次，大家可以在自己的任务单中完成表格的设计，然后记录数据。

进行实验，每隔10秒记录数据。（图1）

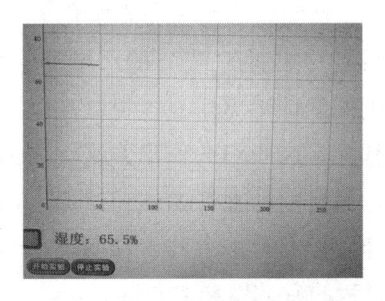

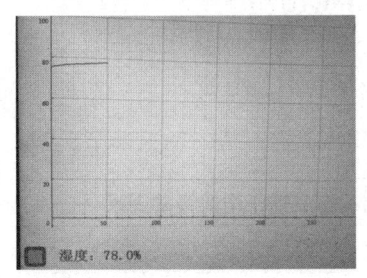

图1

师：根据实验数据，你能得出什么结论？

生：植物吸收的水分最终散失到了空气中。

师：你是如何分析数据并得出结论的？

生：两个方面，一是有白菜的容器中空气湿度大，二是有白菜的容器中空气的湿度在不断增大。

师：谢谢，看来白菜"喝"的水，最终散失到了空气中。白菜叶能"喝水"，那这些叶子会"喝水"么？大家自己阅读课本相关内容，并告诉我为什么它们都能喝水。

学生总结回答：因为它们都有相似的结构。教师随即追问：叶都有哪些结构？哪些结构给你印象最深？学生总结回答：气孔和叶脉。教师小结，每片叶都由叶柄和叶片构成，叶片有上下表皮，叶脉中有导管负责运输水和无机盐，气孔则是水分从叶中散失的门户，然后简单点一下，植物散失水的快慢还和叶片外面的角质层有关。总结完后，教师顺势就可以提出蒸腾作用的概念：像这样，水分从活的植物体表面（主要是叶片）以气态形式散失到大气中的过程，我们称之为蒸腾作用。

（三）数字教学，拓展学习深度

师："会喝水的白菜"到现在还没有变色，谁可以让它"喝"快一点儿？

生：可以提高温度，可以加快空气流速，还可以减小空气湿度。

师：你可以设计实验方案来完成探究么？

由于有之前的"白菜'喝'的水最终去哪儿"的实验作为铺垫，学生已经学会了如何把湿度传感器用在探究活动中，也具备了设计简单实验表格的能力，同时该过程又是以小组合作形式来完成的，这样不管何种学习基础的同学都能参与其中。而且教师在开始组建讨论小组时，已经根据学生基础，采用自愿组合和教师建议相结合的方式，使各类型学生分布相对均匀，最大限度地保证了交互讨论过程的有效性和参与度。

学生经过小组讨论完成探究实验任务单。教师引导：注意实验过程中对照实验的设置、数据的记录分析。

任务单
探究2：探究影响植物蒸腾作用快慢的因素
猜想1：空气流速　　猜想2：空气的温度　　猜想3：空气的湿度
猜想1实验方案： 取两片大小相似的白菜叶放入装有同样多水的相同容器中，保持密封。在其中一个容器中放置一台小电风扇，做实验时将电风扇打开。插入空气湿度传感器，每隔10秒记录一次两个容器内的湿度，共记录50秒

	10s	20s	30s	40s	50s
无风组					
有风组					

续表

任务单

猜想2实验方案：

  取两片大小相似的白菜叶，放入装有同样多水的相同容器中，保持密封。在其中一个容器中放置一台电吹风，实验时，用电吹风吹热风。插入空气湿度传感器，每隔10秒记录一次两个容器内的湿度，共记录50秒。

	10s	20s	30s	40s	50s
常温组					
高温组					

猜想3实验方案：

  取两片大小相似的白菜叶放入有同样多水的相同容器中，保持密封。实验时，一个容器中喷入水汽，一个不喷入水汽。插入空气湿度传感器，每隔10秒记录一次两个容器内的空气湿度，共记录50秒。

	10s	20s	30s	40s	50s
喷水汽组					
不喷水汽组					

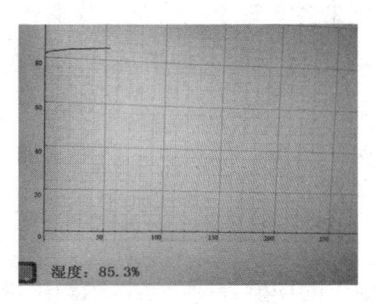

图2

  第三次实验需要特别引导学生关注相同时间空气湿度的变化幅度。通过实验，教师小结：影响蒸腾作用的因素有空气的温度、空气流动的速度、空气的湿度。

（四）创新小结，增加学习趣乐

  上课开始时播放的科学实验小视频的解说词有些科学性的错误，学习了蒸腾作用的知识后，要求学生运用所学知识给视频二次配音并作为本节课的小结。学生讨论后写出了表述正确的解说词。

原视频的解说词："那么植物是怎么获得水分的呢？今天我们用色素与大白菜的叶子做个实验，展示植物是如何吸收水分和营养的。原来植物依靠根部来吸收水分，叶子中有很多管道，水就是通过这些管道被输送到叶子中的各个部分的，所以植物就是用叶子中的小管道来吸收水分的。"

学生的解说词："那么植物是怎么获得水分的呢？今天我们用色素与大白菜的叶子做个实验，展示植物是如何吸收水分和无机盐的。首先植物通过根吸收水分和无机盐，然后在蒸腾作用产生的蒸腾拉力的作用下，利用白菜叶中的导管将水和无机盐向上运输。小部分水分参与植物的光合作用等生理活动，绝大部分的水分以水蒸气的形式通过植物叶片上的气孔散逸到空气中。"

课堂最后，教师展示一则新闻："华东师范大学附属中学的同学们疫情防控期间可没有闲着，他们非常厉害，种出了许许多多五颜六色的花。"然后提问：你知道这些花是怎么种出来的么？

四、成效与反思

1. "生活味"的情境创设，关注学习趣乐

既然知识在情境中生成，那么学生的学习也应该是情境化的，而且这个情境化的场景应该来源于学生的生活，带着浓浓的生活味。情境学习理论认为，学习的本质是学生参与真实的情境活动，与环境互相作用，形成实践探究能力，学生能在其中体验愉悦感，有愉悦感才会积极参与活动，对知识才能建立合理的解释并灵活运用。那么，"会喝水的白菜"这个真实的情境恰好满足以上理论，让学生乐在其中、学在其中，引领学生"从生活走进科学"再"从科学走向社会"。

2. "逻辑味"的问题导向，关注问题思辨

本节课源于"白菜喝水"小实验，通过问题导向，一步步地探究"白菜'喝'的水去了哪里""白菜能'喝水'，这些植物的叶能'喝水'么""白菜'喝'的水为什么能自下而上运输""白菜'喝水'有什么好处""白菜能快些'喝水'么"等问题，引导学生深度挖掘事物的本质。在这个过程中又通过实验探究、方案设计、专业视频、分析推理等方式不断解决问题，帮助学生提升解决问题的能力，发展其科学探究和创新意识等核心素养。

3. "科技味"的实验教具，关注学习效果

信息技术的不断改革和发展助力现代教育技术的革新，空气湿度传感器就是近年来兴起的教学"新助手"，其方便直观，用数据说话，使课堂科学探究

成果更加令人信服。

本课充分运用了数字化教具，使用空气湿度传感器改进课本中的实验，放大实验现象，有利于师生、生生互动的深度融合，同时在深度交流中调动学生潜能，提升学生思维水平，促进学生全方位素养的发展。

参考文献

［1］杨焓.情境学习理论及其对教学改革的启示［D］.武汉：华中师范大学，2012.

［2］成尚荣.情境教育：核心素养的发展范式［N］.中国教育报，2017-05-24（9）.

［3］哈利·弗莱彻·伍德.基于问题导向的互动式、启发式与探究式课堂教学法［M］.刘卓，耿长昊，译.北京：中国青年出版社，2019.

> 【成员简介】俞冬冬，女，1977年1月出生。高级教师，浙江省优质课一等奖，绍兴市"青年岗位能手"，绍兴市"领雁工程"市级骨干教师培训实践指导教师，绍兴文理学院"祖楠班"校外导师。
>
> 【治学格言】志于道，据于德，依于仁，游于艺。
>
> 【教学主张】注重知识结构，使学习有理；联系生活实际，使学习有用；关注问题探究，使学习有效；创设问题情境，使学习有趣；渗透科学思想，使学习有魂。
>
> 【刨根问底】水能灭火，但用水灭火时，如果只有少量水，火则更猛，为什么？
>
> 【工作业绩】曾获得浙江省优质课一等奖，连续两年获得绍兴市属初中科学青年教师教学基本功比武一等奖，多次受邀开设公开课或进行专题讲座。

推进问题思辨　提升思维品质[*]

——以"机械能复习课"教学为例

一、主题与背景

科学习题教学是科学教学的重要组成部分，习题的设计与选择直接影响学生思维品质训练与培养。而常见的习题课，多是讲解刚好够用的条件、完整的答案，重视知识的巩固，深化复习与训练，但在锻炼学生思维品质，特别是创造思维的培养方面尚需加强。为了使学生的问题辨析思维、发散思维得到充分发展，教师可以在编选和设计习题的时候，有意识地改编习题。

"品质课堂"提倡自主学习的方式，崇尚研究性学习和探索性学习，学习

---

[*] 本文系第六届全国"生态·好教育"论坛暨"生态课堂"线上教学研讨会展示的优秀课例。

方式从个人独立学习转变为小组合作学习；教师从全权代理的灌输者转变为设计者和促进者；学生由被动的教学信息接收者转变为具有创造性的学习者，师生之间"通过对话和各自阐述自己的理由进行争论"，师生一起"协奏"。课堂是有机的，只要灌溉如涓涓清泉，等待像云海观日，让学生的主体性充分地、自由地、和谐地发展，我们必将构建起一种新的教育情境，一种保持师生的可持续发展且生动活泼的教育生态。

二、规划和方案

"机械能复习课"这节课在学生完成新课学习的基础上，深入讨论物体从斜面或弧形轨道下滑的过程中能量的转化情况。教师先帮助学生将头脑中的知识结构化，然后引导其根据教师提供的素材将知识结构问题化，再将问题情境化，最后引导情境生活化。实现了生态课堂中学生是学习的主人，是课堂教学活动中的主体；课堂以学生发展为本，强调学生是具有思想、意识、情感、欲望、需求以及各种能力的人；通过课堂教学设计和高效的课堂教学活动，使每个学生的各种潜能都能得到有效的开发，每个学生都能获得最有效的发展，实现教学与学生发展相统一。

三、情境与描述

（一）引入新课

老师这里有两个相同的塑料瓶，分别装有质量相等的水和沙子，这是一个粗糙程度相同的斜面，当我把这两个瓶子从斜面的相同高度同时由静止滚下，同学们猜哪个瓶子会先到达终点？为什么？

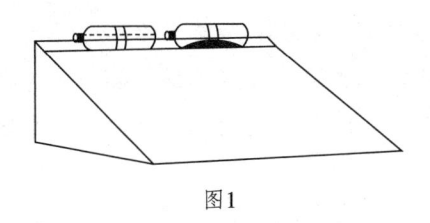

图1

通过这个实验，你得到了什么启发？

设计意图：本节课的新课引入满足了学生"好奇""好学"的心理需求，实验设计、自编问题满足了学生"好动""娱乐"的需要，对同学自编问题的解答满足了学生"好胜""成功"的心理需求。课堂上努力诱发学生产生快乐情绪，引起学生产生相应情感，将对学生的关怀、人格的尊重、学习的严格要求融入每一次教学行为之中，孕育出师生间良好的情感状态，并把这种感情推移到整个学习活动中。

（二）素材一

一个光滑的弧形轨道，小球从A点由静止释放，不考虑空气阻力。

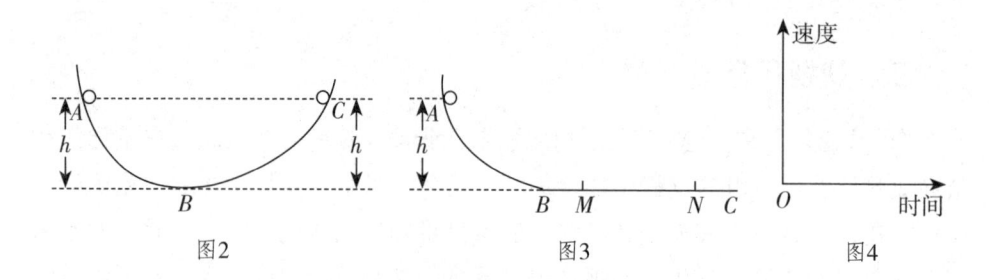

图2   图3   图4

一个多么熟悉而理想的实验条件啊！你想根据这个素材问大家什么问题呢？

学生根据素材提问，邀请同学回答，判断答案是否正确，并说明为什么要这么提问，问题考查的知识点是什么。

设计意图：本节课教师负责提供素材，学生根据教师提供的素材自编题目或者改编题目，使全体学生都有机会将头脑中的知识结构问题化，做到课堂能够面向全体学生的全面发展。课堂关注的不只是学生对知识的理解和掌握，还有学生的"情感、态度和价值观"等方面的发展和提升。本课的课堂小结中提出了注重知识结构，使学习有理；联系生活实际，使学习有用；关注问题探究，使学习有效；创设问题情境，使学习有趣；渗透科学思想，使学习有魂，目的在于引导学生成为有理、有用、有效、有趣、有魂之人。

（三）素材二

如图5所示的轨道AOB，A点的高度H大于B点的高度h，现让小球从A点由静止开始自由滑下，已知轨道无论是光滑还是粗糙，小球都能沿轨道运动到达B点后离开轨道飞向空中（不计空气阻力）。下列关于小球离开B点后的运动轨迹分析最符合实际的是（　　）。

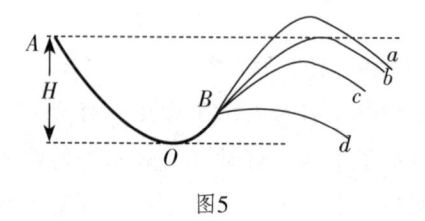

图5

学生讨论：

若轨道光滑……

若斜面粗糙……

老师引导实践：这里有一个真实的轨道，有没有同学想用实验亲自验证一下我们刚才的猜想？

请学生上台演示，先说说有什么猜想，再动手实验，观察实验现象，说明猜想是否通过实验得到验证。

设计意图：科学是讲求实证的学科，需要实事求是，寻找证据。课堂上教师引导学生体验问题生成的过程，问题生成是本节课的教学核心，问题能促使学生发展，学生自觉地体验到问题的必要性，不得不提出"为什么"和"怎么办"，才能激活思维，才能自觉地投入探究之中。根据学生的提问，教师引导学生在体验中学习，在体验中自主探究、自主发展，通过猜想、设计实验、观察、实践、操作等，对情感、行为、思维进行内省体察，了解并掌握"控制变量法""实验加推理""转化法""定性到定量"等科学方法。这是一种在全新教育理念指导下，从学习者个体发展需要和认识规律出发，以感受、经历为指向，符合学生心理认知、成长规律的学习方式。

（四）素材三

光滑斜面甲与水平面AB平滑连接。从斜面甲高H处静止释放小球，小球运动到B点静止，如图甲。在AB上的C点平滑拼接另一光滑斜面乙，已知$AB=3AC$，如图乙所示。如果小球从斜面甲高H处由静止释放，则小球在乙斜面到达的最大高度为h。

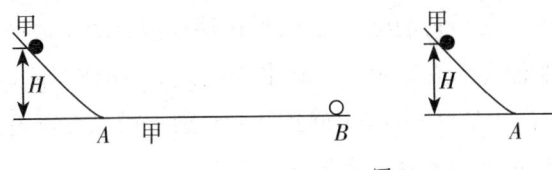

图6

（1）说明h与H的数量关系及理由。

（2）要使小球在乙斜面上到达的最大高度变为$2h$，小球应在甲斜面上多高处由静止释放？请说明理由。

设计意图：我们通过归纳、演绎、比较进行分析与综合，了解事物的属性与特征，这种科学的研究方法称为定性分析，而我们通过建立模型，利用数学方法把握事物特点的方法称为定量分析。定性分析和定量分析是统一的，相互补充的，定性分析是定量分析的基本前提，没有定性分析为基础，定量分析就是盲目的、毫无价值的，而定量分析又能使定性分析更加科学、准确，得到更加广泛和深入的结论。

时间过去了两年，两年后绍兴中考卷再次把这个斜面的向上倾斜部分改成了向下倾斜，作为选择题最后一个压轴题。

（五）素材四

如图7，木块以一定的速度滑过A，B点，到C点滑出下落至D点。A和B，C和D之间的垂直距离均为h。若空气阻力忽略不计，则对木块在运动过程中能量变化的分析，正确的是（　　）。

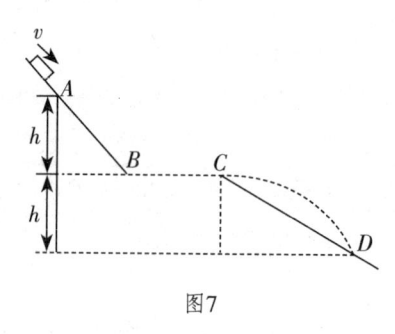

图7

今天同学们不妨来自编一个斜面的习题。那么斜面还能怎么改呢？光滑、粗糙、向上、向下都考过了，要不要在斜面后面加点儿什么？联系我们刚刚学完的第三节"一点都不简单的'简单机械'"，加个杠杆如何？

（六）素材五

一块质量分布均匀的光滑薄平板AB可以绕水平转轴自由转动（截面图中以O点表示），平板与水平地面的夹角为30°，AO长为0.6 m，OB长为0.4 m，平板质量为2 kg。小球离地面高为H=0.5 m处由静止开始释放，沿光滑轨道到达AB上。（所有运动过程均无机械能转化为其他能量）

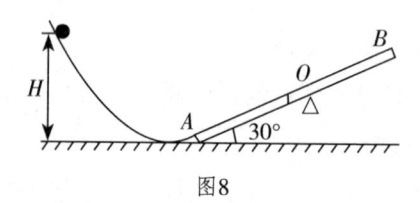

图8

（1）要使平板绕水平轴转动起来，小球的质量m至少为多少？

（2）如果一个质量为$4m$的小球从离地高度为0.2 m的地方由静止开始释放，能否使平板翻转？请判断并说明理由。

设计意图：班级是一个群体，群体动力是最常见的生态现象，合作共生是最基本的生态表征，因此课堂中的合作交流应该是最基本的社会需求，也就当然地应该成为知识探索、情感交流的主要活动形式。本节课上学生不仅有梳理知识结构时的合作交流、实验设计和操作时的合作交流、根据素材提问时的合作交流、解答问题时的合作交流，还有评价时的合作交流。学生有合作的意愿，不抵触合作，认识到"合作"也是学习的一种方式；学生明白自己在合作过程中的个人责任，并扮演积极的角色；知道如何在合作学习的环境下与人相处，怎样妥当地表达自己的意愿和想法，怎样帮助、协调同伴，提高小组合作学习的速度与质量等。

四、成效与反思

习题教学，不是去寻找万能的解题模式，而是力图揭示人的思维活动过程和解题的有效途径。学生也不是没有思想的、"自动运作"的解题机器，而是有着自主思考能力的人。在这一过程中以着力弄清楚题意，以已掌握的知识、方法为基础，灵活运用知识，为学生搭建有依据、有目的、有意识的理性思考和研究讨论的平台，通过由此及彼、由表及里，使思维产生联动性，从而实现信息转换，沟通命题的结论与条件的逻辑关系，引发解题机智，揭开科学探究的实质。

因此，科学教师有责任在习题课教学中深入挖掘习题的本质内涵和典型的示范性，进行多途径、多视角的思辨活动，切实为学生构建一个前后一致、逻辑连贯的解题过程，有效体现和提升习题的价值和功能，真正使学生在认知问题的过程中学会捕捉信息，在运用知识的过程中学会整合信息，在解决问题的过程中优化信息，从而感悟科学问题的内在思维力量和提升学生的思维品质。

参考文献

[1] 乔儒，陈锋. 初中科学教学设计指导：问题解决、任务驱动[M]. 杭州：浙江大学出版社，2022.

[2] 郑青岳. 初中科学深度备课：让新课程的理念落地[M]. 上海：上海教育出版社，2023.

> 【成员简介】吴能初，男，1982年1月出生。新昌县教坛新秀，县优秀班主任，县优质课一等奖，县综合业务素质比武一等奖。
>
> 【治学格言】一旦无我，就有了全世界。
>
> 【教学主张】在初中科学课堂教学中，在基于学生兴趣的前提下，采用"逆向教学设计"理论，从整体考虑学生预期学习结果，有针对性地选择实现整体优化的教学方式和策略，形成了以"目标导向—基于兴趣—逆向设计"的教学主张。
>
> 【刨根问底】人们常常用"鼠目寸光"来形容一些眼光短浅的人。其实，鼠目并非寸光，你知道其中的奥妙吗？
>
> 【工作业绩】参与的课题获得市级成果奖。参与的课程被评为市级精品课程，开设市、县级公开课和讲座四次。

利弊分析促进深度学习的教学设计[*]

——以浙教版"细菌和真菌的繁殖"为例

一、主题与背景

"深度学习"之所以"深度"，在于学习者运用"深度"学习方式时，不仅能获得知识，还能清楚知道在真实世界和实际情况中如何运用这些知识。这样的知识会在学习者头脑中保持得更为持久。

《绍兴市"品质课堂"深化行动实施意见》指出，遵循质量导向、聚焦问题、立足素养、优化过程的原则，促进学生全面、个性化发展的工作思路，塑

---

[*] 本文曾获县学科论文评比二等奖、县微课评比二等奖。

造"品质课堂"成为全市自上而下提升教育质量的重点工作。"品质课堂"注重"学科素养、学习状况、学习趣乐、问题思辨、实践体验、资源技术和学习效果"等七要素,对于促进学生身心发展具有积极作用。

在"细菌与真菌的繁殖"这一节的学习中,学生只能初步掌握微生物形态结构和繁殖方式,一旦遇到微生物与人类的关系、相关利弊分析等应用性强的题目,就容易片面理解,无法辩证分析,从而无法适应灵活多变的题型。因此,在学生学习相关生物学知识的基础上,教师应注重利弊分析,进行由浅入深的教学,激发学生深度学习的兴趣,培养学生的学科素养。

二、规划与方案

这是一节典型的生物概念课,学生在之前的学习中,对"分裂繁殖"的概念和特点有了初步了解,本节在此基础上学习细菌繁殖的知识,探究细菌增殖速度快的本质原因,分析细菌对人类生产生活的利弊。本设计注重学科知识的逻辑顺序与学生认知发展规律的统一,通过基于利弊分析的教学策略来促进知识理解;从真实情境出发,以问题链驱动,让学生知其然,更知其所以然。教学设计结构思路如图1所示,教学过程以利弊分析为主线,由浅入深设置问题和学习线索,优化学生认知结构,促进深度学习。

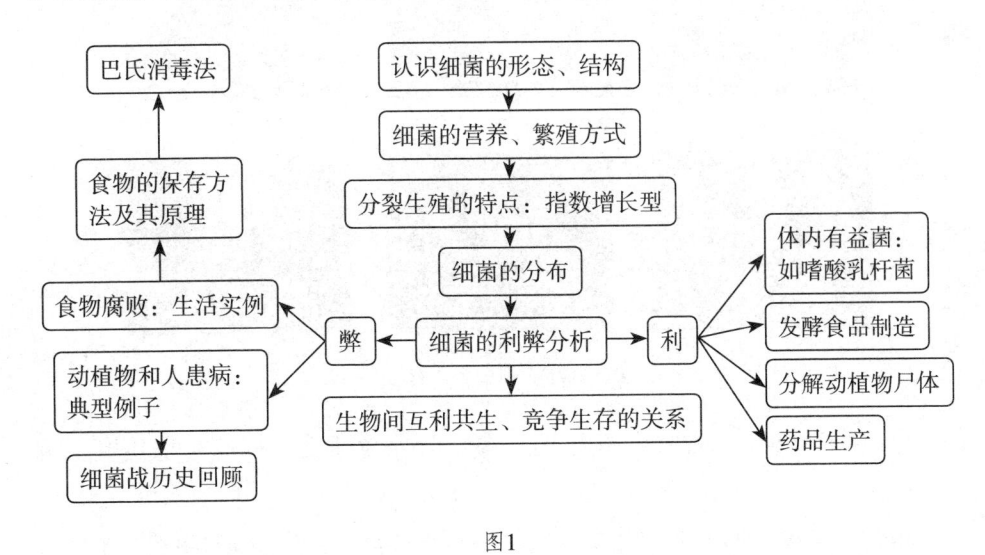

图1

三、情境与描述

情境一:学习微生物的细胞结构和生殖方式时,通过问题链呈现一连串的问题，让学生更加深入地认识细菌的形态结构特点及生殖方式。

深度学习1：通过问题链，让学生带着问题阅读，深度学习细菌形态结构特点及生殖方式。

师：看书P33—35，回答下列问题。

1. 食物变味或发臭是由什么引起的？它有什么特点？
2. 什么是菌落？一个菌落约有多少个细菌？
3. 细菌有哪几种形态？可分为哪几个种类？
4. 细菌由哪些结构构成？它们体内有叶绿体吗？它们怎样生活？
5. 细菌通过什么方式繁殖？属于什么生殖？
6. 细菌分布在哪里？它们对人类有什么益处和害处？

师：细菌是单细胞生物，个体很小，直径只有0.5μm到5μm，一般要用高倍光学显微镜或电子显微镜才能观察清楚。我们来观察一下显微镜下的各种细菌的形态（图2）。

细菌的形态

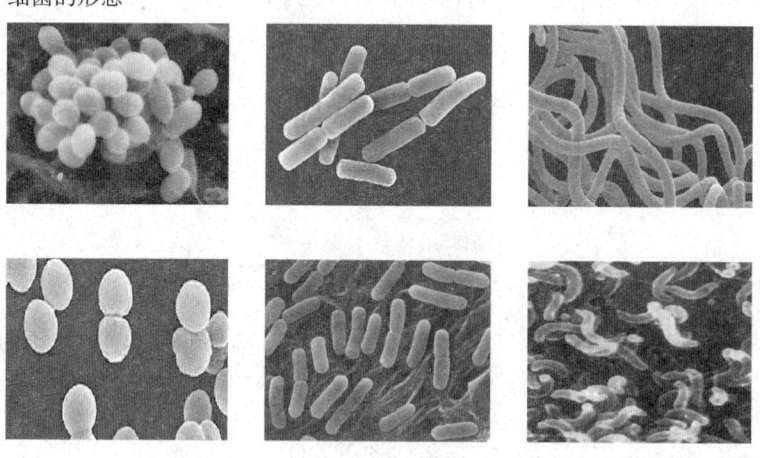

图2

师：我们根据细菌的形态特征，将细菌分为球菌、杆菌、螺旋菌三种类型。

师：下面我们来观察一下细菌的结构（见图3），请说出细菌细胞结构的特点。

生：细菌的基本结构包括细胞壁、细胞膜、细胞质和遗传物质。细菌细胞与动物细胞、植物细胞相比，最大的区别是没有成形的细胞核。

师：我们来观察细菌的分裂生殖示意图（见图4）。

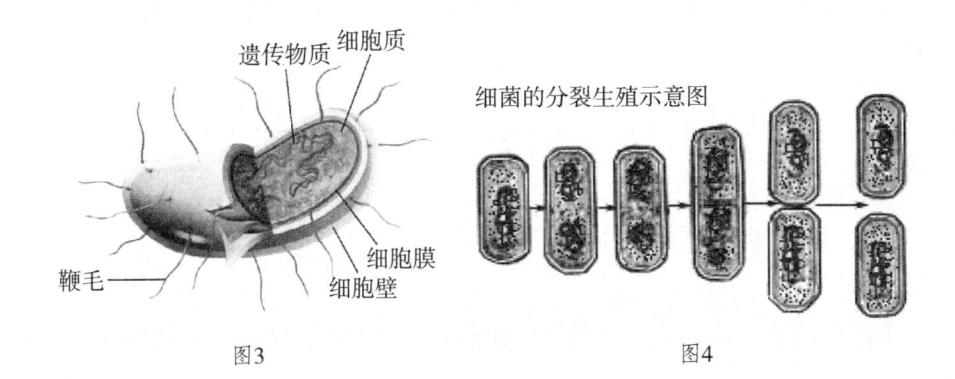

图3

图4

生：可以知道，细菌是通过细胞分裂进行繁殖的。

师：如果细菌30分钟分裂一代，那么一个细菌分裂传代48小时以后，总数可以达到2的96次方个，这个数字是无法想象的。

生：细菌不仅繁殖非常迅速，其种类也很多，广泛分布于空气、水、土壤中，以及动植物体内外。

设计意图：通过将"问题串珠成线"，逐步解决细菌的形态结构、生殖方式及分布特点等问题，并在问题中分别穿插图片形象地展示相关知识，将问题进行有机融合，建构知识网络结构，丰富完善学生脑中有关细菌知识的认知结构，使知识结构从碎片化走向体系化。

情境二：细菌无处不在，学生在日常生活中对细菌的危害已经有一定的了解。从生活出发，深化细菌对人类和其他生物的危害的学习，进而学习如何避免此类危害的发生。

深度学习2：从生活出发，搭建认知的脚手架，逐层深入了解细菌的危害及其防治。

师：同学们，任何细菌都是有害的吗？结合部分有害细菌的危害示例图（见图5），我们来讨论一下细菌的害处。

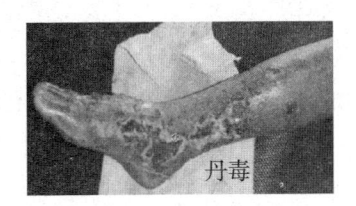

图5

生：有些细菌会使食物腐烂变臭，有些会引起动植物和人患病，如沙门氏杆菌引起食物中毒，链球菌会使人患扁桃体炎等。细菌还会引起霍乱、伤寒、鼠疫、炭疽病、肺结核等疾病。

师：用什么方法可以杀死食物中的细菌，而又不影响食物的营养价值和味道呢？比如牛奶该如何消毒？我们来阅读一下巴斯德消毒法的相关说明。

（展示相关内容）

师：请同学们结合细菌的生存条件，列举可以避免细菌大量繁殖引起食物变质的方法。

生：冷藏法、加热法、干藏法、腌制法、真空保存法，以及充氮气或二氧化碳法。

师：下面我们通过视频资料，来了解一下细菌战的有关历史。

（展示相关内容）

师：最后我们通过视频资料来学习一下如何防止食物中毒，以及抗生素的使用及注意事项，了解紫外线和臭氧、消毒剂等杀菌方式。

（展示相关内容）

设计意图：本环节采用"图片+阅读"和"视频+讨论"的模式来探讨细菌的危害及其防治方法。在此基础上，通过进一步深入的学习和探讨，让学生认识到将细菌用于战争的罪恶，以及抗生素的作用和合理使用的方式。从生活中开始讨论，经过深入学习和完善认知结构，又回归到生活中关于抗生素的合理使用、如何避免食物中毒，以及如何使用紫外线和臭氧、消毒剂杀菌的实际问题的解决上来，深度培养学生的科学素养。

情境三：正如硬币有正反两面，细菌也不全是有害的，有些细菌也是有益的。由学生生活中常见的酸奶、酸菜引发，深化细菌对人类和其他生物的益处的学习，进而学习如何利用细菌造福人类。

深度学习3：从生活中的食物出发，搭建认知的脚手架，深入了解细菌的益处及利用方式，学会辩证地看待细菌的利与弊，初步形成趋利避害的科学观念。

师：细菌对人也有好处，人体内有多种有益于健康的细菌，如肠胃中的嗜酸乳杆菌。一些食品的制造要利用细菌（见图6），如酸奶、酸乳酪、泡菜、酸菜等。细菌还有其他好处么？

图6

生：有些细菌能分解动植物的尸体，作为分解者，细菌在自然界的物质循环中起着十分重要的作用。也有一些细菌可用于生产药品，如用经基因重组的大肠杆菌可生产胰岛素。

师：下面我们通过视频学习泡菜的制作过程，了解其中的制作要点。课后我们回家自己做一罐泡菜，作为拓展实践活动，制作完成后带来学校大家分享食用。

（展示相关内容）

设计意图：教师借硬币有两面比喻事物都有两面性，引导学生分析讨论和学习细菌的益处。通过利弊分析进入深度学习的佳境，让学生学会辩证看待细菌对人类和其他生物的影响。通过对细菌的学习，让学生在生活新情境中根据细菌繁殖的特点亲手实践，制作美味的泡菜并进行分享，寓科学素养的培养于生活实践和集体欢乐之中。

四、成效与反思

深度学习是一种基于理解的学习，是学习者以高阶思维发展和实际问题的解决为目标，以整合的知识为内容，积极主动且批判性地学习新知识，并将它们融入原有的认知结构中，将已有的知识迁移到新的情境中的一种学习。对于抽象逻辑思维刚开始由经验型水平向理论型水平转化的初中生，若只采用传统的注入式教学方式，会使他们感到学习枯燥无味，影响对生物概念、生物规律的深层次理解。因此，科学运用符合学生心理特征和认知规律的教学策略，通过利弊分析，引导学生对细菌的相关知识进行深度学习，从而助推学生提升学科核心素养，是有益的尝试。

本节教学设计以细菌的利弊分析为教学主线，注重学科知识的逻辑顺序与学生认知发展规律的统一，以问题链驱动，由浅入深设置问题和学习线索，丰富完善学生头脑中有关细菌的认知结构，从碎片化走向体系化，使各部分知识融会贯通，从而提升学生的科学认知和实际问题解决能力，促进深度学习。在学习了细菌的形态结构和繁殖、分布的知识和探究细菌增殖速度快的本质原因的基础上，教师从学生日常生活出发，搭建认知的脚手架，让学生探讨细菌的危害及其防治方法，进行深度学习。进而认识到将细菌用于战争的罪恶，以及抗生素的作用及合理使用方式等实际问题的解决上来，深度培养学生的科学素养。

在分析讨论和学习细菌的害处的基础上，教师借硬币有两面比喻事物都有两面性，从学生日常生活中的食物出发，搭建认知的脚手架，让学生逐层深度了解细菌的益处及利用方式。通过利弊分析进入深度学习的佳境，让学生学会辩证地看待细菌对人类和其他生物的影响，理解生物间互利共生、竞争生存等基本关系，学会辩证地分析问题，初步形成趋利避害的科学观念。在拓展活动中让学生亲手实践，控制各种条件制作美味的泡菜并进行分享，寓科学素养的培养于动手实践和集体分享的欢乐之中。

参考文献

［1］郭华.深度学习及其意义［J］.课程·教材·教法，2016（11）：25-32.

［2］吴永军.关于深度学习的再认识［J］.课程·教材·教法，2019（2）：51-58.

［3］安富海.促进深度学习的课堂教学策略研究［J］.课程·教材·教法，2014（11）：57-62.

［4］王耀村.论科学本质教学的内容与途径［J］.物理教学，2018（9）：6-10.

［5］周建秋.促进学生科学观念水平发展的"学习进阶"［J］.现代中小学教育，2020（2）：44-46.

［6］屈佳芬.引领学生深度学习：路径与策略［J］.江苏教育研究，2017（28）：72-75.

［7］郭元祥.论深度教学：源起、基础与理念［J］.教育研究与实验，2017（3）：3-13.

> 【成员简介】包婵钧，女，1991年1月出生。一级教师，区教坛新秀，区最美青年教师。
> 【治学格言】静心教学、潜心育人，把更多的爱给学生。
> 【教学主张】以"唤醒生活经验，促进概念理解"为主张，以每天的课堂为载体，以学生为研究对象，以教学质量和学生素养为最终目标，在尝试、积累和反思中慢慢成长。
> 【刨根问底】火是能量还是物质？
> 【工作业绩】获得"区级教坛新秀"和"区最美青年教师"称号，获区优质课评比一等奖，同时开设多节市、区、校级公开课以及讲座。

唤醒生活经验，促进概念理解[*]

——以浙教版"体温的控制"为例

一、主题与背景

在新课程改革中，"从学生已有生活经验出发"已成为科学新课程的共同理念，教育理念、教材编写、教学过程都要基于学生已有的生活经验，这是对原有的课程与教学的突破和超越。然而，教学实践中，教学内容却远离学生的实际生活，给学生的学习设置了太多的障碍，使学生对学习科学望而生畏，对生活中的科学现象产生陌生感、距离感和恐惧感，长此以往，学生将失去实践的意识和能力。因此，教师必须科学利用学生生活中积累的已有经验，找准科学教学的起点，促进科学概念的理解。本文以浙教版《科学》八年级上册"体

---

[*] 本文是区课题"双减背景下以生活经验作为科学教学起点的实践与研究"的阶段性成果。

温的控制"的教学片段为例，对唤醒学生生活经验，促进概念理解的实践进行探讨。

二、规划与方案

本节课中出现了学生需要掌握的多个科学概念：恒温动物、体温恒定、产热散热、血管的收缩和舒张、汗液直接散热、汗液蒸发散热等。这些科学概念其实学生在平时的生活中都有听说或了解，如七年级接触过恒温动物和变温动物，生活中也有这样的知识储备；疫情防控期间家庭成员们都在监测体温；感受过自己产热多或散热多的情况，根据生活经验也知道温差越大散热越多，只是他们尚未建构系统、明确的科学概念。针对这些学情，我在教学中充分唤醒学生的生活经验，来初识、感知、体验、理解、深化科学概念——体温的恒定。

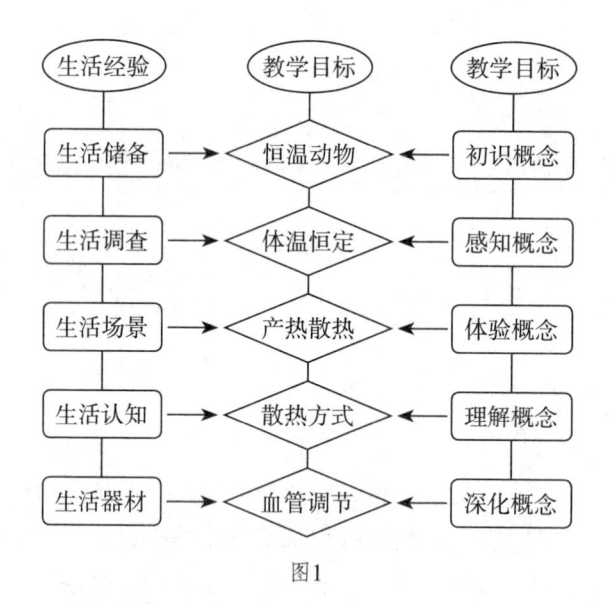

生活经验	教学目标	教学目标
生活储备	恒温动物	初识概念
生活调查	体温恒定	感知概念
生活场景	产热散热	体验概念
生活认知	散热方式	理解概念
生活器材	血管调节	深化概念

图1

三、情境与描述

情境一：搜集生活储备，初识体温

师：大家请看图片，这是你们所熟悉的五类脊椎动物，请根据体温是否恒定将它们进行分类（见图2）。

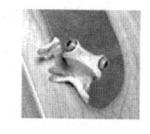

图2

生：鱼、蛇、青蛙属于变温动物，鸟、老虎、企鹅是恒温动物。

师：没错，上面的鱼类、两栖类、爬行类动物的体温会随环境温度的变化而变化，属于变温动物，而鸟类和哺乳类的体温能维持恒定，是恒温动物。为了更好地了解变温动物与恒温动物，老师布置了一个小任务——请寻找证据证明恒温动物与变温动物，哪一类对环境的适应能力更强？来分享一下吧！

生：我认为恒温动物适应能力更强，变温动物不能生活在温度比较低或比较高的地方，只能生活在温度变化不大的地方。而恒温动物有来自极地的企鹅、北极熊，以及居住在沙漠的骆驼等，分布范围更广，适应性更强。

师：大家一致认为恒温动物更能适应恶劣的环境，从分享中我们还总结出原来维持体温恒定还是进行正常新陈代谢的基本条件，恒温动物的生存空间更大。

设计意图：学生在七年级学习5大类脊椎动物时已对变温动物和恒温动物有所了解，但不知道恒温动物真正的概念以及恒温动物适应环境的能力之强。为此我布置了课前小任务：让学生寻找证据来证明恒温动物与变温动物哪一类对环境的适应能力更强。既挖掘了学生生活中的知识储备，又培养了学生搜集信息、分析信息、分享信息的能力，同时在交流中初步认识体温的恒定。

情境二：启动生活调查，感知体温的恒定

师：为了更好地理解体温的恒定，大家已经利用周末测量了家庭成员的一日体温变化，这是汪小明一家的一日体温情况，请选择其中一员进行研究，说说你的发现（见图3）。

温度/℃ 时间	6时	9时	12时	15时	18时	21时
我	36.9	37.0	37.3	37.2	37.1	37.2
爸爸	36.3	36.4	36.3	36.4	36.4	36.5
妈妈	36.5	36.5	36.7	36.4	36.5	36.6
弟弟	36.5	36.6	36.5	36.7	36.5	36.5

图3

生：我发现每个人的体温在一天中都是变化的，但波动不是很大。

师：没错，大家都发现了，其实恒定的体温并不是一个固定不变的值，而是在一个温度范围内波动，大家交上来的家庭成员体温数据主要包括爷爷奶奶、爸爸妈妈、弟弟妹妹的，老师对这些数据进行了统计，并计算了每一类别人群的平均体温。你发现了什么？（见图4）

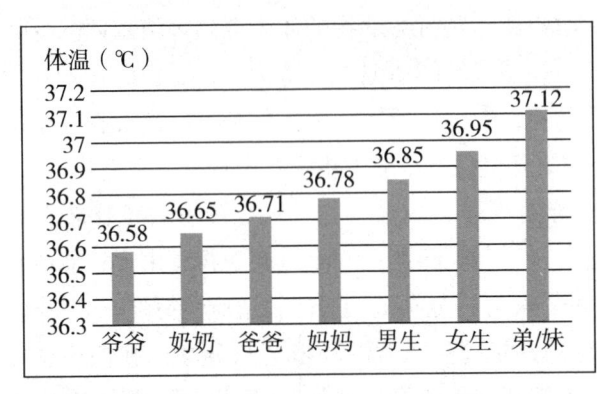

人群	爷爷	奶奶	爸爸	妈妈	男生	女生	弟/妹
体温（℃）	36.58	36.65	36.71	36.78	36.85	36.95	37.12

80份调查中的家庭成员包括：
15位爷爷　　19位奶奶
77位爸爸　　80位妈妈
44位男生　　36位女生
21位弟/妹

图4

生：我发现小孩体温整体偏高一点儿，在差不多同年龄的人中，女性略高于男性。

师：我们发现体温还受性别、年龄等因素影响，一般儿童体温稍高于成年人，成年人体温稍高于老年人，女性体温稍高于男性。

设计意图："恒定的体温并不是一个固定值，而是在一个温度范围内波动"，这是本节课要突破的一个重要概念。为了让每个孩子都掌握，我设计了一个调查任务：利用周末测量家庭成员的一日不同时刻体温情况。启动这样的生活调查，既激发了学生的学习兴趣，又能让每个孩子在真实的调查中感知体温的恒定，并进一步理解这个概念。同时展示两个班的数据，根据更多的数据总结出影响体温的因素，真正做到了科学源于生活。

情境三：重现生活场景，体验体温的恒定

师：其实影响人体温的因素还有精神状态和运动情况。如果我们在课堂上想来探究一下运动对体温有没有影响，我们该怎么做呢？

生：我觉得应该用我们桌上的额温枪测量运动前后的体温，然后进行比较。

师：在用额温枪测量时应注意些什么呢？

生：应该测量同一个人运动前后的同一个部位，而且额温枪的测量距离差不多。

师：没错，大家的设计和注意点都很到位！那接下来我们就开始运动前的体温测量，每位同学注意做好记录。

学生测量并记录。

播放运动音乐，进行30秒高抬腿。

学生测量、记录并上传运动前后的体温。

师：你们现在什么感受？

生：热。

师：那运动后测得的体温和你预想的一样吗？

生：不一样，我现在很热，以为自己体温会上升，其实反而下降了。

师：其他同学呢？

生：我运动前是36.5℃，运动后是36.6℃。

师：运动后有体温略微上升的，也有体温略微下降的，也有体温变化不明显的，但我们发现体温基本在37℃左右波动。说明在运动过程中我们在产热也在散热。

设计意图：运动结束人会很热，这是每个学生都有的感受。那体温上升了吗？大多数学生都猜测会上升。我就把这个实验放到了课堂上，在熟悉的大课间音乐中，全班高抬腿，并在运动前后测量体温。在课堂上重现生活场景，用额温枪的测量体验体温的恒定，再次提升对于体温的恒定这个概念的认识。

情境四：激活生活认知，理解体温的恒定

师：大家运动时能基本维持体温恒定的产热器官有哪些呢？安静坐着听课时的产热器官又有哪些呢？

生：我觉得运动时主要是骨骼和肌肉，安静时是身体内部。

教师展示人体解剖模型，介绍内脏。

生：人在安静时产热的主要器官是内脏，运动时的主要产热器官是骨骼肌。

师：再回顾刚刚的高抬腿，你觉得你是通过什么部位散热的？

生：我刚才微微出汗了，所以我觉得是通过皮肤来散失热量的。

师：没错，人体的主要散热器官是皮肤，有90%以上的热量是通过皮肤散发出去的。这就是皮肤的结构，内部的汗腺能分泌汗液，有利于人体散热，汗液蒸发散热就是其中一种散热方式。

师：那当我们不出汗时怎么散热呢？大家请看老师手里的水杯，当盖着盖子无法蒸发时，杯中的水是通过什么方式散失热量的？

生：热传递。

师：皮肤也可以通过这种方式直接散失热量，称为皮肤直接散热。那它的原理又是什么呢？热传递条件是温度差（皮肤与外界环境的温度差）。皮肤温度与血流量和血管的收缩、舒张有关。

设计意图：安静和运动时的主要产热器官、皮肤的汗液蒸发散热都比较好理解。在引导学生理解皮肤直接散热时，我借助了手里装满热水的透明水杯，通过提问"当盖着盖子无法蒸发时是通过什么方式散失热量的"，激活了学生的生活认知，让他们能很快理解皮肤直接散热的概念，紧接着又进一步引导了皮肤直接散热的原理，学生掌握很到位。

情境五：改装生活器材，深化体温的恒定

师：原来皮肤直接散热的多少最终是由皮肤内血管的收缩和舒张来调节的，那你们来猜测一下你们刚运动时的血管是下图中（见图5）的哪一种，并说说理由。

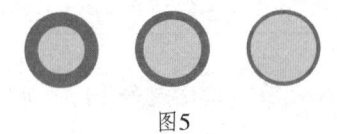

图5

生：我觉得应该是第三种，刚运动时自己脸部变红了，那血液流动应该多一点儿。

师：是这样吗？由于内部的血管舒张我们无法直接看到，老师准备了一个模拟实验（见图6）来验证我们的猜想。老师准备了一根小口径的塑料管和一根大口径的塑料管，利用水泵让滴有红墨水的热水流经两根塑料管后再回到热水缸里。你觉得它们分别在模拟什么呢？请小组讨论。

图6

红热水模拟_____；

水槽内冷水模拟_____；

大小口径的塑料管模拟_____；

皮肤散失热量的多少用_____体现；

大口径塑料管使冷水升温快反映_____；

小口径塑料管使冷水升温慢反映_____。

老师演示实验，并将实验直播给学生观看。

学生讨论并回答。

师：通过这个模拟实验，我们理解了血管舒张时可以加快皮肤的散热，其实高温和运动时为了增加散热，血管就呈舒张状态。

学生总结。（见图7）

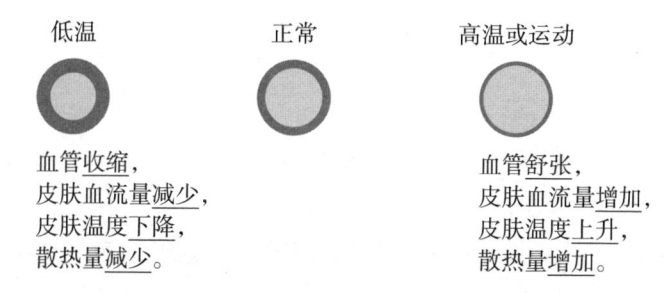

低温　　　　　正常　　　　　高温或运动

血管收缩，　　　　　　　　　血管舒张，
皮肤血流量减少，　　　　　　皮肤血流量增加，
皮肤温度下降，　　　　　　　皮肤温度上升，
散热量减少。　　　　　　　　散热量增加。

图7

设计意图：血管是如何通过收缩和舒张来调节体温的，是本节课的难点。为了突破该难点，我改装了生活中的器材：大小口径塑料管、温度计、抽水泵等。我先让学生理解这个模拟实验真正的目的，在演示后，学生很快得出了结论。用生活中的器材来解释抽象的概念，恰到好处地让血管的收缩和舒张来调节体温这个概念得以深化和突破。

四、成效与反思

科学与生活有着密切的联系。在科学教学中，教师要根据教学内容，联系生活实际，结合学生的生活经验进行设计和教学。教师在筛选学生的生活经验时，应该遵循以下筛选原则。

（1）适切性原则。要符合学生的心理、年龄和兴趣等认知发展规律，能激发学生的学习兴趣。

（2）亲和性原则。从学生已有生活经验中筛选经验用于科学教学，让学生感到可亲近，具体说就是要选择大多数学生确有体验的、易接受的、能引发共鸣的生活经验。

（3）易表象原则。学生已有生活经验渗入科学教学的过程，往往是从教师通过语言唤起学生的表象开始的，这种唤起的效果与这一生活经验的表象化难易程度直接相关。

五、点评及愿景

本节课的设计特点在于从学生的生活储备、生活调查、生活场景、生活认识、生活器材等方面充分唤醒学生的生活经验，在生活经验中展开交流、调查、体验、实验、分享，让课堂上的每个学生都有参与感和表达欲，从而在不知不觉中从科学观念、科学思维、探究实践和态度责任等四方面提升学生的核心素养。

参考文献

[1] 胡卫平，刘守印.义务教育科学课程标准（2022年版）解读［M］.北京：高等教育出版社，2022.

[2] 王后雄.从生活经验到科学概念：化学教学起点的教学策略［J］.教育科学研究，2009（4）：51-54.

[3] 叶卉.扎根日常生活，培养科学精神——例谈小学科学生活化教学［J］.教学管理与教育研究，2022（14）：107-109.

[4] 张玉平.概念教学：促进学生生物学概念的理解与建构［J］.基础教育课程，2023（12）：51-57.

第三篇

反思经验，
探索教改策略

教学论文，也称教研论文，是教育科学研究过程的最后一个阶段，是科学研究工作全过程的一个缩影，是教师对其所研究成果的物化输出。教学论文的一般结构包含前置部分，即题目、作者姓名和单位、摘要、关键词；主体部分，即引言、正文、结论、致谢；附录部分，参考文献和补充材料。通常的教学论文结构不一定这么齐全，但都包含了问题解决的思维过程。本次选择的论文成文方式各异，但都论点明确，论据充足，逻辑清晰，结构严整。

本篇选用的七篇教学论文，撰写的教师都以新课标倡导的教学理念为导向，关注教学中的疑难问题，采用多种方法，变革教学方式，为提升教育教学质量及学生素养而不断钻研。本篇收录的七篇教学论文反映了他们朴素的教育情怀，有关注实验教学的论文，孙海栋老师的《合理挖掘科学实验错误中的教学价值》；有主要讲述项目化学习的论文，如夏文洪老师的《重构·物化·评价：初中科学微项目化学习的实践探索——以"杠杆及其平衡条件"为例》、孔伟晶老师的《基于探究实践的初中科学微项目化学习范式研究——以"暖宝宝中的金属"复习课为例》；有注重模型建构的论文，如史贵阳老师的《借助"三模"优化初中生科学疑难问题学习的实践策略》、张婕老师的《以模型促进科学思维的培养——真实情境下玻璃杯成像问题的思考》；有侧重教学理念的论文，如陈华军老师的《基于"问题思辨"的初中科学"五环问题导学"的应用——以浙教版〈科学〉教材"压强"为例》、陈成老师的《基于UBD理论促进初中科学核心概念理解的教学实践——以"氧化还原反应"为例》。

论文的核心思想能折射出作者的教学思想和育人理念，论文质量的高低能反映作者教育科研的水平。一篇好的论文，需要以先进的教学理念为导向，鲜明的教学主张为观点，真实的教学案例为支撑，再加以凝练的教学语言，经历不断的打磨，才能走到读者面前。它是教育教学研究者思想和智慧的结晶，同时，也是心血的结晶。相信本篇收录的七篇文章能给你以启发，带你走进不一样的论文天地！

（绍兴市文澜中学　顾丹群）

> 【成员简介】孙海栋,男,1988年4月出生。二级教师。
> 【治学格言】务实,笃行,行稳,致远。
> 【教学主张】以"培养学生的自信和兴趣"为主张,从学生的知识系统化入手,制作并整合物理、化学、生物和地球模块化的微课,提高知识的获取效率。
> 【刨根问底】为什么不能选择研究对象作为参照物?
> 【工作业绩】区课题立项,获得区论文二等奖,多次获得区微课比赛一等奖。

合理挖掘科学实验错误中的教学价值*

在科学实验教学中,教师希望通过实验,让学生熟悉操作,增强实验探究能力。然而实际的实验教学中,各类错误及意外频发,一线教师在处理时往往显得手忙脚乱。如何处理此类实验中发生的错误及意外,让实验教学在科学教学中起到正向催化作用,是教师面临的课题。探寻科学实验错误及意外中的思维价值,能让学生在实验过程中成为思考者,而不是简单的重复者,从而让实验教学更有价值。

一、科学实验中的错误类型及解决策略

1. 实验操作不规范导致的错误

科学实验操作要求规范,有一定的操作顺序及注意事项。学生在实验中对一些细节操作不够重视,导致错误不断,此时教师如能引导学生思考自己的做法并加以改进,学生收获更大。

---

* 本文系工作室市级课题阶段性成果。

案例1： 在用排水集气法收集氧气的实验中，虽然课本明确了实验步骤，教师也做了示范，但实验中依然出现试管炸裂、水变红、氧气性质验证失败等问题。这是因为实验中，学生经常出现试管不预热、加热时试管口没有略向下倾斜、试管口忘记塞棉花等错误操作，甚至出现先将导管伸到集气瓶内收集氧气，实验结束先撤酒精灯的现象。教师看到后虽然不断纠正提醒，但学生还是错误不断。

策略1： 引导学生思考实验操作规范的合理性和必要性。

如上述实验中，让学生思考：①为什么试管口不能向上倾斜，会有什么后果？②实验结束后为什么不能先撤酒精灯？③收集的气体为什么不能验证氧气的性质？

实验操作需规范，要按照一定的要求进行，不能随意更改。如果学生不明白，可以让其尝试按照错误方式再做一遍，让学生带着问题在实践中发现错在何处，因何而错。如此纠正后，学生才会对实验操作步骤的规范性有深刻理解，对实验的思考才会更有思维价值。

2. 实验仪器缺陷导致的错误及解决策略

由于实验仪器缺少定期保养维护，教师实验前准备不够细心等原因，导致有学生分配到的器材存在缺陷，实验难以继续。此时教师可以选择给学生更换器材，也可以引导学生去思考其中原因，甚至利用缺陷器材完成实验，并以此为情境创设探究题。

案例2： 在研究电流与电阻关系的实验中，电源选择两节干电池，由于存放时间过长及存放环境不合适等原因，若按照教材要求进行实验，有些学生就不能确保4次实验时电阻的两端电压都是2 V，导致实验失败。

策略2： 引导学生认识科学本质，利用有缺陷的实验器材完成实验。

以上述实验为例，研究电流与电阻的关系，学生只要弄清楚科学方法的本质，确保更换定值电阻时两端的电压保持不变就可以。这样利用有缺陷的器材反而能让学生养成质疑的精神，教师的教学也更能体现教材设计的意图。条件允许，可以引导学生以"多次调节滑动变阻器，均无法调到2 V，寻找原因及解决方案"为情境创设电学探究题。

3. 实验中偶发意外错误及解决策略

实验操作总会伴随意外的发生，这些意外出乎教师和学生的意料，是备课时无法预设的。解决偶发意外往往比较棘手，而思考意外发生的原因，则需要教师和学生一同合作，共同挖掘。

案例3：在用电压表和电流表测导体电阻的实验中，要求学生连接好电路实物图进行实验数据收集，有些小组由于电路的导线问题，出现了电压表有示数，电流表无示数的情况，而且无论怎样移动滑动变阻器，电流表均无示数，电压表读数变化也不明显。反复检查电路连接都没发现问题，学生对此疑惑不解。

策略3：引导学生深入分析实验出现意外的原因。

在用电压表和电流表测导体电阻的实验中，出现电流表无示数、电压表有示数的情况时，教师应引导学生检查电路，画出实验电路图，分析电路故障在何处。第一步，电压表有示数，说明电路是通路，更换电流表，问题依然存在。第二步，按照电流流向的方法分析，电流在电阻两端出现两种情况，一是电流通过电阻，二是电流通过电压表，分析两种情况导致电压表示数变化情况。第三步，依据分析情况，排查故障的原因。通过这样的引导分析，让学生学会分析电路故障，在这个过程中学生的收获远超过老师直接告诉学生错在哪里。

4. 实验理解错误及解决策略

教材中部分实验都只是简单地介绍了实验步骤及注意事项，却没有解释原因，这就导致了日常实验教学中不少教师照本宣科，强调学生记忆实验原理和步骤，忽视对实验本质的理解，进而对科学本质认识不够深入。

案例4：在八年级下册氧气的制取和性质研究实验中，对于气体收集方法的认识，许多学生认为向上排空气法指的是集气瓶口朝上放置的气体收集方法。而对于其本质的原因没有进行深度思考，即使教师告知的是由于收集的气体的密度大于空气密度，故采用向上排空气法，估计学生也是似懂非懂。

策略4：引导学生对实验本质进行理解。

在分析气体的收集方法时，可以采用对比启发的教学策略进行分析。首先让学生分析收集气体的方法差异，让学生讨论为什么称这两种方法为"向上排空气法"和"向下排空气法"，见图1、图2。

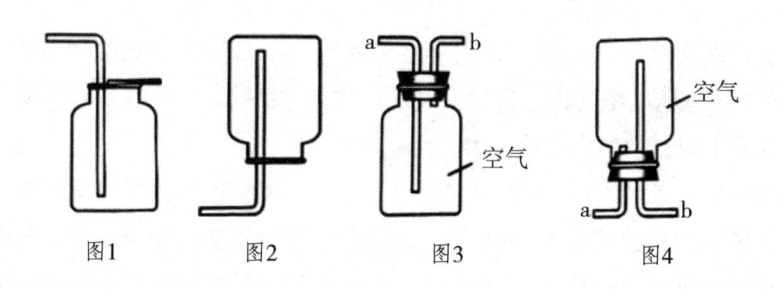

图1　图2　图3　图4

接着再引导学生思考能否用图3、图4这两种方法收集气体，这样的收集方法为什么也是"向上排空气法"。通过对比启发分析，进行总结："向上"和"向下"排空气法都是针对集气瓶内原有空气被"赶出"瓶子的方向而言的，而瓶内空气被"赶出"瓶子的方向本质上是由要收集的气体和瓶内空气的密度决定的。

二、解决实验错误后所带来的积极因素

1. 提升学生的探究能力，增强教师的教学能力

探究实践是学生形成各领域核心素养的主要途径，贯穿在学习科学知识、解决科学问题、开展工程与技术应用的各个环节，同时也是一种关键能力。在科学实验教学中，把握真实情境中的实验错误，结合教师的引导和帮助，学生不仅能掌握规范的实验操作，加深对知识的理解，同时还能体验到实验过程中的乐趣，训练创新性拓展思维，提升解决问题的探究能力。教师将实验中出现的错误写成案例，可以改进实验过程，使实验更具开放性、探究性，丰富自己的教学资源，增强自己的教学能力。

2. 让学生及教师在实验中提升思维品质

《义务教育科学课程标准（2022年版）》中将科学思维的定义简化为：从科学的视角对客观事物的本质属性、内在规律及相互关系的认识方式。实验中的分析、解决过程需要调用学生之间、师生之间的互动性、互助性，对学生的思维能力、动手能力、协作能力等有了一个综合性的训练。教师重视学生实验中的各种意外及错误，引导学生探寻实验中的思维价值，可以有效提升学生及教师自身的思维品质，使探究过程更加开放，科学思维更加严谨。

3. 动态生成的真实情境更容易被接受

实验教学中的各种意外是转瞬即逝的宝贵教学资源，如果教师机智地抓住并有效利用，会取得很好的教学效果。像这样来自学生身边的，甚至发生在学生自己身上的教学资源，学生会倍感真实，更容易积极主动地投入学习研究中，教学效果会更好。此外，利用学生意外错误引出问题比教师通过预设一个情境或者一道试题抛出问题更自然，可以让教学更流畅，让学生更容易接受。

4. 提升学习科学的内在驱动力

利用实验过程中的意外错误就是要在实验中解决意想不到的问题，在实验中用有缺陷的实验仪器顺利地完成实验，层层分析实验中的问题，解决实验中意外遇到的难题，可以树立、激发学生学习科学的兴趣和信心，很好地提升

学生的内在驱动力，更好地让学生在学习科学知识的同时，经历科学探究的过程，这不仅符合学生的认知特点，而且对他们的长远发展有着重要意义。

三、通过学生实验案例实施有效教学的建议

挖掘实验中学生所犯错误背后的教学内容，探寻解决实验错误过程中的思维价值，可以有效提升学生的主观能动性，提升科学实验课堂思维，但是这也对教师提出了更高的要求。

1. 教师需要改变教学策略

日常教学中，一线教师由于经常性地赶课程、抢进度，客观上忽视了实验过程中的各类错误及意外，再加上主观上教师自身对实验中的错误不够重视，因此处理方式往往简单化，没有静下心来细挖、深挖其中的价值，白白浪费了很多课堂教学中难以预设的教学资源。为此我们广大一线教师应更新观念，拓展教学能力，结合网络新媒体技术，及时改变教学策略，让科学实验教学中的各种资源都成为优质教学资源。

2. 教师提升实验技能

教师能否抓住实验教学中学生的各种意外错误，并把它们转化为教学资源，除了取决于教师观念上是否重视，是否有意识地观察学生实验情况，还受教师自身实验技能的影响。一个实验技能娴熟、实验经验丰富的科学教师，能抓住并挖掘实验错误的教学价值，动态生成教学资源。

3. 教研组教师相互沟通

有限的精力和时间限制了教师探寻深挖科学实验中的思维价值的机会。实际实验教学中，教师要同时关注班级所有学生的实验情况是不可能的，这往往导致有价值的错误白白流失，也会导致教师在引导学生解决错误时顾此失彼，只好简单地处理，很难对错误进行深度挖掘。面对这样的困惑，要提倡教研组的教师间相互交流和沟通，将不同班级实验中的典型性错误收集起来，进行比较和归纳总结，这样有助于教师全面了解学生对实验的掌握情况，不仅可以帮助青年教师快速成长，还能提升学生思维的广阔性。

《关于深化教育体制机制改革的意见》中明确提出要注重培养支撑终身发展、适应时代要求的关键能力，即认知能力、合作能力、创新能力和职业能力，科学实验在培养学生的认知能力、合作能力和创新能力方面能够起到重要的载体和平台作用，教师要充分认识实验本身的价值，以及学生实验过程中由于意外错误生成的教育资源，切不可做教材实验的搬运工，而应成为科学实验

价值的挖掘者、引导者和启发者，充分利用和挖掘实验错误中的教学价值，从学生的角度出发，真正让实验最大限度地发挥作用。

参考文献

［1］胡卫平，刘守印.义务教育科学课程标准（2022年版）解读［M］.北京：高等教育出版社，2022.

［2］朱清时.义务教育教科书　科学　八年级上册［M］.杭州：浙江教育出版社，2014.

［3］李维兵.挖掘学生物理实验错误的教学价值［J］.教学与管理，2017（1）：70–72.

［4］朱清时.义务教育教科书　科学　八年级下册［M］.杭州：浙江教育出版社，2014.

【成员简介】夏文洪，男，1973年2月出生。杭州市优秀教师，杭州市余杭区学科带头人。

【治学格言】老师的加法是增加桥梁，老师的减法是减少荒凉。

【教学主张】以"知识重构的深度学习"为主张，专注"探究学习"教学研究，以"问题驱动"为教学建构，注重科学、工程、数学、劳动、人工智能等融合，通过组合评价促进学生的主动生长。

【刨根问底】杠杆：挑着担水自足，抬着水和尚渴，四两拨动百千斤，百姓心中一杆秤。

【工作业绩】省教技课题一项，市级规划课题两项；获得省教技成果二等奖一项，市规划课题成果二等奖一项。

重构·物化·评价：初中科学微项目化学习的实践探索[*]

——以"杠杆及其平衡条件"为例

一、项目背景

众所周知，课堂是学生核心素养培养的主阵地，但剖析当下的常态科学课堂，会发现有如下"老大难"问题有待破解，实证意识欠缺、教学内容松散、过程评价欠缺，缺少将成果物化和输出的意识等。新课标要求重视综合评价，促进学生发展，尤其是强化过程评价，重视"教—学—评"一体化，关注学生

---

[*] 本文获得2022年"STEAM项目化学习资源众筹建设与深化研究"论文二等奖。

在探究和实践过程中的真实表现与思维活动。

学科微项目化学习能够聚焦1~2课时，基于真实情境，通过学生的合作探究、组内和组间交流、学习评价等活动解决真实问题，也能解决常态科学课堂中出现的上述问题，从而促进学科核心素养的形成。基于此，笔者提出了"重构·物化·评价"的教学策略。

重构：包含知识的重新建构、目标的重构、教学流程的重构。重构是微项目化学习方式的创新之处，在知识的重构过程中，学生不断尝试自主探索、合作交流、实践体验。重构是项目设计的核心，是入项探索的基石，也是驱动性问题的发动机。

物化：笔者认为，项目化学习中的"物化"就是学生造物的过程。即学生通过学习能对某个项目的材料、色彩、造型等进行分析，完善其功能、结构、装饰等，最终制作出产品。产品对初中学生来说应该具有创造性、实践性和推广应用的价值。

评价：评价是项目化学习的重要环节，目的是关注学生如何学习，激发学习动机，并帮助学生了解如何改进学习策略和设计出更好的产品。评价的方法可以多样，围绕项目化学习任务和学习过程中的表现，注重学生对目标和标准的理解，设计PTA检核量表，促进学生能力提升。

二、项目目标

1. 概念重构的深度分析

概念重构就是不再注重知识点的落实，而是从科学的十三个核心概念和四个跨学科概念出发进行设计。本节课的核心概念是：物质的运动与相互作用，技术、工程与社会，工程设计与物化；涉及的跨学科概念是系统与模型、稳定与变化两个内容。根据上述概念，设计若干个学习内容，选择合适的学习方式，组织开展学生的学习活动。

对照微项目化学习的六个维度设计要求（见图1），重新解构浙教版九年级《科学》教材简单机械中的"杠杆及其平衡条件"。

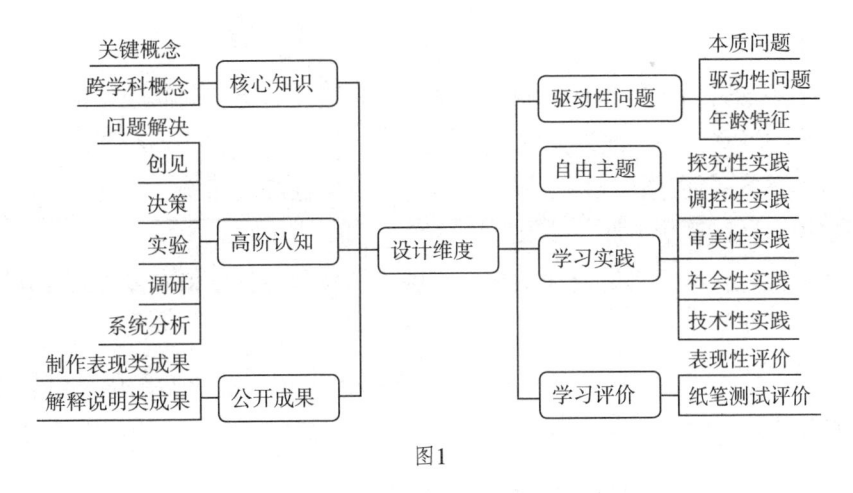

```
关键概念 ─┐
跨学科概念 ─┤─ 核心知识 ┐                    本质问题
问题解决 ─┐              │         驱动性问题 ─ 驱动性问题
  创见 ─┤              │                    年龄特征
  决策 ─┤              │         自由主题
  实验 ─┼─ 高阶认知 ─┼─ 设计维度 ─┤         探究性实践
  调研 ─┤              │                    调控性实践
系统分析 ─┘              │         学习实践 ─ 审美性实践
制作表现类成果 ─┐       │                    社会性实践
解释说明类成果 ─┴─ 公开成果 ┘                技术性实践
                                  学习评价 ─ 表现性评价
                                            纸笔测试评价
```

图1

  2022版新课标对杠杆的学习内容要求是知道杠杆的特点，并用它们解释一些生活实例；学业要求是能探究杠杆的特点，解决杠杆的相关问题；活动要求是在杠杆的各种省力或费力问题情境中，研究杠杆的平衡条件。尽管教材呈现的知识内容流程比较有条理，也易于知识的系统化，但在思维衔接上却存在明显的强制性和跳跃性。

  第一，"力臂"的出现比较生硬，从教材编写意图上看是为探究杠杆的平衡条件做铺垫，但突然提出"力臂"还是会让学生的思维产生较大的跳跃。

  第二，探究问题的提出建立在一个与生活经验脱节的、抽象的"力臂"概念基础上，让学生去猜想杠杆平衡时动力、动力臂和阻力、阻力臂之间存在的关系，既带有强制引导的意味，也使学生的猜想流于形式。

  第三，在实验中同时改变动力、动力臂、阻力、阻力臂这四个物理量，学生表现出极大的不适应性，因为之前学生习惯的研究方法是"控制变量，逐一研究"。

  而在本节课学习之前，学生在小学六年级上册《工具与技术》教材已经学习了"不简单的杠杆"一节，认识了杠杆这一工具，通过杠杆模拟实验体验了撬动石块的距离与杠杆装置情况的关系，了解了支点、用力点、阻力点等杠杆要素。

  在解构教材，找准发力点后，我们遵循微项目化学习的六个维度设计要求，对浙教版《科学》九年级简单机械中"杠杆及其平衡条件"一课进行微项目化学习设计。

2. 目标重构

  从科学观念、科学思维、实践探究、责任态度四个方面进行目标设计，打破"KAPO模型"中知识与技能、过程与方法、情感态度与价值观的三个维度目标设计。

科学观念：通过戥子秤的制作，知道工程需要经历明确问题、抽象建模、规律探究、迁移应用、改进完善等过程。

科学思维：能建构杠杆模型，能分析、解释杠杆五要素，能通过实验从数据中归纳出杠杆平衡条件，展示对相关概念、原理的理解。

实践探究：根据实际反馈结果，对戥子秤模型进行反思和评价，以及迭代改进。

责任态度：乐于合作与交流，善于通过小组合作，共同解决杠杆的五要素、杠杆平衡与戥子秤制作的问题

三、学科微项目化学习的实践探索

1."重构"项目进阶设计

图2阐述了从中心环节、问题驱动、核心概念、目标培养四方面诠释项目化学习进阶设计的过程。进阶设计围绕驱动性问题"如何自制戥子秤"展开。

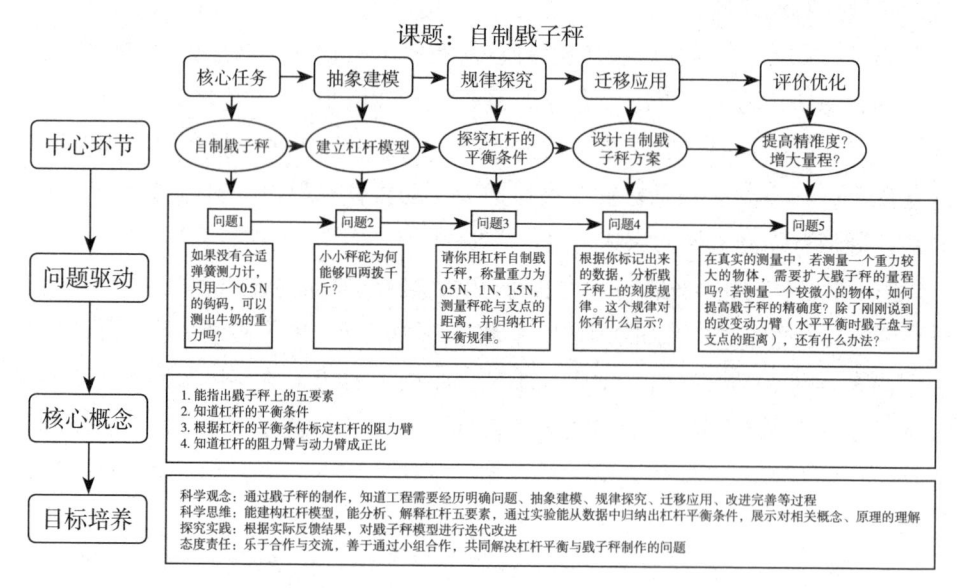

图2

2. 在实证中"物化"产品

本环节用了三个问题驱动，让学生从规律中寻找制作产品的原理，产生设计方案，制作产品，并提出迭代改进的设想。（见图3）

问题1：请你用杠杆自制戥子秤，称量重力分别为0.5 N、1 N、1.5 N，测量

秤砣与支点的距离，并归纳杠杆的平衡规律。（见表1）

图3

表1

序号	动力F_1（N）	动力臂L_1（cm）	阻力F_2（N）	阻力臂L_2（cm）
1	0.5		0.2	
2	1		0.2	
3	1.5		0.2	
找出杠杆平衡的规律				

设计意图：教学分为调平、测出三个重力标记的距离、寻找力的大小和距离的关系并得出规律等三个环节。设计改进了课本中的探究实验，只需比较重力和阻力臂的关系，降低了难度，非常适合学生目前的能力。当学生得出动力与阻力臂成正比的结论，就能很顺利完成问题4。在完成本问题的过程中，学生也完成了对杠杆平衡条件的探究，即最核心知识得出过程。

问题2：根据你标记出来的数据，分析戥子秤的刻度规律，并说说这个规律对你有什么启示？刻度标准完整后，用自制戥子秤测量糖果的质量，并参照标准量对自己的作品做出评价。（见图4）

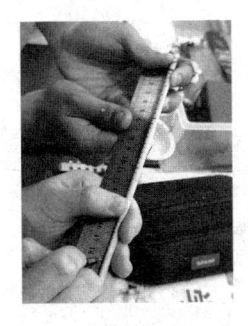

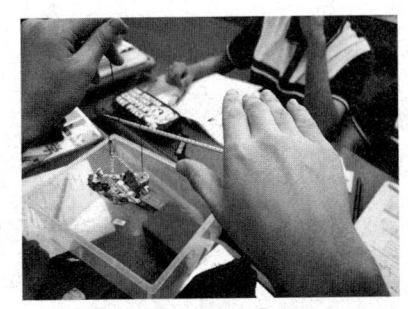

图4

设计意图：将本质问题"杠杆的平衡条件"转化成驱动性问题后，学生比较容易完成。学生根据得出的杠杆平衡规律，利用正比原理平均标出刻度，制作出完整的戥子秤，是本节课物化和作品展示的过程。学生还需在本环节完成用制作的戥子秤称量一块巧克力或者若干颗糖的重力，并把测出的重力与用微型电子秤测出的标准量进行比较，从而对戥子秤的制作精度做出误差分析。本环节使用后置量表对学生的制作做出评价。

问题3：在真实的测量中，若测量一个重力较大的物体，需要扩大戥子秤的量程，如何实现？若测量一个较微小的物体，如何提高戥子秤的精确度？

设计意图：戥子秤的制作带给学生杠杆学习的体验，也有物化产品的成果。而项目化学习与探究学习的区别就是要有深度的讨论和互动，能对产品进行迭代改进和推广，设置该驱动性问题的目的就是完成这一环节。

2. 利用评价工具进行"评价"

项目化学习的评价指向学习目标，具有目标、实践、成果、评价的一致性。金京生老师在《以学促探——基于标准的科学探究评价工具设计与应用》一书中提出了四种"PTA检核量表"，即前置量表、前生量表、后置量表、后生量表。在实际操作中用得比较多的是前置量表和后置量表。本节课用的也是后置量表（见表2），对学生在学习过程中的过程性内容进行评价，然后各组分享评价，交流学习体会并改进策略。

表2

物化产品	评价标准	达成情况（水平1~3分别是1分、2分、3分）
戥子秤	能利用标准重力物体在杠杆上标出刻度	水平1：能选择标准重物
		水平2：能选择标准重物，并能使杠杆平衡
		水平3：能选择标准重物，并能在平衡状态下做好标记，记录数字
	标出戥子秤的刻度，体现刻度均匀	水平1：能标注出两个标准刻度，记录数据，并能将杠杆等分成几格，但是精确度不够
		水平2：能标注出两个标准刻度，并能平均分成10个等格，并标注数据
		水平3：能根据杠杆的长度，标注合适的刻度，有最大值和最小值，杆子上的数据均匀、美观
	使用戥子秤称量未知物体，并读取物体质量	水平1：能估计合适质量的物体进行称量
		水平2：能估计合适质量的物体进行称量，并能称量出质量，但称量结果与准确质量差距较大

续表

物化产品	评价标准	达成情况（水平1~3分别是1分、2分、3分）
戥子秤		水平3：能估计质量合适的物体进行称量，并能称量出质量，称量结果与准确质量比较接近
	能够分析造成测得的物体质量与实际质量存在差异的原因	水平1：简单归因为制作不准确
		水平2：能对制作过程的单一原因进行分析
		水平3：能根据原理综合分析制作过程的原因
	迭代改进	水平1：针对某一点问题做出改进的阐述
		水平2：针对2点及以上问题做出改进的阐述
		水平3：能根据杠杆平衡条件以及精度的分析，给出改进意见

13~15分为优秀，9~12分为良好，5~8分为合格。

通过评价，解决了最终的成果是否回答了驱动性问题、是否产生了核心概念、实践的质量如何、是否对产品进行了迭代改进等问题。

四、学科微项目化学习的后续研究

1. 微项目化学习的内容选择

为终身学习奠基的项目化学习，聚焦的是概念性知识。项目化教学不直接指向知识点，而要紧紧围绕十三个学科核心概念下面的"关键概念"，以学生为中心，由学生选择、计划、提出项目构思，通过展示、实践等多种形式解决问题，提升学习效率，从而实现高阶学习带动低阶学习。

2. "重构·物化·评价"的模式推广

微项目化学习实践中，遵循微项目化学习的六个维度要求，将"重构·物化·评价"模式应用到其他课例中去，开发多个具有区域影响力的经典案例，如"自制密度计""皮蛋的制作——酸碱盐的鉴定""验电器的制作""发布台风预警——'风'"等。

3. 微项目教学的学习支持

提供设计单促进项目成员的分工细化，让他们各司其职、有所侧重，避免项目学习的任务分配过于笼统，降低团队协作的效率；提供记录单供学生及时记录自己的观察、感受、项目实施时遇到的问题，以及每个项目步骤实施后的反思，形成项目学习的闭环；在研究学习报告输出前的项目式学习实施阶段

（准备阶段），必须重视指导学生进行有效观察，可以采用定向观察、连续观察、全面观察相结合的方式，并提供观察单方便记录。

参考文献

[1] 中华人民共和国教育部．义务教育科学课程标准（2022年版）[S]．北京：北京师范大学出版社，2022．

[2] 夏雪梅．项目化学习设计：学习素养视角下的国际与本土实践[M]．北京：教育科学出版社，2018．

[3] 蒋永贵，金京生，等．以评促探：基于标准的科学探究评价工具设计与应用[M]．杭州：浙江大学出版社，2021．

【成员简介】孔伟晶，女，1994年10月出生。区学科带头人，区教坛新秀。

【治学格言】学科学之识，求科学教育之真，探科学之道，究科学教育之理。

【教学主张】以"基于大概念的项目化学习"为主张，探索以项目化为载体，以学科大概念为核心的教学改革，使课程内容结构化、体系化、情境化，从而引领学生发展高阶思维，促进学生深度学习，真正有效落实科学观念、科学思维和探究实践素养。

【刨根问底】细胞思考：阴阳相遇，精卵合一，分裂分化，终成个体，新陈代谢，信号传递。

【工作业绩】2019年加入"概念转变"初中科学名科新秀工作室，其间前往杭州、金华等地参加培训若干次。在2020年前往江苏参加教育部"国培计划"研修培训。工作六年，所写论文入选浙江省教育厅教研室"改进学校教学管理"征文，两篇获市级一等奖，四篇获市级二等奖。

基于探究实践的初中科学微项目化学习范式研究*

——以"暖宝宝中的金属"复习课为例

复习课作为贯穿教学的一种重要课型，若仅是机械简单的重复会造成学生求知欲的缺失，若仅是单纯的思想层面探究，则无法让"动脑"和"动手"协调发展，弱化了对概念、定理和规律的理解。《义务教育科学课程标准（2022年版）》中提出，核心素养包括科学观念、科学思维、探究实践和态度责任四

---

* 本文系工作室市级课题阶段性成果。

方面内涵。其中"探究实践"是原有的"探究"的升级版本。它提倡基于真实情境解决科学问题，在技术工程的事件迭代中，逐步形成科学探究能力、实践能力和自主学习能力。

为此，本文采用项目式学习的教学样态作为载体，由于受到现实课时量的限制，进而选择微项目化学习进行实践研究。微项目化学习指向更有效地培养学生的学科核心素养，以真实情境为学习载体，以驱动性问题为学习导向，以问题解决、探究性实践为策略，从而理解科学概念，引发知识迁移。

一、微项目化学习范式

微项目化学习是一种微型的项目化学习模式，是项目学习的一个分支，核心在于"微"，主要在45分钟的课堂进行，其中为学生提供15~20分钟的探索性项目任务，或在课外用类似实践性作业对某个内容或主题进行小探索。微项目学习将概念作为聚合器，不断聚集更多的知识信息，将事实性知识以有效的方式整合起来，助力学生培养思维，形成批判质疑和勇于探究的科学精神等。

基于核心素养下探究实践的微项目化学习范式如图1。

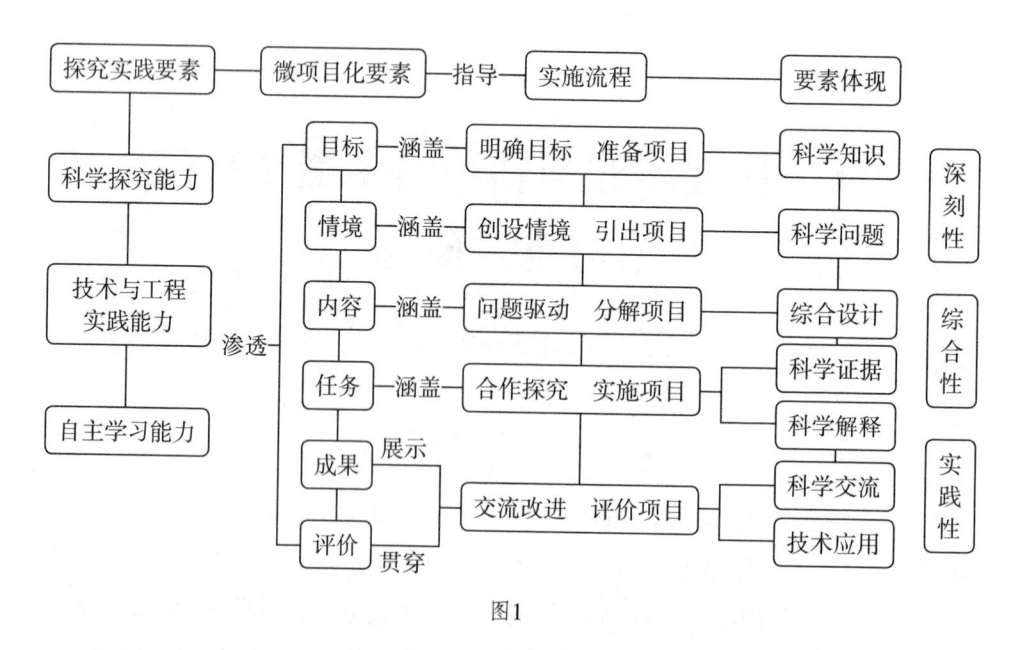

图1

本范式将探究实践的三大能力（科学探究能力、技术与工程实践能力、自主学习能力）渗透进微项目化学习中，使微项目化学习活动在目标、情境、内容、任务、成果、评价六大要素指导下，按照"准备项目—引出项目—分解项目—实施项目—评价项目"的流程实施。该范式主要表现在科学知识、科学问题、综合设计、科学证据、科学解释、科学交流和技术应用中，突出思维深刻性、知识综合性和学习实践性。

二、突出探究实践的微项目学习范式的应用策略

微项目化学习主要体现在契合新课标的要求，明确学习目标，基于真实情境设计驱动性问题，引导学生以自主、合作探究的模式完成探究学习过程，提升核心素养上。

1. 明确精准学习目标

教师在开展教学之前，必须思考"学生在课堂学习中应达到什么标准"，明确学习目标。有清晰、明确、可操作性的项目式学习目标，才能使学生更高效、更有指向性地完成项目式学习。一方面，我们可以基于"四大核心素养"，结合具体教学内容，设计出具有针对性的教学目标；另一方面，为突出探究实践部分，从科学探究能力、技术和工程实践能力及自主学习能力三方面深入设定达成目标。

以"暖宝宝中的金属"微项目学习目标设定为例（见图2），四大核心素养下的学习目标主要从科学观念（建构金属铁的性质）、科学思维（模型建构能力、推理论证能力、创新思维能力）、探究实践（三大能力）、态度责任（勇于探究、乐学善学、批判质疑）确定；探究实践部分（见图3）具体到"成分验证""如何快速加热""如何持续加热""项目改进迭代"来确定这部分的学习目标。

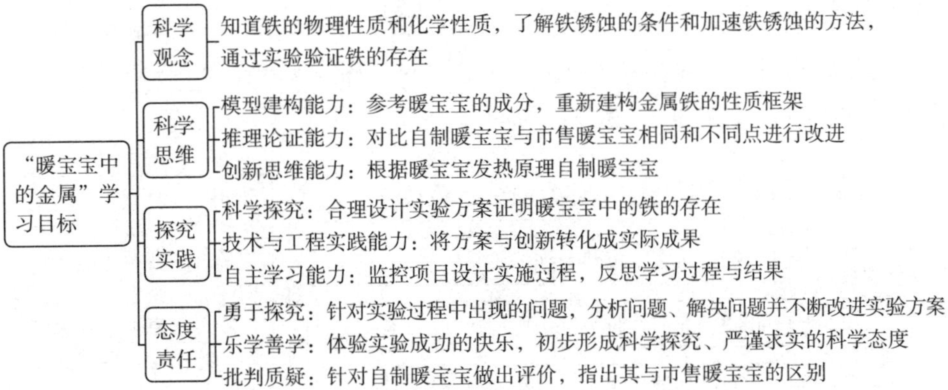

"暖宝宝中的金属"学习目标

- 科学观念：知道铁的物理性质和化学性质，了解铁锈蚀的条件和加速铁锈蚀的方法，通过实验验证铁的存在
- 科学思维
  - 模型建构能力：参考暖宝宝的成分，重新建构金属铁的性质框架
  - 推理论证能力：对比自制暖宝宝与市售暖宝宝相同和不同点进行改进
  - 创新思维能力：根据暖宝宝发热原理自制暖宝宝
- 探究实践
  - 科学探究：合理设计实验方案证明暖宝宝中的铁的存在
  - 技术与工程实践能力：将方案与创新转化成实际成果
  - 自主学习能力：监控项目设计实施过程，反思学习过程与结果
- 态度责任
  - 勇于探究：针对实验过程中出现的问题，分析问题、解决问题并不断改进实验方案
  - 乐学善学：体验实验成功的快乐，初步形成科学探究、严谨求实的科学态度
  - 批判质疑：针对自制暖宝宝做出评价，指出其与市售暖宝宝的区别

图2

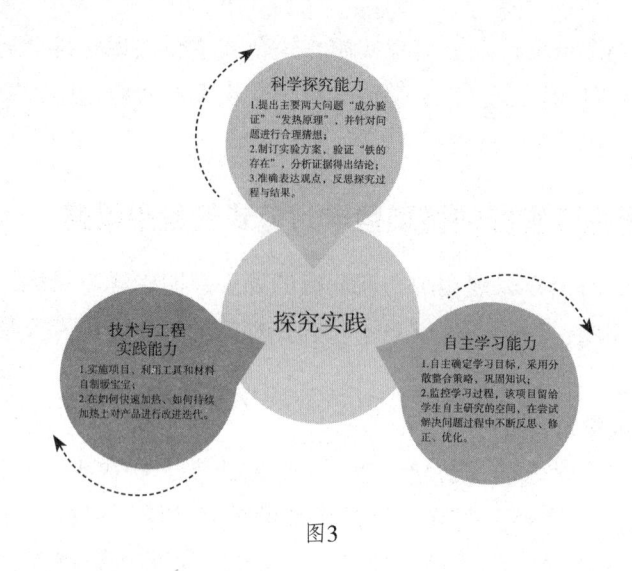

科学探究能力
1.提出主要两大问题"成分验证""发热原理"，并针对问题进行合理猜想；
2.制订实验方案，验证"铁的存在"，分析证据得出结论；
3.准确表达观点，反思探究过程与结果。

技术与工程实践能力
1.实施项目、利用工具和材料自制暖宝宝；
2.在如何快速加热、如何持续加热上对产品进行改进迭代。

探究实践

自主学习能力
1.自主确定学习目标，采用分散整合策略，巩固知识；
2.监控学习过程，该项目留给学生自主研究的空间，在尝试解决问题过程中不断反思、修正、优化。

图3

2. 微项目任务及流程

在明确微项目化学习目标时，切记不是"为项目而项目"。学生的学习不是简单的应用式的学习，而是激发内在动力，将陌生情境转化为自己熟悉的情境，将既定的概念转化为新情境。

3. 创设持续驱动性问题

在设计探究问题时，需要考虑问题的层次性、适切性。问题链是将复杂问题拆分成具有逻辑的多个问题，是递进的，而非独立、零散的问题。同时，问题链能引发学生的高阶思维活动，激发学生开展实践性活动的兴趣；可以引起学生的认知冲突，激发学生积极思维，鼓励自我监控、反思和迁移。

以"暖宝宝中的金属"为例，主要以四个驱动性问题贯穿项目（见图4），为学生提供充分的探究和实践机会，从如何发热到快速发热，再到持续加热，层层递进，通过多种途径寻找解决方案，这也是探究实践作为科学课程培养学生核心素养的最终目的——激发学习动机。

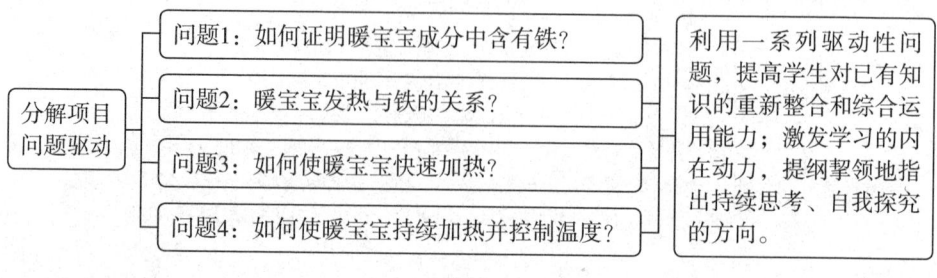

分解项目问题驱动
- 问题1：如何证明暖宝宝成分中含有铁？
- 问题2：暖宝宝发热与铁的关系？
- 问题3：如何使暖宝宝快速加热？
- 问题4：如何使暖宝宝持续加热并控制温度？

利用一系列驱动性问题，提高学生对已有知识的重新整合和综合运用能力；激发学习的内在动力，提纲挈领地指出持续思考、自我探究的方向。

图4

4. 设计高阶学习实践活动

"探究实践"意味着教师要引导学生经历有意义、有价值的实践探究，学生要像真正的科学家、工程师、数学家那样，遇到真实问题并在多种问题情境中持续地实践。"探究实践"是一种包含知识、行动和态度的"学习实践"，是一种动手动脑的学习实践，是对知识深度理解基础上的实践。实践过程基本借助小组合作探究的形式展开。

以"暖宝宝中的金属"为例，学生首先设计实验证明铁的存在——利用磁铁分离黑色物质，与稀盐酸和硫酸铜反应，学生描述现象。教师呈现"资料卡片"（表1），引发学生思维冲突，从而让学生认识到检验铁粉的存在，不能仅利用其物理性质——磁性来检验，还要利用化学性质进行检验。讨论后得出能被磁铁吸引的黑色固体不一定是铁，但可以通过稀盐酸和硫酸铜进行反应，或者进行燃烧实验来验证黑色固体是铁粉。教师演示将用磁铁分离出来的物质进行燃烧，观察到剧烈燃烧、火星四射（图5），由此说明黑色固体是铁粉。该实践活动促使学生对原有知识进行重新整合和深入学习。

表1

常见铁的氧化物	FeO	Fe_2O_3	Fe_3O_4
颜色、状态	黑色粉末	红棕色粉末	黑色晶体
能否被磁铁吸引	否	否	能
与盐酸反应	$FeCl_2$、H_2O	$FeCl_3$、H_2O	$FeCl_2$、$FeCl_3$、H_2O

图5

接着在自制暖宝宝过程中，从"缓慢发热"（学生取10 g左右铁粉装入无纺布中，滴加10 mL的水，用手不断挤捏使其充分混合，发现未明显发热）到"快速发热"（用盐水、酸性试剂来加速铁的锈蚀，添加活性炭来吸附住空气中的水分达到快速发热，但发热时间短），再到"持续发热"（调整无纺布的孔径大小来控制好氧气的流速，添加蛭石达到保温隔热等措施），感受到持续发热后，学生成就感增加，体验到探究的乐趣。整个过程中，学生通过资料搜集，引发认知冲突，同学间交流讨论，实现项目改进迭代，最终得到成品（图6）。

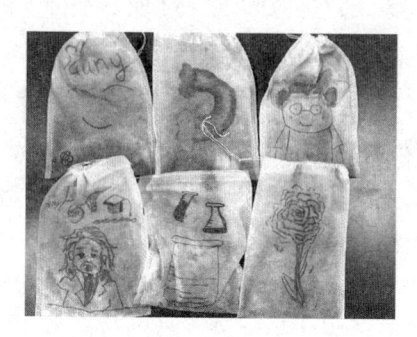

图6

可以说，实践本身就是一个探索性的实验过程，常常伴随着科学探究的活动。在这一微项目探究中，学生通过实验、实践活动，经过分析、比较、推理和抽象等过程，完成了概念的重新建构，在持续探究下培养了自主学习能力，从而促进了核心素养在课堂的落实。

三、探究实践融合微项目化学习范式的优势

本节课尝试将核心素养下的一次项目化探究实践与复习课进行融合教学。实验的成功给学生带来了喜悦，激发了学生的自信心，提升了学生分析问题、解决问题能力。探究实践融合微项目化学习范式的优势如下。

1. 由表面到深层，体现深刻性

基于项目化学习，将科学问题中涉及物理、生物、地理方面的教学内容拓展到大自然中去，将化学方面的教学内容拓展到家庭等生活场所，有利于学生在实践的过程中对科学问题进行深度学习，培养学生解决问题的能力。基于微项目化学习，除了让学生掌握现有的知识与能力，还能引导学生"跳一跳摘果子"，对于学生的成长具有重要意义。

2. 由单一到综合，体现综合性

当前大多复习课进行知识的重复性教学，单一枯燥，而项目式学习，通过"联想与结构"，把已有的学习经验和当前的学习活动统一起来，将有关联的学科知识进行整合，变碎片化的学习为整体性的学习，变浅层次的学习为深度

学习，这样更有利于学生从大单元、大概念视角理解核心概念、应用知识，有利于培养其综合思维能力。

3. 由静态到动态，体现实践性

微项目化学习对学生的学习品质和结果、学习方式和过程、参与方式和程度等提出了与传统课堂教学不一样的新要求，有助于实现深度学习。突出探究实践的微项目式学习中，教师根据问题链设计相应的动手活动，让学生在动手操作的过程中重构概念，并通过有效的课程组织推动实践，逐步取代知识灌注的学习方式，以动态的实践性课程实现学生对知识的自由获取，从而碰撞出更多的火花。

下面列举浙教版初中科学复习课可以运用的一些实践活动案例（见表2）。

表2

课程	内容	实践活动
溶液	溶液形成、溶解度、溶液配制、蒸发结晶	普通的白砂糖蜕变成诱人的棒棒糖
酸碱盐	酸的性质、碱的性质、常见的盐、酸碱指示剂	神奇的"隐形墨水"
电和磁	串并联电路、电磁铁的应用、滑动变阻器、敏感电阻	智能窗帘中的科学
简单机械	杠杆、定滑轮、动滑轮	制作自动关门器
压强、浮力	大气压强、力和运动、水的浮力、物体沉浮条件	家庭宠物喂水器
波	凸透镜成像规律、科学测量	量身定做LOGO投影灯

微项目化学习锻炼和培育的是学生在复杂情境下进行学习实践的能力，不是让他们仅仅按部就班地完成探究的流程，而是在动手动脑的学习实践中培养核心素养。本文以"暖宝宝中的金属"复习课为例，提出基于探究实践的微项目化学习范式，让学生作为项目主体参与活动，在基于真实情境提出的问题中提取和整合知识，在动手实践与自主学习中建构概念知识体系，有效进行知识迁移与应用，提升动手操作能力、信息获取能力、问题解决技能、自我指导技能等，这正是学生核心素养中"适合个人终身发展和社会发展需要的价值观念、必备品格和关键能力"。

参考文献

[1] 中华人民共和国教育部. 义务教育科学课程标准（2022年版）[M]. 北京：北京师范大学出版社，2022.

[2] 夏雪梅. 项目化学习设计：学习素养视角下的国际与本土实践[M]. 北京：教育科学出版社，2018.

[3] 赵萍，陈锋. 指向学科核心素养的初中科学微项目化学习范式研究[J]. 物理教学探讨，2022（4）：4-7，10.

[4] 蔡福东. 初中化学"金属专题复习"的项目式教学：暖宝宝中的金属[J]. 化学教育（中英文），2021，42（15）：39-43.

【成员简介】史贵阳，男，1990年6月出生。诸暨市教坛新秀、模范教师、优秀教师。

【治学格言】一般的教师奉送真理，优秀的教师则教人发现真理。

【教学主张】在科学课堂教学中，提出借助"三模"优化初中生科学疑难问题学习的实践策略。该策略能促进学生通过问题构建模型，依托模型形成策略，丰富策略获得主张，深化主张显露思想，进而提高学生的科学素养。

【刨根问底】水的思考：倒水变光滑，滴水变粗糙；水滴炽炭旺，水浇大火灭。

【工作业绩】工作室期间，获得"诸暨市教坛新秀"称号，市重点课题立项，获省论文评比一等奖，诸暨市优质课一等奖、素质比武一等奖，多次开设市级公开课和讲座。

借助"三模"优化初中生科学疑难问题学习的实践策略[*]

新课标特别重视培养学生的核心素养，而核心素养的培养离不开疑难问题的解决，解决疑难问题则需要引导学生进行模型建构，这里的模型不是浅层次的实物模型，而是将学生思维显性化的思维模型。思维模型包括解决复杂问题的基本模型、理解疑难问题的分析模型和梳理知识的关系模型，这些模型旨在帮助学生解决一个个科学问题，让他们掌握一个个科学核心概念，从而形成高阶科学思维。

模型构建属于科学思维，它主要体现在以经验事实为基础，对客观事物进

---

[*] 本文获诸暨市教学论文评比一等奖。

行抽象和概括，进而建构模型；运用模型分析、解释现象和数据，描述系统的结构、关系及变化过程。

在本文中，主要是基于初中生科学核心概念学习中存在的三种模型关系的构建。

（1）基本模型：帮助学生解决疑难科学问题的模型，即通过基本模型来理解复杂模型，并解决实际问题；

（2）分析模型：通过规律建构的模型，可以获取事物间的关系，进而运用到复杂问题的解决中去；

（3）关系模型：大概念下建构的模型，有助于学生将碎片化的知识整合起来。

教师引导学生建立模型来理解科学核心概念，是一种符合学生认知规律的教学模式，也是培养学生高阶思维的有效途径。

一、借助基本模型建构分析方法解决整合型应用问题

在日常生活中，学生会遇到各种实际问题，这些问题由于具有一定的复杂性往往让学生摸不着头脑，因此，教师有必要引导学生通过建构基本模型来解决复杂问题。

很多复杂问题的解决思路和方法，都往往蕴含在同类的基本问题中。因此，我们常常可以借助基本问题模型化来建构分析方法，从而解决很多整合型、应用型的问题。

教学案例一：受力分析

受力分析是考查学生运用力学知识能力的重要方式，不少学生由于机械识记知识，导致不能真正理解核心概念，无法形成科学思维。

图1是站在匀速上升的自动扶梯上的人的受力分析，不少学生会错误地认为人受水平方向上的摩擦力，这主要是因为学生凭经验答题，而不是运用知识进行分析，为此，我们可以将模型进行拆解，形成基本模型进行教学。

图1

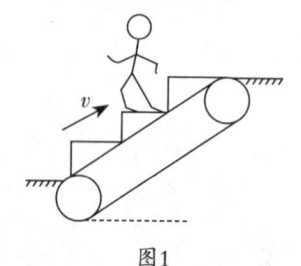

搭乘匀速上升的自动扶梯是生活中常见的情形（模型1），具有一定的复杂性。教师可以引导学生将其抽象成模型2，人就相当于物体B，力F作用在A上，使得B与A一起向右做匀速直线运动。该模型的优势是去除了一些生活化元素对分析的干扰，也为基本模型的建构奠定了一定的基础，当然，这只是完成了模型建构的第一步，对于学生而言，这仍然是一个复杂问题。接着，教师进一步引导学生进行模型建构，由于物体B与A一起向右做匀速直线运动，因此以A为参照物，B是静止的，进而建构出模型3，易得该模型与第二个模型中物体B的受力情况一致，也与匀速上升的自动扶梯上的人受力情况一致。运用该模型可分析出物体B在水平方向上不受摩擦力（因为物体B没有发生相对运动，也不具有相对运动的趋势），进而得出站在匀速上升的自动扶梯上的人在水平方向上不受摩擦力。

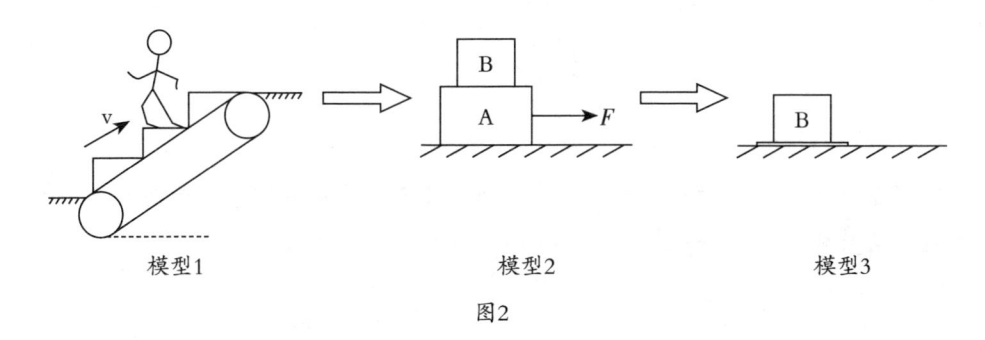

模型1　　　　　　　　模型2　　　　　　　　模型3

图2

为了帮助学生真正掌握受力分析的科学方法，进一步形成科学思维，可以进行以下变式训练。教师引导学生根据模型4分离出模型5，进而建构模型6，再反过来分析出模型4中B在水平方向上的受力情况（图3）。

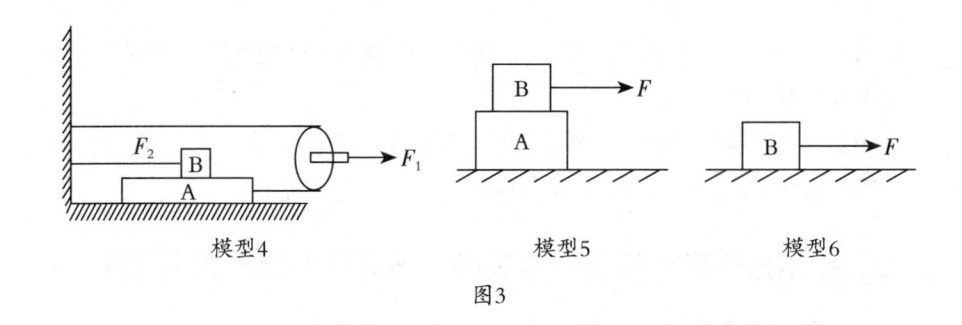

模型4　　　　　　　　模型5　　　　　　　　模型6

图3

受力分析往往来自生活实际问题，但是科学研究往往又高于生活，因此学生必须具备高阶思维才能解决这类问题，而基本模型的建构有利于学生解决此类问题。

教学案例二：电路分析

电路分析对于学生来说也是一个"老大难"问题，如何帮助学生准确进行电路分析，教师依旧可以采用建构基本模型的方法。

图4是具有防雾、除露、化霜功能的汽车智能后视镜模拟加热原理图，其中测试电源的电压为10 V，4段电热丝电阻均为10 Ω，防雾、除露、化霜所需加热功率依次增大。

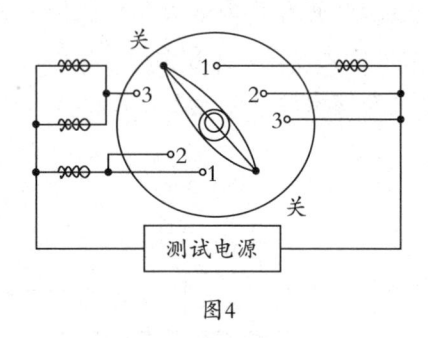

图4

理解开关与三档功能及其电功率，对学生来说有一定难度。此时教师不妨引导学生建构以下三个基本模型（图5）。

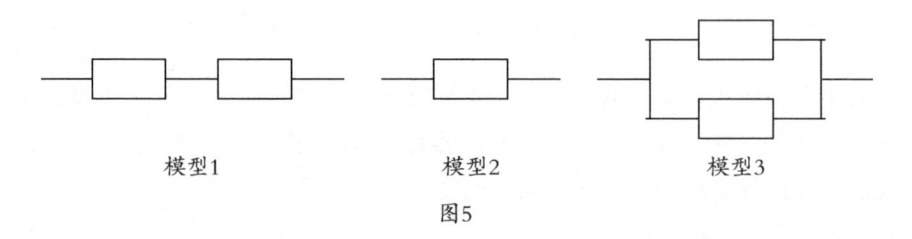

模型1　　　　模型2　　　　模型3

图5

通过电功率公式$P=U^2/R$，进一步分析可得模型1对应防雾，模型2对应除露，模型3对应化霜。

运用基本模型解决疑难科学问题可以有效帮助学生建立科学本质观，提升学生归纳与演绎的能力，同时帮助学生解决疑难问题，提升核心素养。

二、运用分析模型构建变量关系，探寻核心概念内在规律

对于一些规律性很强的问题，我们可以通过分析模型来探寻规律。例如金属与盐、酸的反应等，可以通过坐标图模型来探寻规律。

教学案例三：金属与酸的反应

将质量均为10 g的Mg、Fe、Zn分别放入质量和溶质质量分数均相同的三份稀硫酸中，反应完成后，生成氢气的质量关系是怎样的？

要解决这个问题，首先要进行分类讨论，因为这里的酸的质量未确定。教师可以引导学生建构以酸的质量为横坐标，氢气质量为纵坐标的模型（见图6）。

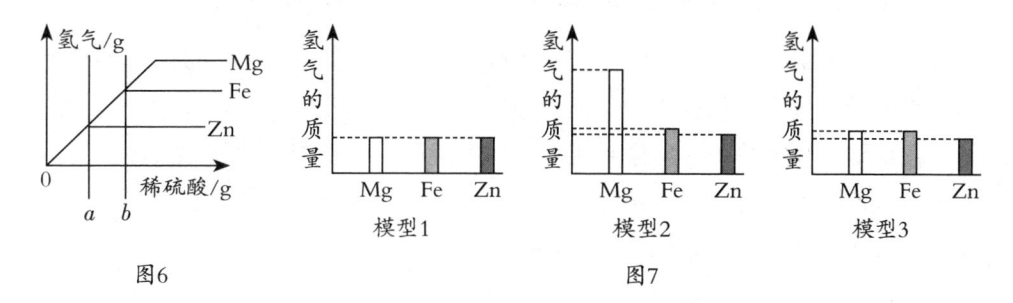

图6

图7

当稀硫酸的质量介于0和a之间时，三种金属与酸反应产生的氢气质量相等（图7模型1）；当稀硫酸的质量介于a、b之间时，Mg、Fe与酸反应产生的氢气相等且多于Zn（图7模型2）；当稀硫酸的质量超过b时，Mg与酸反应产生的氢气多于Fe，Fe多于Zn（图7模型3）。

学习完后，教师及时引导学生进行归纳总结，然后进行如下变式训练。

已知某溶液中含有$CuSO_4$和$FeSO_4$两种溶质，且两溶质质量相等，将一镁条插入其中，试讨论充分反应后烧杯内固体组成和质量大小的关系。

学生解答如下：如果镁条质量较小，只与部分$CuSO_4$发生了反应，则烧杯内的固体全部为Cu；如果镁条质量较多，除了将全部的$CuSO_4$反应完，还参与了部分$FeSO_4$中亚铁离子的置换，那么烧杯内的固体除了Cu还有Fe，且Cu的质量大于Fe；如果镁条质量过量，则烧杯内的固体有Mg、Fe、Cu三种，且Cu的质量大于Fe。

显然，这样的描述太过烦琐，为了减轻记忆负担，教师可以引导学生建构如下模型（图8）：

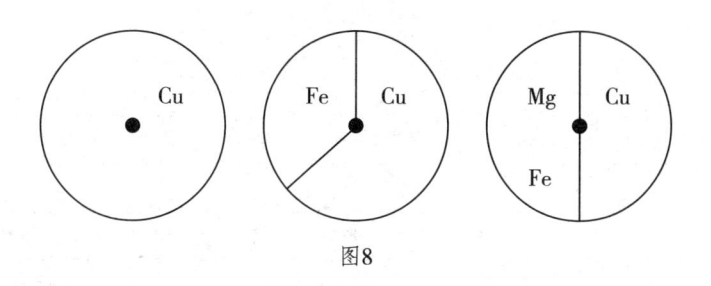

图8

这三种模型分别对应上述三种讨论结果，直观反映了化学变化的结果。

有些科学问题由于存在多个变量、多个维度而错综复杂，运用分析模型可以分析、解释现象和数据，系统地描述结构、关系及变化过程，对于学生梳理此类问题大有裨益。

三、引入关系模型整合概念脉络，形成科学思维框架

科学学习中学生要面临较多的概念层级、动态关系，教师可以引入关系模型来帮助学生梳理与整合相关的概念和动态关系，形成科学思维框架。比如人体消化系统、呼吸系统、泌尿系统和循环系统就是一个统一协调的整体，实现人体消化、吸收、运输、氧化分解有机物、供能、排泄等功能，在学习这些内容时，教师可以引导学生建立一个关系模型（图9）。

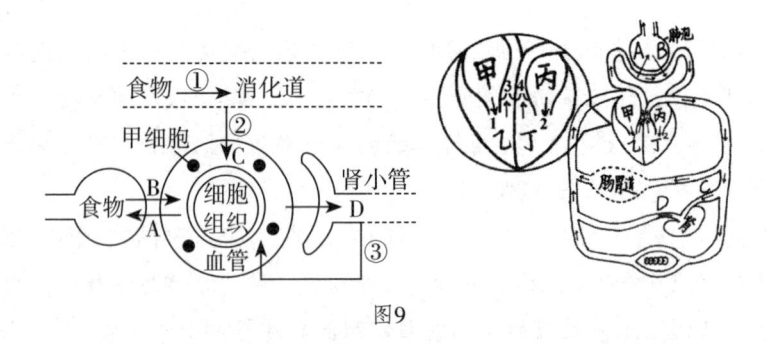

图9

食物通过消化系统进入人体，然后被消化吸收进入循环系统，接着循环系统将营养物质运至组织细胞，在细胞内进行呼吸作用，释放能量并产生代谢废物，代谢废物通过循环系统运至肾脏等器官排出。关系模型有助于学生形成知识网格，理解知识之间的内在联系，进而形成严密的科学思维。

在化学教学中同样可以运用关系模型进行梳理，形成思维导图（图10）。

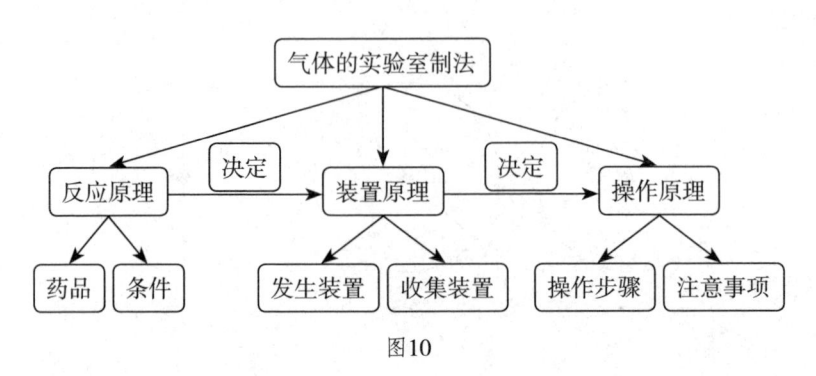

图10

在化学教学中，我们往往通过一系列有难度的提问引发学生思考，在思考的过程中，学生可以获得很多学习知识的方法，然而这些知识方法往往细碎而不易理解，上述关系模型就可以很好地解决这一难题。初中科学教材与以往分科教材有区别，许多知识点不在同一节同一章，而是分散在各个章节。把知识点条理化、系统化、主题化、网络化，以点带面，就像把珍珠串成项链，这对于学生的理解非常有帮助。

四、小结

利用模型建构促进学生疑难问题和核心概念学习的例子不胜枚举，归纳起来就是通过问题构建模型，依托模型形成策略，丰富策略获得主张，深化主张显露思想。

在以前的教学中，学生往往会走入歧途，觉得科学问题的分析很难，没有规律可循，因为一些难的习题常常包含很多步骤，对思维的要求很高。在教学中引入模型法后，笔者发现教学可以变得很轻松，学生的积极性也大大提高。利用"三模"组织教学，可以帮助学生解决诸多疑难科学问题，形成科学思维，提升科学素养。

参考文献

[1] 中华人民共和国教育部.义务教育科学课程标准（2022年版）[M].北京：北京师范大学出版社，2022.

[2] 郑青岳.指向理解的科学教学[M].杭州：浙江教育出版社，2020.

[3] 郭玉英，姚建欣.基于核心素养学习进阶的科学教学设计[J].课程·教材·教法，2016（11）：64-70.

[4] 任虎虎.基于核心素养的物理深度教学策略探讨[J].物理之友，2019（1）：23-25.

> 【成员简介】张婕，女，1975年12月出生。省浙派名师培养对象，普陀区教坛新秀，普陀区学科带头人。
>
> 【治学格言】追求快乐学习，奠基幸福教学。
>
> 【教学主张】以基于科学思维提升的教学探索为主张，开设分类、归纳、建模三类科学思维提升教学质量公开课和跨学科命题模式探索专场讲座，整合科学思维和跨学科两个维度教学，显性反馈学生科学思维培养的发展层次。
>
> 【刨根问底】压强差的思考：气密性检查，微型喷泉，潜水艇工作，肺吸气、呼气模拟设计。
>
> 【工作业绩】工作室期间，市重点课题立项，获省师训课题一等奖、市规划课题二等奖，开设省、市级讲座和公开课9次。

以模型促进科学思维的培养*

——真实情境下玻璃杯成像问题的思考

《义务教育科学课程标准（2022年版）》明确了义务教育阶段科学课程立足学生核心素养的发展，课程实施依据核心素养的内涵及学段特征以达到课程目标。标准明确了科学课程要培养的核心素养包括科学观念、科学思维、探究实践、态度责任等。对于科学教学而言，培养与提升学生的科学思维是首要任务，科学思维是基于经验事实建构模型的抽象概括过程，是综合分析、推理论证等方法在科学领域的具体运用，在问题解决的过程中培养科学思维是一种行

---

* 此文章发表于《舟山教育》2023第3期。

之有效的途径。

在科学学科十三个核心概念及学习内容中，光学知识属于第三个核心概念范畴：物质的运动和相互作用。浙教版《科学》教材中将光学的知识安排在七年级下第二章"运动和能"中，对7～9年级学段的学业要求是知道光的直线传播、反射、折射、色散等现象，能用实验探究凸透镜所成的实像和虚像，并能用成像规律解释实际的光学原理。

通过凸透镜成像这个基本科学概念的学习，培养学生在尊重证据的前提下，坚持正确的观点，当观察或者实验的结果与预期不一致时，应分析原因，再次进行观察和实验，初步形成质疑和创新的科学品格，这也是《义务教育科学课程标准（2022年版）》对科学思维培养的要求。

此外，归纳演绎是逻辑推理的两种主要形式，在教学中正确运用它，能够突出重点，使学生掌握知识内容，培养发散性和创新性思维。笔者认为在真实教学中，必须对各种不同种类的玻璃杯进行探究实践，由学生的真实探究结论建立正确的凸透镜成像的模型，用归纳的方法总结出规律，再演绎到真实的玻璃杯成像中去。

一、立足中考真题，探明学生的理解偏差

凸透镜成像是7～9年级学段科学中考的重要知识点，教材和绝大部分习题中使用的凸透镜均为中间厚周围薄的玻璃制品。故此，学生往往将凸透镜成像规律中"倒立"的意义，简单地理解为一定是上下颠倒、左右相反，并推广演绎到生活中许多能产生凸透镜成像的环境中，如玻璃杯中盛满水、塑料大棚上的积水、远视镜片等。但实际上，上述生活中的现象所形成的凸透镜的种类并不完全相同，其厚薄的分布位置的差异导致了成像时的"倒立"不能简单套用"上下颠倒、左右相反"的口诀。

例如2019年宁波市中考的科学学科就对此类问题做了特别的设计。在选择题第13题中，设计了一道由盛水的玻璃杯组成的凸透镜成像问题，如下所示。

例1：如图所示，在"用'凸透镜'观察周围的景物"活动中，小科将印有绿色环保标志" "的纸固定在墙上，再将一只装有水的圆柱形玻璃杯移到标志的正前方，然后改变玻璃杯与标志之间的距离。小科站立时透过玻璃杯和水观察。下列图像中，不可能看到的是（　　）。

A.　　　B.　　　C.　　　D.

此题答案为C。在解答此类问题中，学生需要使用到凸透镜成像的规律。但在了解部分学生的答题思路后，发现学生通过背诵规律，"当$U>2f$时，成倒立、缩小的实像"，判断出C选项成的是放大的像，与规律不符，所以C选项错误。

从答案的角度来说，学生找到了正确答案。但如若深究，就会发现其解题思路存在重大谬误。如果学生对于凸透镜的理解局限于此，那么就无法解释类似下面的问题。

例2：为了探究生活中的透镜成像现象，小明把一个装水的玻璃杯放在漫画前，惊奇地发现透过水杯看到漫画中的老鼠变"胖"了，还掉头奔向猫（图1）。

图1

在放了玻璃杯后，漫画中的老鼠变"胖"的原因是成了放大的像，即"当$f<U<2f$时，成倒立、放大的像"。但是此老鼠的像只是左右相反，上下却没有颠倒，至此，学生就会出现重大的思维冲突，导致无法进一步解题。

二、分析现存不足，探寻错误思路的成因

课程标准针对7~9年级的科学思维要求是能分析、解释模型所涉及的要素和结构，解释并模拟相关的科学现象和过程。凸透镜成像的模型学习如果只是简单、机械地记忆口诀，必将引起真实问题中各种玻璃杯成像问题的错误解答。反思教师在实际教学过程中可能出现的问题，笔者提出了如下几个方面的原因。

1. 模型建立的不准确性

模型是对事例的本质化概括，能够帮助人透过现象看到本质。其基本特点就是能够将隐藏在复杂现象中的规律以更加直观的方式呈现出来，从而简化问题，有效加深学生的理解。但是在模型建立的过程中，如果一味求简，甚至删去了对于事例的影响因素，则会起到事倍功半的作用，甚至导致错误的判断。

以凸透镜成像为例，下面是常用透镜的模型图（图2）。

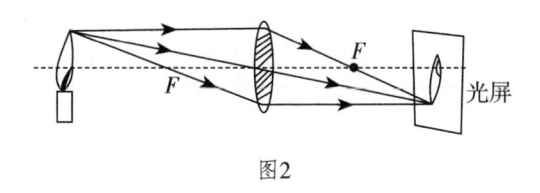

图2

老师常常会告诉学生，此模型可以得到当 $U>f$ 时，在光屏上会成倒立（上下颠倒、左右相反）的像。但实际上，此模型只能够观察得到烛焰的像上下颠倒，对于左右相反则只能靠记忆，理解不深。基于书本往往借助"吹"蜡烛火焰来帮助学生探究左右的成像规律。故此，应该在模型的建立上，也尽量引入像的左右变化，才能够让学生完整地理解 $U>f$ 时的成像规律。如图3所示。

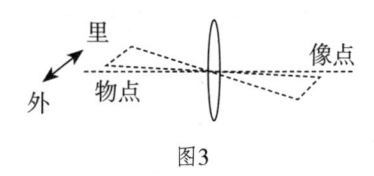

图3

2. 模型建立的区分性不足

凸透镜是一种中央较厚、边缘较薄的透镜，其成像本质上是对光线的折射。常见的实验室透镜往往呈圆盘状，上下、左右平行于主光轴的光线都会汇聚穿过焦点，故此成的像是上下颠倒、左右相反的。

但是玻璃杯这一类柱状的透镜，中间较厚，左右两侧较薄，所以左右平行于主光轴的光线会汇聚穿过焦点。但因为它上下等粗，故上下的光线是不会交叉穿过焦点的，因此成的像是上下不颠倒，但左右相反的。其建立的模型如图4所示：

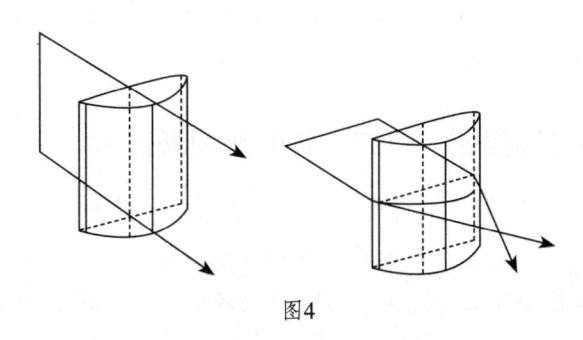

图4

3. 模型使用时的随意套用

题目的分类教学能够很好地帮助学生理解某一类题型，让他们通过归纳演绎的方法掌握更多的题目。但教师偶尔对题目的区分不足反而会导致学生对于题目的差别不敏感，从而丧失对细节的思考。

玻璃杯类透镜的题目往往如下所示。

例3：如图5所示，小科同学在白纸上画了两个箭头（图甲）。用玻璃杯装半杯水放在白纸前（图乙）。人眼观察到位于下方的箭头发生了变化，那是因为玻璃杯下半部分相当于一个（　　　），使下方箭头成缩小的（　　　）（填"实"或"虚"）像。

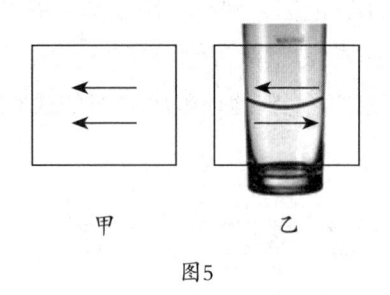

图5

对比此题中使用的"→"与宁波中考题中的绿色环保标志"☯"，可以发现两题看似情境雷同，却在成像物体的选择上有很大的不同。"→"是一个轴对称图形，其对称轴在情境下是一条水平的直线。所以在考虑"→"的成像时，只需要考虑其左右是否相反，至于上下是否颠倒，并不影响得出正确答案，因为无论是否上下颠倒，图案都是一样的。但标志"☯"则不同，它是一个中心对称的图案，没有对称轴，故考虑此类问题的时候，一定要对其上下、左右颠倒后所成的图形都进行具体的分析。

在教师讲解时，如果忽略了玻璃杯类透镜成像上下不颠倒的要求，学生会默认所得的像是经过上下、左右两次颠倒得到的，在解决中心对称图形的最终成像时也会简单、粗暴地套用规律，从而出现理解上的误区。

三、套用准确模型，找到正确的解题规律

例4：窗外阳光明媚，小明看到窗边饮水机的水桶旁有一条亮线，如图6中甲图所示。由此，他认为装有水的水桶相当于凸透镜。他又找来一个圆柱形玻璃杯，在玻璃杯后面的白纸上画一水平方向的箭头，如图乙所示，慢慢向玻璃

杯中注入水至水面高过箭头位置，透过玻璃杯看纸上的"箭头"，不可能是图丙中的（　　）。

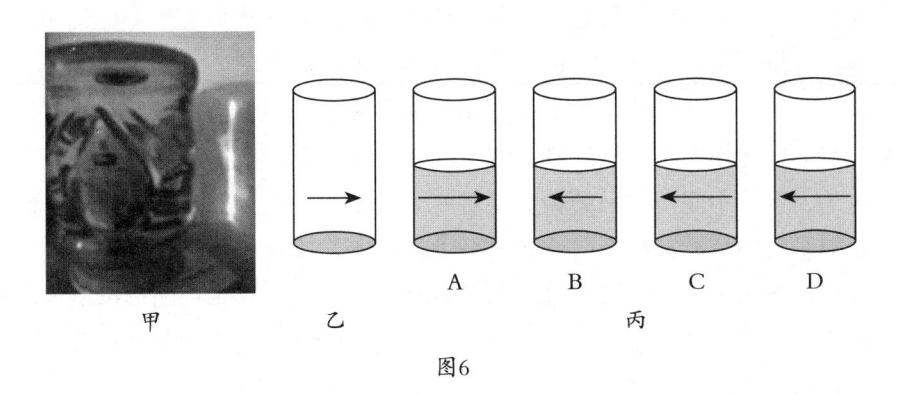

甲　　　乙　　　A　　B　　　C　　D
　　　　　　　　　　　丙
图6

此题使用的是柱状的透镜，故光线在水平方向上偏折，所成的像左右相反而上下不颠倒。套用模型中的折射光路图，发现玻璃杯上下的形状是相同的，故像在上下方向的大小是不变的，故此D选项不可能。

例5：如图7甲所示的黑白卡片放在一只未装满水的薄高脚玻璃杯后面，在高脚玻璃杯前方观察到如图乙所示装水部分"黑白颠倒"的现象，此时装水部分的高脚杯和杯内水的组合相当于一个凸透镜……

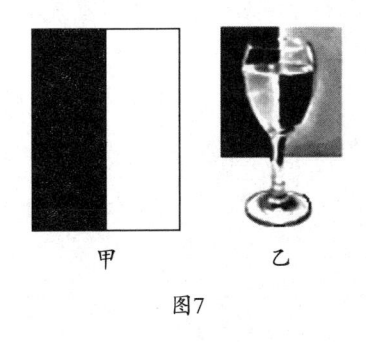

甲　　　乙
图7

此题使用的是高脚玻璃杯，和上下等粗的玻璃杯不同，其上下面和左右面都比中间更薄，故套用的是基本凸透镜成像模型，光线在水平和竖直方向上都有偏折，所成的像左右相反并且上下颠倒。故黑白块的像如图乙所示。

四、总结

笔者在教学的时候利用一系列玻璃杯成像的真实问题，让学生通过探究实践进行归纳，建立正确的模型后，将通过正确模型得到的成像规律演绎到其他玻璃杯成像问题中，对学生的科学思维的发散有一定的效果。2022年版课程标准中对7~9年级的学生科学思维的要求是针对真实情境中的简单问题，能基于事实与证据，利用分析、比较、抽象、概括等思维方法建构模型，能运用简单模型解释常见现象，解决常见问题。在玻璃杯成像的问题上，笔者试图通过真实实验探究的方法，打破学生固有的错误模型概念，通过实验探究建立正确的模型，灵活地运用二维方式展现三维空间的物体，形成事物动态变化的图景。从原先的上下比中间薄的凸透镜模型转变为生活中更常见的左右比中间薄的模型，掌握基本的分析和综合、比较与分类、抽象与概括、归纳与演绎的思维方法，这样的重组思维、发散思维能基于最基本的科学观念——凸透镜成像的原理，从更多、更广的角度提出新颖的观念，使学生具有初步的创造性解决真实情境问题的能力。

参考文献

[1] 赵继辰.基于科学思维的电磁感应综合问题探析：以2021年高考题为例[J].数理化解题研究，2022（28）：137-139.

[2] 陈懋.基于科学思维培养初中科学问题解决教学探索[J].中学物理，2022（20）：14-16.

[3] 冷雪峰.归纳、演绎之我见——从功的定义谈起[J].牡丹江师范学院学报（自然科学版），1995（2）：56-57.

[4] 童建鹤.模型法在初中科学教学中的应用例谈[J].中学教学参考，2018（8）：87-88.

【成员简介】陈华军，男，1976年1月出生，高级教师，浙派名师学员，绍兴市学科带头人。

【治学格言】头脑不是一个能填满的容器，而是一个需要点燃的火炬。

【教学主张】聚焦真实的中心问题，找出问题的已知条件和最终的解决策略，形成以"聚焦问题、激发旧知、展示新知、应用新知、拓展迁移"的课堂教学主张。

【刨根问底】用冰块冷却食物，食物应该放在冰块的上面还是下面？为什么？

【工作业绩】工作室期间，被评为绍兴市学科带头人，多次开设市、区级讲座及公开课。

基于"问题思辨"的初中科学"五环问题导学"的应用[*]

——以浙教版《科学》教材"压强"为例

传统课堂教学的基本特征可以概括为"三中心""三转"。"三中心"就是"教师为中心、课堂为中心、教材为中心"；"三转"就是"学生围着老师转、老师围着教材转、教材处理围绕考试转"。这样的教育，往往造成主体移位、方式死板、目标单一、反馈滞后，严重影响学生素质的主动、全面、健康、持续发展。而新课程提倡自主、探究、合作学习，在教学方式上强调学生学习的主体性、主动性和生动性。

新课程提出"知识与技能、过程与方法、情感态度与价值观"的三维课

---

[*] 本文发表于《试题与研究（教学论坛）》2021年24期。

程目标，在教学目标上，强调教学的开放性、综合性和发展性。笔者近两年来逐步尝试在科学课中，运用聚焦问题、激活旧知、展示新知、应用新知、拓展迁移的"五环节问题导学法"，以"学"为中心，围绕"中心问题"，梯度设置若干子问题，搭建积极的心理意向和学习意义，不断激发学生探知"问题"的"自觉"，通过系统化的知识"建构"，培养学生应用新知、解决问题的能力，提高科学课堂品质。

一、聚焦问题，激趣导入

中心问题是学生生活中的结构不良的统摄性问题。

引入：出示手指分别轻压、重压气球的两幅图。图中气球产生不同程度形变的原因是什么？

设计意图：学生通过回忆熟悉的场景，唤醒并提取本节课的知识铺垫：力能使物体发生形变，形变程度与"力"的大小有关。

问题1（中心问题）：出示图片——一位成年芭蕾舞演员在表演时脚尖触地，一头成年大象站在水平地面上时四只脚掌触地。你认为哪种情况对地面的压力作用效果更明显？请说出你的理由。

设计意图：让学生寻找证据，比如生活中路面、桥梁限载标识，说明"力"越大，作用效果越明显；按图钉、用针刺，说明"面积"越小，作用效果越明显。上述现象中，一个因素是"力"大，另一个因素是"面积"小，那哪个因素的影响更明显呢？问题让学生产生认知冲突，激发学生的求知欲。

二、激活旧知，温故知新

利用学生大脑中的旧知结构和系统，促进新知识的同化和顺应。

问题2：压力的大小一定等于重力的大小吗？

问题2.1：出示细线下悬空的正方体的重力示意图，悬空的正方体对下面的桌面有压力吗？为什么？

问题2.2：静止在水平桌面上的物体对桌面有压力吗？请说出理由。

设计意图：学生通过大象站在地面上的事例，进行问题辨析（前概念：重力大，压力大），学生自主探究并理解，重力与压力是两个不一样的力。

问题2.3：请画出物体A对斜面、对竖直墙面的重力及压力的示意图。

设计意图：物体在水平面、斜面、竖直墙面静止时，学生分别画出物体的重力与物体对平面产生的压力的示意图，更进一步理解重力与压力的相同点与不同点，为后续的学习内容，铺垫压力的知识。

问题3：两个物体接触，哪部分为受力面积？

出示照片：

（1）两只脚站在地上。

（2）一只脚一半踮起，站在方凳上。

（3）底面积较大的物体放在上表面面积较小的物体上。

设计意图：通过图片分析，学生更进一步地理解压力的受力面与受力面积的异同处，为后续压强的学习铺垫受力面积的知识。

三、展示新知，探究规律。运用恰当的媒体、实验等手段，构建知识网络。

问题4：压力的作用效果与哪些因素有关？

建立猜想：压力的作用效果可能与压力大小、受力面积大小有关。

设计方案如下。

实验方法：（控制变量）

自变量（影响因素）　　因变量（产生的结果）

受力面积 ⟶ 压力的作用效果
压力 ⟶

器材选择：海绵（受力面）、小四方凳、钩码若干；矿泉水瓶（装满水）、米、烧杯。

思考1：你通过观察什么来比较压力的作用效果？

思考2：你怎样改变压力的大小？

思考3：受力面积的大小又是如何改变的？

实验过程：

探究1：压力的作用效果与压力大小的关系。

探究2：压力的作用效果与受力面积的关系。

设计意图：当多个因素影响某个实验结果时，指导学生运用控制变量法，自行设计实验方案，引导学生运用转换法观察实验现象，分小组上台展示实验过程，规范表达实验结论。提供两套实验器材，小组合作讨论，根据实验目的，选择相关实验器材，让学生在"选择"中，不断产生认知冲突，组内同学的思维不断碰撞，最终解决问题。

问题4.1：当压力与受力面积都不同时，怎么比较压力的作用效果？

提示：物体运动的距离（S）与时间（t）都不同时，怎么比较物体运动的快慢？

设计意图：呈现学生已学过的"速度"量的意义、定义、公式、单位，让学生类比"压强"的意义、定义、公式、单位，将知识进行编码整合，从而建立压强的概念模型。

四、应用新知，解决问题

教师不断减少支架辅助，学生尝试解决中心问题，并开展相关的应用学习。

问题5：一位芭蕾舞演员在表演时脚尖触地面积约为10 cm^2，体重约为500 N；一头大象站在水平地面上时，每只脚掌触地面积约为600 cm^2，体重约为60000 N。

（1）求芭蕾舞演员对地面的压强，说一说该压强值的含义。

（2）求大象对地面的压强是多少帕，合计多少千帕？

设计意图：呼应中心问题，将具体的数据代入公式，解决问题。学生呈现计算过程，教师引导总结解决这类问题三步法：确定对象，找关系（公式即已知量到待求量之间的桥梁）；找已知量（隐含的已知量显性化，各量的单位要统一）；代入公式计算（公式、数据代入，计算结果）。

五、拓展迁移，实践领悟

将新知识结构化，拓展迁移到学生的实际生活中，从而达成深度学习。

问题6：一个人在普通水泥路面上走路时，路面不易破损，但一个人在结冰的河面上走路时，冰面易破损，非常危险。上述两种情况下路面与冰面受到的压强一样吗？为什么在冰面上走非常危险？

设计意图：让学生思考同样的压强，对不同的受力面，为什么会产生不一样效果？激发学生的好奇心，从而顺势引导学生了解：不同材料所能承受的最大压强值是不一样的。

问题7：（视频播放）老人步行陷入泥坑，消防人员及时成功抢救。请分析老人为什么会陷入泥坑？消防人员在抢救时，为什么不会陷入泥坑？当你不小心踩入泥潭时，你会如何自救？

设计意图：通过所学知识来解决现实问题，使学生的基础知识和基本技能都得到进一步的巩固和加强，真正体现科学服务于生活，科学能使人类更智慧地生活。

　　本节科学课关于"压强"内容（七年级下册）的学习，运用"五环问题导学"的教学范式，聚焦中心问题，引导学生对相关"旧知"进行"问题思辨"，通过实验对"前概念"进行"问题思辨"，帮助学生消除错误的前概念（比如，重力就是压力，底面积就是受力面积等），类比"速度"建立"压强"的概念，有效帮助学生巩固基础知识，掌握学习方法，提高学生解决问题的能力，较好地完成学习目标，为今后的学习提升奠定更坚实的基础。

　　通过以上教学案例，笔者感觉"五环节问题导学法"的课堂教学模式是与传统的被动学习相对应的，一种更适应现代人才培养的"生本课堂"教学模式。该教学模式更能倡导学生的自主学习，把学生作为学习的主体，紧紧抓住以培养学生良好的学习习惯，注重学生个体全面发展的根本。该教学方法关注教师"导"的行为评价，更关注学生"学"的行为评价，变讲授式教学为问题式思辨教学，变学生被动接受为主动参与学习，变单纯知识积累为思维、能力、情感培养并重，最终实现新课改三大理念中"关注学生个性发展"的人才培养目标。

参考文献

[1] 朱清时. 义务教育教科书　科学　七年级下册[M]. 杭州：浙江教育出版社，2013.

[2] 陈锋. 初中科学概念教学范式的创新研究[M]. 上海：上海教育出版社，2017.

[3] 盛群力，魏戈. 聚焦五星教学[M]. 福州：福建教育出版社，2017.

【成员简介】陈成，女，1988年6月出生，区学科带头人。

【治学格言】业精于勤，行成于思。

【教学主张】以"促进理解的概念教学"为主张，以"UBD理论"为依据，以实验为支架，以信息技术为载体，创设"问题提出—实验设计—概念建构—概念迁移"概念教学模式。

【刨根问底】移动可以暂时起到很好的作用（例如假动作是向左，实际是向右），但当最终移动不再起作用的时候，我们就需要反过来想想曾经起作用的东西是否变得不能再用了。

【工作业绩】获区学科带头人，区信息技术应用学科带头人，省级优课，区"情满课堂"一等奖，区论文一等奖，区实验比赛一等奖等。

基于UBD理论促进初中科学核心概念理解的教学实践*

——以"氧化还原反应"为例

一、理论概述

（一）UBD理论

美国学者格兰特·威金斯和杰伊·麦克泰格提出了UBD（Understanding by Design）理论，即"追求理解的教学设计"，格兰特·威金斯和杰伊·麦克泰格强调在"为理解而教"时，必须把握主要观点——我们是培养学生用表现展示理解的能力的指导者，不是将自己的理解告知学生的讲述者。

---

*本文获绍兴市越城区教学论文评比二等奖。

（二）逆向教学设计模式

UBD理论强调评价机制的设计先于课程设计和教学活动开展，它的起点是明确的学习目标，它的宗旨是促进学生有意义地学习，是一种逆向教学设计模式，包括"确定预期结果—确定合适的评估证据—设计学习体验和教学"三个阶段，如图1所示。

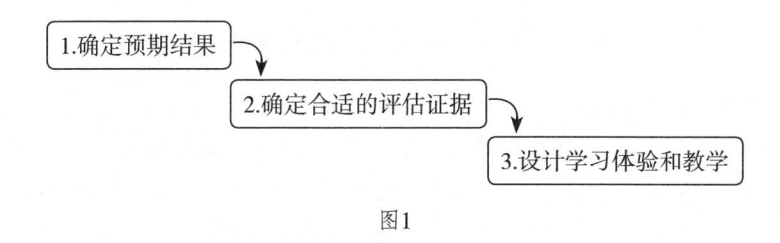

```
1.确定预期结果
    ↓
2.确定合适的评估证据
    ↓
3.设计学习体验和教学
```

图1

（三）"氧化还原反应"课例中的核心概念

以下为根据《义务教育科学课程标准（2022年版）》确定的浙教版九年级上册第二单元中"氧化还原反应"一课的核心概念和所学内容。

核心概念1：物质的结构与性质

核心概念1中的第3条和第7条分别是"1.3　金属及合金是重要的材料"和"1.7　常见物质的分类"，其内容要求中包括知道金属、金属氧化物、碱之间的转化，知道非金属、非金属氧化物、酸之间的转化。

核心概念2：物质的变化与化学反应

核心概念2中的第3条为"2.3　物质变化的特征"，其学习要求包括能辨析常见的化合、分解、置换、复分解反应及氧化反应等，能从物质与氧发生的反应的性质认识氧化反应。认识同类物质具有相似的性质，一定条件下各类物质可以相互转化，认识元素在物质中可以被夺去或失去，可通过氧化还原反应实现物质的相互转化。

二、UBD理论与逆向设计、核心概念、氧化还原反应之间的关系

我们如何知道学生掌握了核心概念？通过三个阶段的"逆向设计"过程支撑UBD理论，强调理解和逆向设计，更有利于学生真正地理解初中科学核心概念。UBD理论提倡把握核心概念，倡导教师帮助学生理解学科大概念，以寻找合适的评估证据证明学生是否理解核心概念为抓手，并在学生的表现中找到其已理解的证据。它把教学评价的位置变换了，使它排在教学活动之前，最后

才设计教学活动，即先确定学习的预期结果，再明确达到预期结果的证据或者说是评估手段。传统的教学和逆向教学最大的不同在于教学评价环节的位置，后者更加贴合当下新课程标准要求和核心素养理念。笔者以这一理论为导向，对氧化还原反应进行了逆向教学设计的探索与实践，以结果为导向进行设计教学，从输出端开始思考，以促进学生对概念的理解。

三、逆向设计法在氧化还原反应概念教学中的应用

（一）确定预期结果

"追求理解"的UBD理论倡导首先确定一个具体的目的地，然后发现到达那儿的最佳教学路径，就像我们使用手机中的导航那样。笔者所确定的目标：学生能够设计实验方案并寻找证据证明自己的观点，体会研究理解物质氧化还原反应的概念。

表1

理解 U	基本问题 Q
学生将理解…… ·大概念：什么是氧化还原反应？ ·期望他们获得的特定理解是一氧化碳能从氧化铜中夺取氧，产生游离态的铜。把氧化铜还原为金属铜单质的性质叫作还原性，具有还原性的物质可做还原剂。还原剂跟氧发生的反应叫作氧化反应。 ·可预见的误解是还原剂只发生还原反应，只有跟氧气反应才叫氧化反应。	·沼气的主要成分为甲烷，其燃烧产物可能是什么？ ·请根据资料卡片和所给试剂，设计实验方案证明是否存在二氧化碳、水和一氧化碳。 ·请同学们预测可能出现的实验现象及结论。 ·若实验结果确实如同学们所推理的那样，而且甲烷燃烧产物中二氧化碳和一氧化碳的体积比为1：2，请同学们写出甲烷燃烧和一氧化碳与氧化铜反应的两个化学方程式，并配平。 ·请从氧元素的角度分析化学方程式中一氧化碳和氧化铜有什么变化。 ·请判断甲烷燃烧反应中谁是还原剂？ ·查阅资料得知，氢气与氧化铜反应也能生成铜，还可能生成红色的氧化亚铜，请同学们写出化学方程式，并说出谁发生了氧化反应。 ·用还原剂还原金属氧化物有什么现实意义？ ·根据以往学习经验举例还有哪些物质也能做还原剂。还原剂除了能夺取氧化铜中的铜元素，还能还原哪些物质？请写出化学方程式。 ·同学们可以归纳出哪些反应属于氧化还原反应吗？

续表

学生将会知道　　　K	学生将能够做到　　　S
·作为本单元的学习结果，学生将能够设计实验方案并寻找证据证明自己的观点，体会研究理解物质氧化还原性质的概念。 ·习得这些知识和技能后，他们最终能够判断哪些反应属于氧化还原反应，能够运用化学知识分析实际问题，科学地认识有机物燃烧、金属冶炼等。	·能够设计实验方案，能说出氧化还原的概念，并能判断哪些是还原剂，能预测可能出现的实验现象。 ·能判断古代湿法炼铜是否属于氧化还原反应。 ·能查阅资料了解金属冶炼的历史，自选角度完成研究性学习小论文。

（二）确定合适的评估证据

威金斯和麦克泰格建立了评估学生理解标准的六个维度，用于表征学生理解的水平，威金斯认为当我们真正理解时，我们则会有以下表现：

① 能解释：洞察事物间的联系并提供例证。
② 能阐明：通过图片、趣闻、类比和模型等方式达到理解的目的。
③ 能应用：在各种不同的真实情境中有效地使用和调整我们学到的知识。
④ 能洞察：批判性地看待、聆听观点；观其大局。
⑤ 能深入：在先前直接经验的基础上进行敏锐的感知。
⑥ 能自知：意识到我们不理解的内容，反思学习和经验的意义。

根据以上理论，所以笔者拟定了以下评估证据，如表2所示。

表2

表现性任务　　　T	合适的评估证据　　　OE
学生通过哪些真实的表现性任务证明自己达到了预期的理解目标？ ·学生在设计的实验方案中能够选择合适的实验装置和试剂；能体验主要观点和探索问题；能反思和修改他们的理解；能评价他们的学习表现，能做出正确的判断。 ·通过学生对实验现象与结论的汇报，可以诊断学生的证据推理能力，以及研究物质氧化还原性质的思路和方法。 ·通过化学方程式的书写以及所举的例子评判学生的理解成效。	·画思维导图 ·作业本 ·研究性学习小论文

（三）设计学习体验和教学

教与学的体验顺序该怎么安排才有助于学生参与发展和展示预期理解？下面逐次列出了关键的教学和学习活动，同时以"where to"的相应首字母为每个活动编码。

W=帮助学生知道此单元的方向（Where）和预期结果（What），帮助教师知道学生从哪儿（Where）开始。

H=把握（Hook）学生情况和保持（Hold）学生兴趣。

E=武装（Equip）学生，帮助他们体验（Experiece）主要观点和探索（Explore）问题。

R=提供机会去反思（Rethink）和修改（Revise）他们的理解及学习表现。

E=允许学生评价（Evaluate）他们的学习表现及其含义。（由于有两个E，此处的E在具体实施路径中用"E-2"表示）

T=对于学生不同的需求、兴趣和能力做到量体裁衣（Tailor）（个性化）。

O=组织（Organize）教学使其最大程度地提升学生的学习动机和持续参加的热情，提升学习效果。

具体实施路径如表3所示。

表3

氧化还原反应的教学和学习活动路径
W【视频】沼气的主要成分为甲烷，其燃烧产物可能是什么？
R【学生1】二氧化碳和水。【学生2】除二氧化碳外，甲烷不完全燃烧可能会产生一氧化碳
O【教师】根据资料卡片和所给试剂，设计实验方案证明是否存在二氧化碳、水和一氧化碳，并预测可能出现的实验现象及结论。（此处忽略实验方案连续更改步骤）
E【学生】A变蓝则含有水，B变浑浊则含有二氧化碳，F变红则含有一氧化碳，D不变浑浊且G变浑浊则表示反应生成了二氧化碳。
气体 无水硫酸铜　A　B澄清石灰水　C氢氧化钠溶液　D澄清石灰水　E浓硫酸　F氧化铜粉末　G澄清石灰水　尾气处理
W【教师】若实验结果确实如同学们所推理的那样，而且甲烷燃烧产物中二氧化碳和一氧化碳的体积比为1:2，请同学们写出甲烷燃烧和一氧化碳与氧化铜反应的两个化学方程式，并配平。
W【学生】 $3CH_4 + 5O_2 \xrightarrow{\text{点燃}} CO_2 + 2CO + 6H_2O$ $CO + CuO \xrightarrow{\Delta} Cu + CO_2$

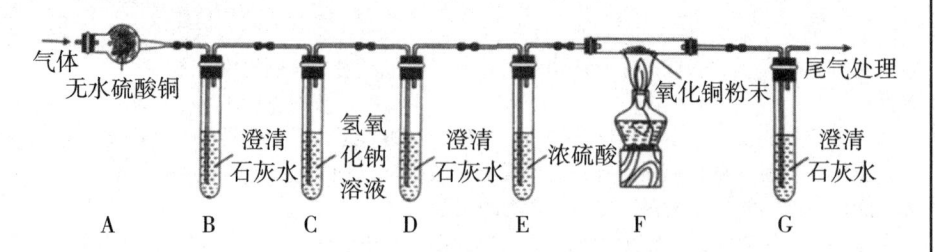

续表

氧化还原反应的教学和学习活动路径
E【教师】请从氧元素的角度分析化学方程式中一氧化碳和氧化铜有什么变化。
E【学生】一氧化碳夺取了氧化铜中的氧元素，氧化铜失去氧变成单质。
E【教师】一氧化碳能从氧化铜中夺取氧，把氧化铜还原为金属铜单质的性质叫作还原性，具有还原性的物质可做还原剂。还原剂跟氧发生的反应叫氧化反应。
H【教师】请判断甲烷燃烧反应中谁是还原剂。
H【学生】甲烷夺取了氧气中的氧元素，是还原剂。
O【教师】查阅资料得知，氢气与氧化铜反应也能生成铜，还可能生成红色的氧化亚铜，请同学们写出化学方程式，并说出谁发生了氧化反应。
O【教师】用还原剂还原金属氧化物有什么现实意义？
O【学生】冶炼金属。
E-2【教师】根据以往学习经验举例还有哪些物质也能做还原剂。还原剂除了能夺取氧化铜中的铜元素，还能还原哪些物质？请写出化学方程式。
E【教师】根据以上思考，我们可以归纳出哪些反应属于氧化还原反应？
E【学生】有机物的燃烧、金属的冶炼都属于氧化还原反应。
T【课外拓展活动】古代湿法炼铜属于氧化还原反应吗？
T【教师】作业：了解金属冶炼的历史，自选角度完成研究性学习小论文。

四、UBD理论的意义与教学效果、反思

最好的设计应该是"以终为始"，即从学习结果开始逆向思考。通过"氧化还原反应"这节课，学生对于有机物的燃烧、金属的冶炼以及氧化还原反应的概念有了更深刻的理解，初步学会判断还原剂，后续在进行氧化还原反应的学习时，明显更容易理解还原反应和氧化反应的区别，将还原剂和氧化剂混淆的学生比例明显下降。

逆向教学设计法就像一款好的手机APP，一开始是困难和陌生的，一旦熟练运用，我们便会感受到它带来的极大便利，最终能提升我们教师的备课效率。这样的逆向设计模板是UBD理论的实用性基础，能帮助我们教师养成正确的专家型的思考习惯，防止教师形成活动导向和灌输式讲课的错误习惯，具有理论高度而又有实操性的借鉴意义。

实践中也存在一些有待进步的地方，如可在课后拓展性实验课中增加项目化的实验操作强化理解。此外，本课例仍需继续拓展和深化形成单元大概念，才能有效促进学生将书本中零散的"惰性知识"转变成"活性素养"。最后，希望此基于UBD理论的逆向设计能为更多教师提供教学设计的模板，帮助更多的教育工作者从理念转向行动。

参考文献

［1］格兰特·威金斯，杰伊·麦克泰格.追求理解的教学设计（第二版）［M］.闫寒冰，宋雪莲，赖平，译.上海：华东师范大学出版社，2017.

［2］中华人民共和国教育部.义务教育科学课程标准（2022年版）［M］.北京：北京师范大学出版社，2022.

第四篇

成就伙伴,
服务专业需求

我的师父何灿华老师是浙江省初中科学特级教师、浙江省首批正高级教师、浙江省优秀教研员，绍兴市专业技术拔尖人才，还兼任绍兴市特级教师协会第三届理事会会长。本章内容是师父在近三年来，引领省、市、区三级工作室，在深耕初中科学课堂教学的基础上，提炼和精选出的发表在《中国教师报》《浙江教学研究》等期刊上的十篇文章。本章内容自成体系，形成了引领辐射教师专业成长的闭环。本章描绘出师父钻研课标、笔耕不辍的实践历程，而这正是师父带着省、市、区三级工作室成员的成长之路。

师父甘做一片绿叶。从2020年起，先后成立了浙江省何灿华网络名师工作室，绍兴市"名士之乡"工作室、绍兴市何灿华名师工作室和越城区特级教师工作室。核心组成员18人遍布浙江省各市地，骨干和网络成员600余人遍布全国各地。在师父的搭建平台和倾囊相助下，工作室成员纷纷取得浙江省特级教师、市学科带头人等荣誉。一路引领垂范，一路热忱指导的奥义体现在本章的《名师工作室的内涵发展要在细化"颗粒度"下功夫》一文中。

师父让教育充满思想。依托绍兴市品质课堂的推进，师父有从区域层面的宏观布置，如《区域推进"品质课堂"深化行动研究的实施策略》中所述，有中观层面将品质课堂的七要素和初中科学精神和科学教学模式的衔接，如《刨根问底，成就品质课堂》《从"五环节"到"七要素"——基于"学生立场"的品质课堂项目研究报告》，更有关注科学教学中的内容处理、提问分析、认知困境的微观层面，如《从"教材的内容顺序"到"学生的认知方式"——论基于"实践体验"要素的品质课堂》等。

师父让教师充满智慧。作为工作室的导师，师父不断搭建学员们展示的平台，根据大家的特点和特质，采用"课程观"来引领大家的教学实施路径，采用"目标管理"的方式挖掘大家的潜能，促进工作室成员的团结协作。三年来，工作室在浙江省和绍兴市的工作室考核中都名列前茅，成员编撰的《省编作业本微课》，已上传之江汇教育平台并出版。教师如何智慧地教学可以参看本章中的《整体构建基于"五育融合"的学校课程》《品质课堂：破解"我讲了，你不会"困境——以初中科学"力的存在"教学为例》两文。

师父的智慧引领是我们一生中宝贵的财富，师父的钻研精神不断驱动我们前进，师父的无私倾囊让我们受益匪浅。这些感受大家都可以从本章的内容里深切感悟到！

（绍兴市锡麟中学　沈强）

从"教材的内容顺序"到"学生的认知方式"*

——论基于"实践体验"要素的品质课堂

一、主题与背景

课堂要素是指课堂教学活动中所关涉的各种主客观因素。绍兴市教育教学研究院提出的"品质课堂",是指基于学生立场的课堂,学科素养、学习状况、学习趣乐、问题思辨、实践体验、资源技术和学习效果等是"品质课堂"的七个基本要素,这些要素的单向张扬和相互组合对提高课堂品质产生直接影响。

但在实际的课堂中,"七要素"的呈现是有强弱的,其作用也是分层级的,就其中的"实践体验"要素而言,指教师要"注重学思结合,调控知行合一"两个维度,落实四项任务。

①造境激趣。通过辅助的教学手段,积极创造实践体验的机会,调动学生已有的认知、情感感受,表达自己参与、经历的渴望。②主体活动。通过技能操作、角色扮演、情境再现等,为学生提供一个宽松的氛围,表达自己听、看、做、疑等感受。③调控反馈。指导学生对知识、感受进行内省,以指导和评价者的身份加入学生体验活动,达到帮助学生呈现自我体验、与同伴交流体验的目的。④迁移升华。通过留白、沉思、质疑、辩论等方式,发现各种与前概念不一致的地方,达到知识迁移、见识升华的境界。因此,挖掘"实践体验"因子,对教材内容顺序进行适当调整,把学科的逻辑程序与学生的认知方式有机结合起来,是提升课堂品质的又一选择。

---

* 本文系2019年绍兴市项目课题"基于'七要素'品质课堂深化行动研究"的阶段性研究成果,发表在《浙江教学研究》2020年第5期。

二、规划与方案

教育学范畴的体验划分为实践层面的体验（指主体在实践上亲身经历某事并获得相应的认识和情感）和心理层面的体验（指主体在心理上对自己或他人的"亲身经历"进行再体验）。初中科学是一门以探究学习为理念的综合性课程，浙教版《科学》教材设计了大量的"实践体验"，学习者通过积极主动的参与获得直接的感觉或感受是最佳的认知方式之一。在体验学习的过程中，比如用眼看、用手摸、用耳听、用鼻嗅，是学习者对所学习事物进行直接感官体验；接着学习者对获得的感觉或感受加以思考和分析，必要时开展分组交流与讨论，经过同化和顺应将其纳入已有的认知结构中，修正、改组或创造新的认知结构；然后，学习者将观察到的现象抽象成为合乎逻辑的概念；之后，学习者在新情境中检验其形成的分类化的概念的有效性。假如验证结果是正确、合理的，那么学习阶段结束，学习者只需要进行知识的迁移，把结论应用到其他情境中就可以了；假如认识或假设无法通过检验，这意味着下一轮的具体体验又被触发，新的学习循环又开始了。

浙教版初中科学八年级下册中的"指南针为什么能指方向"一课的教学内容是学生即将学习的"电和磁"现象的基础。学生能否正确而系统地认识磁体及其性质，对今后深化学习起着重要作用。教材通过三个实验让学生自己去感知磁体的性质（能够吸引含铁、镍的物质；磁体有两个磁性最强的磁极；磁体间有相互作用，同名磁极相互排斥，异名磁极相互吸引），并通过实验让学生了解磁化。预期的教学目标为：①知道磁体及其性质；②知道磁极间的相互作用；③了解什么是磁化；④通过实验观察，提高分析、归纳能力以及培养抽象与概括能力；⑤激发和培养科学素养、科学精神和爱国情操。要达成这些目标，让学生体验"磁化"这一概念是关键。

三、情境与描述

本节内容主要涉及五个概念和一个规律，老师们普遍按照教材的内容顺序设计教学流程，先介绍什么叫磁性、磁体和磁极，接着介绍磁铁有S、N两个磁极，然后进行活动一——用条形磁铁吸引大头针（或铁屑），让学生根据实验现象归纳出条形磁铁的磁性是两端强中间弱；接着进行活动二——通过磁极间的相互作用，得出同名磁极相互排斥、异名磁极相互吸引的结论。接下去演示或操作磁化实验，解释磁化原理，最后介绍磁场、磁感线的分布及地磁场等内容。

> **磁 化**
>
> 自然界中存在不少天然的磁铁矿石，但我们日常所用的磁体一般都是人造的，其具体的制造方法就是磁化。
>
> 活动
>
> 如图1-6，在大头针盒上方的适当位置固定一根铁棒，观察其能否把大头针吸引上来_____。将一块条形磁铁从上方靠近铁棒，观察铁棒能否把大头针吸引上来_____。如果把条形磁体拿开，观察到的现象是_____。
>
> 图1-6 铁棒的磁化

图1

显然，铁棒磁化的实验活动被安排在教学设计的后半段，在课堂上通常是在学生完成磁体和磁性、磁极及其相互作用规律的几个实验后进行的。于是在课堂上出现了常见的一种现象：若实验器材不多，没有可"开发思维"的探究实验，学生很快完成老师"要我做"的实验之后，便开始聊天或等候。这样的教学思路表面看是以探究为理念、以实验为载体、以活动为方式，让学生通过实践体验获得结论，但从学习科学的过程和探求科学的本质上看，还有许多可优化的空间。

不可否认，以知识的内在逻辑作为教学设计的主线是最常用的课堂教学设计方法之一，然而符合知识的内在逻辑，并不一定符合学生的认知逻辑。介绍完磁性后需要介绍磁极，介绍完磁极后需要介绍磁极间的相互作用规律，这是知识发展内在逻辑的要求，但学生在了解磁性后必然会想到磁极吗？学习了磁极后必然会想到磁极间的相互作用规律吗？

在这节课中，强化"实践体验"是遵循学生认知逻辑的重要策略。为此，我们按照"造境激趣—主体活动—调控反馈—迁移升华"的思路设计教学。

师：这是一根钢锯条，不知道它是否有磁性，你有几种方法判定？

生1：用不带磁性的铁棒靠近，看能否被吸引。

生2：悬挂，静止后能否指示南北。

生3：用条形磁铁的两端分别靠近它，看是否一端吸引一端排斥。

生4：拿另一根无磁性的铁棒和它一起摆成T字形，当被测铁棒的一端与无磁性的铁棒中部相吸引，而无磁性铁棒的一端与被测铁棒中部不互相吸引时，可判定被测铁棒有磁性。

师：想法还真不少。我们可否把没有磁性的钢锯条变得有磁性？

生1：可以让钢锯条与磁铁接触。

生2：也可以用磁铁的一极在一根钢锯条上沿同一方向摩擦几次。

师：很好。现在我们就用这个方法制作一枚简易的指南针。

小组实践体验任务单如下。

第一步：如图2所示，用磁铁的一极在钢锯条上沿同一方向摩擦几次，并记录次数。

第二步：如图3，用细线拴住钢锯条的中点位置，然后悬挂在铁架台上，观察钢锯条的指向，并标出N、S极。

第三步：观察钢锯条磁化后，出现的N极、S极与原磁铁有什么关系？

第四步：把磁化的钢锯条放在堆有铁屑或大头针的纸片上，观察钢锯条各部位吸引铁屑的多少，也可数一数所吸引大头针的枚数。

第五步：交流结果，并分析摩擦次数与吸引铁屑多少或大头针枚数之间的关系。

第六步：利用小组制作的钢锯条"简易指南针"，做好以下四个实验，完成教学任务。

实验一：简易指南针能吸引哪些物质，不能吸引哪些物质？知道磁化及其性质。

实验二：检测简易指南针各部分磁性的强弱。分析比较任务单中第四步钢锯条各部位吸引铁屑的多少，得出"两端的磁性强，中间磁性弱"的结论。

实验三：研究磁极间的相互作用规律，掌握"同名磁极相互吸引，异名磁极相互排斥"的规律。

实验四：探究一条形磁铁被分割成两段后，每段磁体上的磁极是否仍为N极和S极，升华磁体及性质和原理。

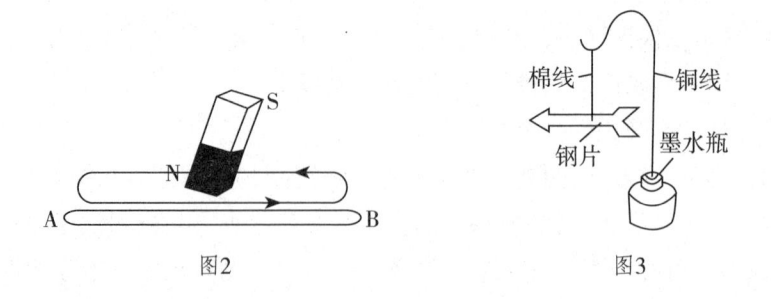

图2

图3

四、成效与反思

对于体验式教学，当前并没有统一的定义。综合诸多文献以及"体验"

的涵义，我认为体验式教学概念涉及的关键词为"体验""实践""环境"和"经历"。因此，凡是以活动开始的，先行后知的，都可以算是"体验式教学"。改进后的教学设计改变了"按部就班"式的教学方式，而是以"造境激趣—主体活动—调控反馈—迁移升华"为主线，让学生进行充分且深入的"实践体验"，把教材的逻辑结构与学生的认知特点适切地联系起来。优化后的课堂至少有以下特点：一是课堂是以实践体验为框架组织起来的；二是学生是围绕实践体验来建构知识体系的；三是教师密切关注学生实践体验过程中的问题与困难，及时进行反馈和指导，并适时调整教学进度。这些对于优化教学方式是十分有益的。

加涅从学习理论出发，把概念区分为具体概念和定义概念。具体概念指可以通过观察直接获得的概念，如"根""茎""叶""蝗虫"等；而定义概念则只能通过对概念的定义获得，如"密度""磁化""分子"等。对初中学生来说，具体概念比较容易获得，而定义概念由于比较抽象，学习起来感到困难较大。对于"磁"的一系列概念，大多数学生都不陌生。如果按照教材内容的程序设计教学活动，让学生从零起点开始做实验、观现象、思问题、得结论等，课堂气氛可能会很热闹，其结果往往是只记住"同名磁极相互吸引，异名磁极相互排斥"的规律，而磁体及性质、磁极和磁化、磁场和磁感线等概念的建立、理解和应用是得不到保证的。要转化学生头脑中关于"磁"的"前概念"，最有效的途径就是"实践体验"：为什么要学有关磁的知识？因为要制作简易指南针。学生的学习是有明确目标指引的，学生在大脑中建构的知识是围绕制作简易指南针这个活动来建构的，从而在大脑中储存了有意义的信息模式。这个简易指南针有哪些特性？简易指南针是如何组装成发电机、电动机的？简易指南针是如何改变我们的日常生活的？这一系列"进阶式"的问题，不仅让学生体验了具体化的事实，还形成了抽象化的思维，对于突破教学难点是十分有益的。

参考文献

[1] 朱清时. 义务教育教科书 科学 八年级下册[M]. 杭州：浙江教育出版社，2013.

[2] 宋华强. 用"问题"建构"学为中心"的物理课堂——以"指南针为什么能指方向"的教学为例[J]. 物理教师，2014（9）：16-18.

[3] 徐珺. 对"指南针为什么能指方向"课题教学的质疑和改进[J]. 中学物理：初中版，2015（5）：31-32.

从"问与答"到"议与析"*

——论基于"问题思辨"要素的品质课堂

一、背景与主题

品质课堂的七个基本要素的单向张扬和相互组合，对提高课堂品质产生直接影响。但在实际的课堂中，"七要素"的呈现是有强弱的，其作用也是分层级的。就"问题思辨"要素而言，就是要"把握重点难点，体现思维品质"两个维度，落实"六项"任务：①围绕重点难点展开教学过程，教学程序科学合理，教学衔接自然契合，教学节奏科学协调，符合学生认知规律；②教师能根据内容的起伏节奏和学生情绪变化及时调整音调、音速，讲课抑扬顿挫，风趣幽默，富有启发性和感染力；③敏锐、快速地捕捉各种教学资源，根据学生需要灵活调整教学策略，保证主要目标的达成；④问题能围绕着重要和难解的教学内容提出，表述具体、简洁、连贯；⑤问题的难度适中，来自学生的最近发展区，能激活学生的兴趣，引发学生热情参与；⑥问题能引发学生的认知冲突，促进学生高水平思维的发展。

实施"议题+辨析"教学策略，通过核心议题的"顶层设计""链式延伸""互动质疑"，引其"内思"、促其"外辨"，可以激发学生的学习动力，培养高阶思维，提高学生的思辨能力。

二、规划与方案

古人说："博学之，审问之，慎思之，明辨之，笃行之。""思"，就是

---

* 本文系2019年绍兴市项目课题"基于'七要素'品质课堂深化行动研究"的阶段性研究成，发表在《绍兴教育导刊》2020年12月9日。

要善于思考，然后形成自己的思想、主张；"辩"就是要善于一分为二辩证地分析问题。"问题思辨"旨在引导学生从问题正面、侧面、反面等方向展开多向度的思考，缜密推理，独立判断，催生学生的学习智慧，发展学生的核心素养。就科学教学而言，就是要养成科学的思维习惯，逐步用科学的知识、方法和态度去看待和解决个人与社会问题的意识（初中科学课程目标之四）。

浙教版《科学》八年级下册第三章第二节所学的"氧化和燃烧"是日常生活中最常见、最普遍的内容，课堂教学是在学生知道空气的成分及氧气的性质的基础上展开的，是对物质在氧气中产生变化的进一步认知，主要是对氧化与燃烧现象进行观察和对比，了解异同，探究燃烧条件，为化学方程式的学习打下基础。本节的教学目标：①了解氧化反应及其概念，知道剧烈氧化和缓慢氧化的区别，知道燃烧的条件；②运用对比、归纳、观察、实验等方法获取信息；③通过合作与实验，提升学生对实验的归纳与再思考能力；④树立安全意识，培养社会责任感，科学、理性地认识及应对生活中的常见问题。其中"探究物质燃烧的条件"是一个基础性实验，实验目的是得出可燃物燃烧需要同时满足三个条件：可燃物、与氧气接触、温度达到可燃物的着火点。

三、情境与描述

燃烧的条件主要涉及一个思考与讨论、一个活动两个实验、一张图表五次比较。（见图1、图2）

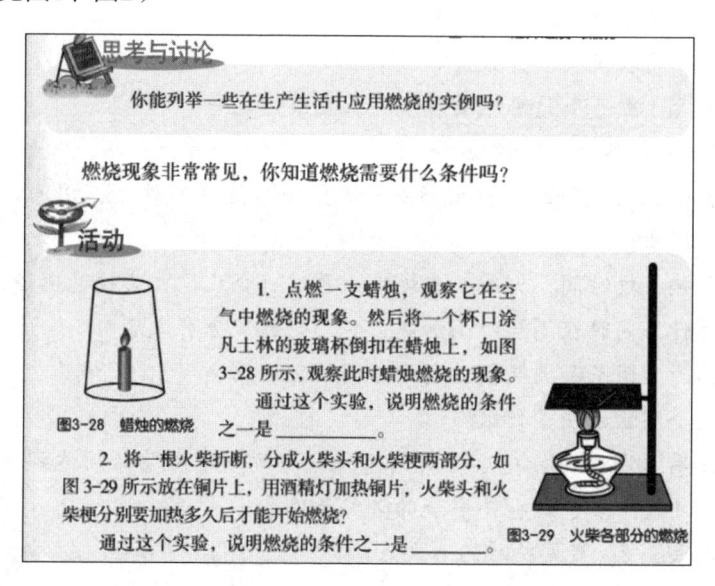

图1

物质燃烧所需达到的最低温度叫着火点。不同物质的着火点是不同的，如白磷的着火点为40℃。

表3-2 通常状况下一些常见物质的着火点

物质	白磷	红磷	木材	木炭	无烟煤
着火点(℃)	40	240	250~330	320~370	700~750

通过以上实验，可以归纳出燃烧必须同时满足的三个条件：一是有可燃物；二是要有助燃剂，常用的助燃剂为氧气；三是温度达到该可燃物的着火点。

图2

在教学中，老师们一般将这一内容的主要教学目标定位于"利用控制变量，通过实验探究燃烧所需要的条件"，并按教材顺序开展如下"一问一答"的实验活动。

活动1：蜡烛的燃烧

问：点燃一支蜡烛，观察到什么现象？

答：蜡烛静静地燃烧。

问：把玻璃杯倒扣在蜡烛上，又观察到什么现象？

答：燃烧的蜡烛慢慢地熄灭。

问：为什么燃烧的蜡烛会慢慢地熄灭？

答：因为蜡烛燃烧消耗了杯中的空气（氧气）。

问：这个实验说明了什么？

答：空气（氧气）是可燃物燃烧的必要条件之一。

活动2：火柴各部分的燃烧

问：把一根火柴折断，把火柴头和火柴梗放置在铜片上，用酒精灯加热，观察到什么现象？

答：加热一段时间，火柴头先燃烧，再过一会儿，火柴梗也燃烧了。

问：为什么同时在酒精灯上加热，它们的燃烧会有先后？

答：因为火柴头和火柴梗是两种不同的可燃物。

问：这个实验说明了什么？

答：没有立即燃烧、先后燃烧两个现象都说明可燃物必须达到一定的温度（着火点）才能燃烧，这也是燃烧的必要条件之一。

分析图表3-2：常见物质的着火点。

……

通过实验和分析，可以归纳得出燃烧需要的条件：有可燃物、需要有氧气、温度达到可燃物的着火点以上。

在实验活动结束后，教师只是在此基础上强调了燃烧的三个条件缺一不可。由于学生在学习前对燃烧的三个条件已有所了解，因此上述实验活动只是对知识的重现和巩固，却没有增加和拓展见识，更没有改变学生的认知方式。这样"一问一答"的课堂，看起来很好地调动了学生的积极性和主动性，但由于忽视了学生的已有基础和发展需要，其实未能促进学生的深入学习和思维发展，是肤浅的或低效的。

改进后的课堂，变问题为议题，变结论为辨析，片段如下。

议：点燃一支蜡烛，让它在空气中静静地燃烧，你想到了什么？

析1：为什么蜡烛刚开始时，不易被点燃且火焰较小？

析2：蜡烛火焰的上方为什么有一股黑色烟雾？

析3：为什么吹灭蜡烛时，有一股白烟？

析4：为什么蜡烛有一根烛芯？烛芯的作用是什么？

议：要了解其中的奥秘，请各小组认真阅读相关实验要求、操作步骤及注意事项，完成"燃烧条件的探究实验"，将实验现象和结论填写在实验报告上。

表1

内容	现象	结论
1.用镊子分别夹取两小团棉线，一团蘸水，一团蘸液态石蜡，在酒精灯上加热片刻，观察现象		
2.点燃一支小蜡烛，先用冷的蒸发皿放在火焰的上方，观察现象；用烧杯将其罩住，尽可能使烧杯与桌面间不留空隙，观察现象		
3.把一根火柴折断，按教材图3-29所示，把火柴头和火柴梗放置在铜片上，用酒精灯加热铜片，观察现象		

析：要使燃烧反应发生，必须同时满足三个条件：（1）物质具有可燃性；（2）可燃物与充足的氧气接触；（3）可燃物的温度达到其自身的着火点（可燃物燃烧所需要的最低温度）。

议：在日常生活中，点燃的蜡烛一扇就灭，而燃着的炉火为什么越扇越旺呢？

析1：蜡烛一扇就灭，是瞬间隔断了空气。

析2：蜡烛一扇就灭，是因为空气带走了热量，降低了火焰的温度。

析3：两种因素都存在。

析4：炉火越扇越旺，是因为扇风提供了更多的氧气。

各小组经过认真讨论，得出的结论是：炉火旺盛，放热多，扇的时候只能带走很少一部分热量，温度降低很少，然而会扇入更多空气，因此，炉火不但不会熄灭，反而会燃烧得更旺。而蜡烛燃烧放热少，扇子一扇，带走的热量会使火焰周围的温度降到着火点以下，所以蜡烛就熄灭了。

议：请再一次阅读燃烧概念，并观察教材图3-26、图3-27，你会发现什么？

析1：燃烧会发光发热。

析2：燃烧首先要有可燃物与氧气。

析3：燃烧必须达到一定的温度。

析4：燃烧是一种氧化反应。

议：既然是氧化反应，在蜡烛燃烧实验中，哪些是反应物？哪些是生成物？

析1：蜡烛和氧气是反应物。

析2：黑色的烟雾是生成物。

析3：温度是反应条件。

议：把点燃的蜡烛伸进盛有氧气的集气瓶里，观察并比较蜡烛在空气和在氧气中燃烧现象的异同。

析1：蜡烛在氧气里燃烧发出白光，放出热量。

析2：蜡烛在氧气里比空气里燃烧更旺。

议：燃烧停止后，等瓶子冷却，观察瓶壁上有什么现象？取出蜡烛，向瓶里倒入一些澄清的石灰水，振动，观察有什么现象？

析1：瓶壁上有水雾。

析2：瓶壁上的石灰水变浑浊了。

析3：说明燃烧后产生了水和二氧化碳。

析4：增大氧气的浓度或增大可燃物与氧气的接触面积，都能促进可燃物燃烧。

……

由此，通过"议题+辨析"教学策略，不仅高阶性地完成了"燃烧条件的探究"活动，而且还将"燃烧的条件"与"化学反应"建立关联，可以发展学生从新的角度认识和研究化学反应，即化学反应的发生受反应物和外界条件（如温度等）的影响。

四、成效与反思

研究一个化学反应，首先就要明确该反应的反应物，其次要考虑外界条件。以"议题+辨析"的模式教学，教师就有可能自觉地把"初步形成研究化学反应条件的思路与方法"当作重要的教学目标之一，引导学生联系生活经验、探究课本知识、拓展思维空间，直到反应机理形成。

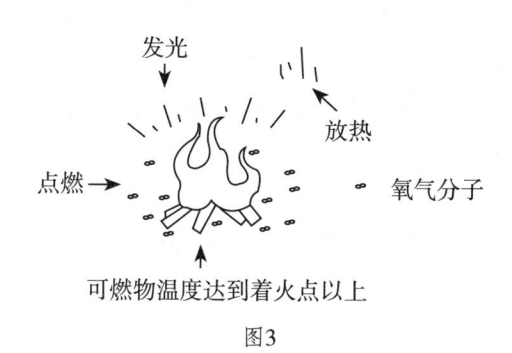

图3

图4

显然，蜡烛燃烧，作为化学反应，产生了水蒸气与二氧化碳。此外，教师还可依据学生认识发展需要，将物质的可燃性、助燃性与物质的性质（稳定性、活泼性）建立联系，增进学生对学科知识的理解，为后续高中阶段的进一步学习打下一定基础。

其实，问题思辨是有宽度和深度的。在初中阶段，对蜡烛燃烧的条件探究宽度应包括课程标准所列的探究要素和由探究要素构成的探究类型，如实验探究、基于史实的探究、网络探究等；探究深度涉及蜡烛的元素组成、蜡烛燃烧的原理和变化过程。要做到这一点，就需要从化学学科角度深入理解和把握教学内容。孤立的事实、概念等具体知识点往往价值有限，需要找寻它们与学科重要概念、思维方法等之间的意义联系，把具体知识纳入学科知识的结构中，引导学生以"问题思辨"的方式来认识事物的本质、提升思维的品质。

参考文献

［1］朱清时.义务教育教科书　科学　八年级下册［M］.杭州：浙江教育出版社，2013.

［2］何彩霞.努力挖掘具体知识的学科意义——以初中化学"燃烧的条件"教学为例［J］.教育与装备研究，2017（1）：41-44.

［3］胡巢生.基于观念建构的"学生实验活动"的新尝试——以蜡烛为例探究"物质燃烧的条件"教学实践与反思［J］.化学教与学，2017（1）：19-21.

［4］傅永超，王祖浩.基于科学建模的化学教学设计——以燃烧的条件为例［J］.化学教学，2020（4）：41-45.

品质课堂：破解"我讲了，你不会"困境*

——以初中科学"力的存在"教学为例

在"拔河比赛"中，谁是施力物体，谁是受力物体？在"蛙泳前行"中，谁是施力物体，谁是受力物体？在"足球射门"中，谁是施力物体，谁是受力物体？在"磁钻吸钉"中，谁是施力物体，谁是受力物体？在"吼山云石"中，谁是施力物体，谁是受力物体？一连串的问题、接连不断的照片、动画、视频及实践体验活动，让孩子们兴趣盎然，仿佛忘记了他们正在科学课堂学习无影无踪、枯燥抽象的"力"。这是绍兴市暨越城区初中科学何灿华名师工作室"基于'实践体验'品质课堂"专题研讨中的一个场景。

在第一部分内容学习结束后，老师精选了三道题目进行课堂检测，要求学生用平板答题并上传。

1. 人用手抓住绳子将水桶提起，手受到拉力的施力物体是（　　）。

A. 水桶　　　　B. 地球　　　　C. 绳子　　　　D. 手

2. "以卵击石"，使卵破的施力物体是（　　）。

A. 人　　　　　B. 卵　　　　　C. 石　　　　　D. 手

3. 下列说法中，正确的是（　　）。

A. 力只能产生在相互接触的物体之间。

B. 有受力物体，就必有施力物体。

C. 施力物体施力在先，受力物体受力在后。

D. 力是一个物体就能产生的，而并不是一定要其他物体的存在。

---

* 1.本文系2019年绍兴市项目课题"基于'七要素'品质课堂深化行动研究"的阶段性研究成果，发表在《绍兴教育导刊》2020年6月2日。

统计结果显示：第1题答对35人、错答5人、未交5人，第2题答对33人、答错7人、未交5人，第3题答对30人、答错10人、未交5人。

与以往的纸笔检测不同，这次用平板答题，不仅速度快，而且通过率明显高于对比班和平行班，在一定程度上破解了"我讲了，你不会"的困境，探寻课堂结构的变化可以发现：实践体验是本堂课的核心要素。

如今，课堂教学改革已经到了"嬗变期"是不争的事实。然而，对于课堂变革究竟该如何变革，尤其对于"为何要这样变革"等理论性问题，教师在研究过程中不同程度地遇到了一些瓶颈。

初中科学名师工作室课题"基于'七要素'品质课堂深化行动研究"试图解决这一困境。"力"是初中科学中最基本的重点概念之一，"力的存在"是浙教版《科学》七年级下册第三章第二节的内容。"力是物体对物体的作用""物体间力的作用是相互的""力的作用效果"这三个知识是紧密联系的，要理解其中一个，就必须结合其他两个知识点，也就是说，这三个知识点是一个整体。只有把它们作为一个完整的整体来看，才能理解它们、吃透它们。根据加涅的"信息加工学习理论"，学习的本质是经验在深度或广度上的持续变化。在课堂上知识点的落实一般经过三个阶段：第一阶段，是从教师的教（教师在课堂上向学生发送信息）到学生的学（学生在课堂上接受信息），是信息的人际转换；第二个阶段，是从学生的学（在课堂上接受信息）到学会（加工信息完成新经验的建构），是信息的自我转换，在这个阶段，不同的学生会对不同的信息进行不一样的编码，与他的生活背景、知识结构、性格特点的不同等因素密切相关；第三个阶段，是从学生的学会（作业与辅导）到知识的应用（检测与考试），是信息的反馈转换。只重视第一阶段的转换，就会造成"我讲了，你不会"的困境，只能在第三阶段进行重复的训练。为此，关注学科素养、学习状况、学习趣乐、问题思辨、实践体验、资源技术和学习效果等要素，或单向张扬，或融合发力，强化信息的自我转换和提升转换，就成了品质课堂的关键点。

一、在信息接受阶段，突出感知与行为的体验

学生在学习力学前，头脑中不是一片空白，已经存在关于力学的各种各样的前概念。学生在这一阶段要通过期望、注意、阅读、记忆等方式来实现信息的人际转换，如果仅根据书本提供的几幅图片进行简单的输入式学习，对力的概念的掌握就会流于表面，因此，在信息接受阶段要突出"感知和行为"的体验。

活动一：小组拔河赛，准备一条比赛绳，让全体学生体验"力"的平常。

活动二：滑板挑战赛，让一男生站到滑板上，一女生仍站在地面相互拉绳，让学生体验"力"的神奇。

活动三：智力抢答赛，选用最简单的模型，将两位学生视为质点m_1、m_2，请分析两人的受力情况。通过这三个活动，让学生体验"力"的深奥。

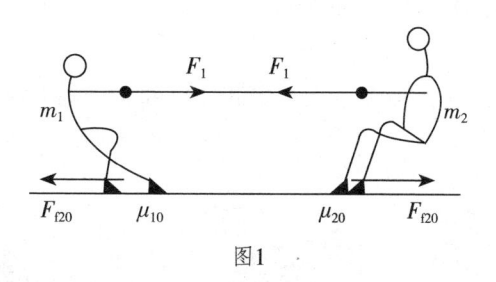

图1

三个活动，让学生承认一个看不到的事物——"力"的存在，还清楚地认识到物理学中的"力"与平时所说的"力气"是不一样的。然后让学生观察课本的三幅图并完成任务单（表1）。

表1

	物体1	用动词表示	物体2
图3-17：人推轮椅	人	推	轮椅
图3-18：压路机压路面	压路机	压	路面
图3-19：磁铁吸螺钉	磁铁	吸	螺钉

在初中科学课程中，我们把生活中说的"拍""推""提""吸"等动作概括为"作用"，因此，"力是物体对物体的作用"。其中，施加力的物体叫作"施力物体"，另一个承受力的物体是受力物体。

二、在信息加工阶段，突出的问题与思维体验

学生在接受"力是物体对物体的作用"的信息后，对这抽象而晦涩的概念并未完全理解，需要通过提取、冲突、重组、迁移等方式来实现信息的自我转换。这个阶段的问题冲突和思维体验显得十分重要。为此，可以结合课本内容设计如下系列问题。

问题1：物体间一定要接触才能产生力吗？

问题2：相互接触的物体间一定能产生力吗？

问题3：不接触的物体间能产生力吗？

问题4：在"力是物体对物体的作用"中，"作用"可用哪些动词表达出来？

问题5：物体的"接触"与物体间的"作用"有什么不同？

问题6：在"力是物体对物体的作用"中，这个"对"表示什么意思？

问题7：在"力是物体对物体的作用"中，"对"字前面的"物体"与"对"字后面的"物体"有区别吗？

……

活动一：图示体验，指出下面方形积木并排放、叠加放、斜置放时力产生的情况。

图2

活动二：实验体验，"大头针跳舞"。

在玻璃板上放置一些大头针，用一个蹄形磁体在玻璃板下方移动，桌上的大头针就会"翩翩起舞"。这与我们的常识是一致的——磁铁对大头针有作用。

活动三：表达体验，说出下面这些例子中的施力物体和受力物体。

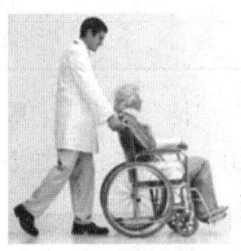

人推轮椅 　　　　压路机压路面 　　　　磁铁吸螺钉

风力使树枝弯曲 　　压力将铝板压成锅 　　压力使球和脸都变了样

图3

活动四：建构知识，产生力的必要条件。

（1）必须有两个或两个以上物体。

（2）物体间必须相互作用。"作用"不一定"接触"，"接触"不一定"作用"。

三、在信息应用阶段，突出场景与心理的体验

学生在经过信息的自我转换后，从认为只有人或其他生物才能够产生力，到意识到其他无生命物体也能产生力；从认为只有接触的物体发生作用时才能产生力，到意识到不接触的物体发生时才能产生力；从认为只有物体间相互作用时才会产生力，到意识到产生一个力一定涉及两个物体……但这些新的认知在实际的信息应用过程中还是生疏的，需要以学习者为中心，以学习任务为分类标准，整合各种学习资源、学习过程和学习方式形成相对完整的学习情境和学习体系，加强场景和心理体验，才能巩固知识的落实和思维的进阶。

练习一：下列所述情景中，手作为受力物体的是（   ）。

A. 手将铁丝弯

B. 手将石块举高

C. 用手将排球打出去，手感觉有点儿疼

D. 用手接住飞来的篮球，手感到有点儿摩擦

练习二：如图4所示，手对桌子作用一个力F_1，桌子同时对手作用一个力F_2，则下列说法正确的是（   ）。

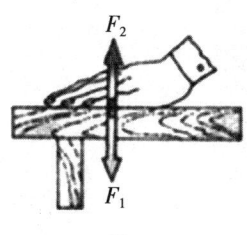

图4

A. F_1的施力物体是手，受力物体是桌子。

B. F_2的施力物体是手，受力物体是桌子。

C. F_1的施力物体是地球，受力物体是桌子。

D. F_2的施力物体是地球，受力物体是手。

练习三：如图5所示为运动员从蹦床上弹起到最高点时的情景，假如"圆圈"表示运动员，符合此时运动员的受力示意图的是（　　）。

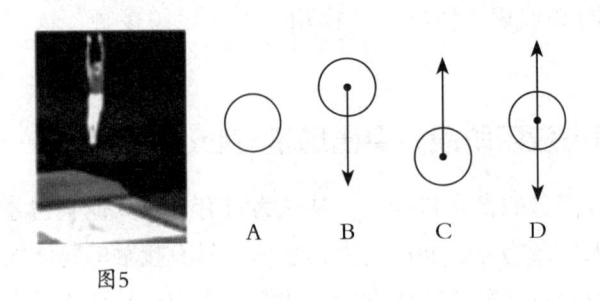

图5

练习四：足球运动员把足球踢向空中，若不讲空气阻力，图6表示足球在空中飞行的受力图，正确的是（　　）。（G表示重力，F表示脚对足球的作用力）

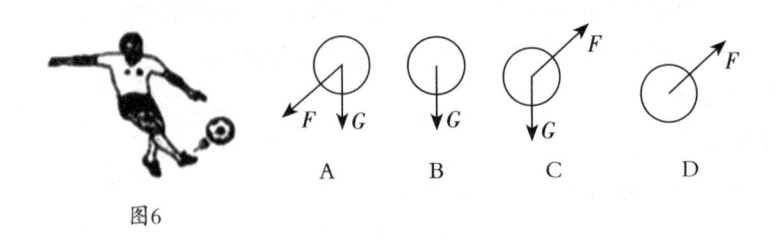

图6

练习五：铅球被推出到落地，并在草地上滚动一段距离后静止在丁处。若不计空气阻力，此过程中如图所示甲、乙、丙、丁4个位置，其受力示意图正确的是（　　）。

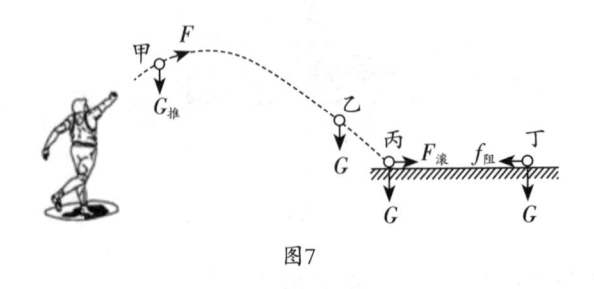

图7

A. 甲　　　　B. 乙　　　　C. 丙　　　　D. 丁

分析归纳：练习一和练习二主要检测"力是物体对物体的作用"这一抽象的概念；练习三和练习四"力的作用是相互的"；练习五，让学生心存疑虑，为下面学习重力、弹力、摩擦力服务。由此归纳出如下结论：第一步，根据题意，确定受力物体（研究对象）；第二步，找出关键词，选择整体或者隔离法；第三步，用带箭头的线段，作出受力分析，明确是"谁"对"谁"的作用力。

根据"信息加工学习理论"，一个科学问题可以看成由内部信息（条件信息、结论信息）以及与之相关的外部信息构成的整体系统。内部信息主要包括已知数据及其特征、式子（条件和结论）的结构形式、图形和符号的意义等。外部信息主要包括相关的概念、定理、公理、公式、经验、方法、技能等。由此可知，造成"我讲了，你不会"困境的主要原因在于信息转换过程中某个环节出现了障碍，要突破这一困境，就要理解学习的本质，在已有的相关知识、经验、技能的基础上，根据所确立的问题目标，对科学问题系统内外相关信息进行加工处理，最后输出处理结果。将信息加工学习理论运用于教学实践上所做的富有成效的探索，为"品质课堂"深化行动提供了有益的启示。

参考文献

[1] 张奇.学习理论［M］.武汉：湖北教育出版社，2011.

[2] 王雁.普通心理学［M］.北京：人民教育出版社，2002.

刨根问底，成就品质课堂*

文澜中学范培明、新昌县西郊中学梁根英两位老师获得绍兴市2020年初中科学"品质课堂"优质课评比一等奖，越城区沥海中学陈华军、越城区孙端中学沈强、诸暨市教研室卢朝霞等3位老师分别获绍兴市科研成果一、二、三等奖，嵊州市剡城中学教育集团杨松耀老师获2020—2021年度浙江省中小学优秀自制教具一等奖，诸暨市开放双语实验学校黄焕超老师获2021绍兴市教学论文一等奖，上虞区崧厦街道中学王宇飞等11位老师在公开报刊上发表论文11篇，绍兴一中初中部许敏等3位老师参加浙江省教育厅"百人千场"名师送教下乡，导师何灿华"基于'七要素'品质课堂深化行动研究"获绍兴市教科研成果一等奖，黄少林、许敏等两位老师被提拔到校级领导岗位……这是绍兴市暨越城区初中科学何灿华名师工作室年度考核的翔实数据，也是绍兴市70个名师工作室全面实施《名师工作室管理办法》的普通案例。从制度建设、共享平台、研训展示、帮扶结对、课题研究、研修成果等6项指标的统计情况看，运行1年的绍兴市名教师工作室成效日显，正成为优秀青年教师集聚地和未来名师的孵化地，尤其在课堂提问、思维提档、作业提质、素养提升等方面捕捉了实践智慧。以"刨"课堂之"根"，"问"品质之"底"为理念，践行了"问题引领探究"的教学主张。

一、在认知冲突处"刨根问底"，建构科学的知识网络

科学教学中，常常需要教材和学情分析，即学生预测。学生的每次预测，即使不够正确，显然都能调动他们已有的知识经验，也就是"前概念"。但在

---

* 本文系2019年绍兴市项目课题"基于'七要素'品质课堂深化行动研究"的阶段性研究成，发表在《绍兴教育导刊》2022年1月5日。

当下的课堂中，有些教师对于预测，只让学生回答"有""无""会""不会"，而不及时追问其依据。

根据"资源技术"要素品质课堂的专题研讨说明，教师应该认真对待学生的每次预测，并及时追问理由，真正唤醒学生的前位知识与已有经验。2021年3月25日，工作室学员范培明老师在"力的存在"一课中，首先请同学们利用身边的物品完成相应动作来感受"力"的产生，思考各力涉及的物体，并体悟物体间力的作用形式；完成活动后请学生展示自己产生力的方法，教师截取学生活动的照片和课本例子进行分析，归纳力产生过程的共性，如图1所示。

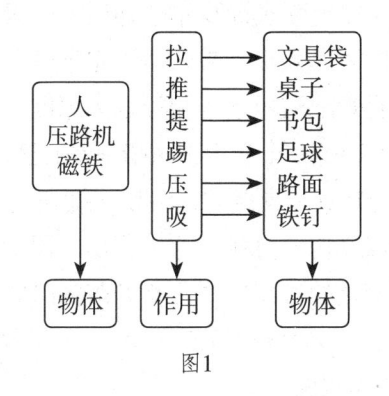

图1

再次，通过分析归纳建立"力是物体对物体的作用"的概念之后，为了深化认识，建立对力的概念更科学更具体的认知，教师设置了以下几个问题加以追问。

问题1：力的产生需要几个物体？——两个。

问题2：这两个物体产生力的时候所起的作用是否相同？——力的产生离不开施力物体和受力物体。

问题3：两个物体不接触能产生力的作用吗？——学生结合已有的经验回忆身边的力。

这样层层递进、步步深入，学生对力的概念建立了较为完整的认识，为后面的深入学习奠定了基础。

二、在难点疑点处"刨根问底"，彰显科学的核心概念

教学难点和疑点是指学习者难以接受和理解掌握的知识，它是因教材内容与学生认识水平之间存在差距造成的，是学生最易出错或难以理解掌握的内容。教师面对学生的认知障碍不能简单地用一个"错"字来解决，而应帮助学

生重新解读错误的原因，并找出纠错的办法，这时的"刨根问底"，能帮助学生走出谜团，并使其获得对问题的进一步解读，巧妙化解难点、疑点。

基于"学习趣乐"要素品质课堂的专题研讨，展示的就是突出重点、突破难点的课堂艺术。2021年5月26日，工作室学员蒲少军、王宇飞两位老师的"月相"一节的同课异构，把理解清楚"上弦月"和"下弦月"的形成原理，作为"月相"这节课最难的知识点，展示的就是突出重点、突破难点的课堂艺术。

"今天晚上，'红月亮''月全食''超级月亮'三景合一的天文奇观将出现在我们眼前……"工作室学员蒲少军老师以"今天是个好日子"引题，激起了学生探索宇宙天体的浓厚兴趣，带领学生走进"月相"课堂。蒲老师用自制的"月相"教具生动直观地演示了月相形成的原因、月相变化的规律，并利用"投屏"现代教学技术让每一个学生都清晰地看到演示过程。

工作室学员王宇飞老师利用课题"以STEM课程理念构建任务驱动型初中科学课堂的探索"成果同课异构"月相"这一课例。课堂上，王老师设计了"月相变化的原因""月相变化的过程""月相升落的时间""月球公转自转的同期"这四大任务模块，引导学生开展研究学习，充分激发了学生的探索热情，从而提高了课堂的参与度和续航力。

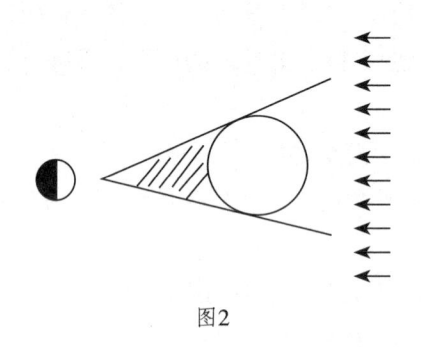

图2

两堂课紧紧围绕认识日、地、月三者的位置关系，然后进行追问。

问题1：为什么你观察到的月相每天都不一样？

问题2：在实地观察中，你发现了地球、月亮、太阳三者之间的相对位置有什么关系？

问题3：为什么太阳只会把月球的一个面照亮？

问题4：月球会运动吗？它是怎么运动的？月球是如何绕地球转的？

问题5：现在我们认识了各种月相，那么月相形成的原因是什么？

问题6：能否用图形来表示这种运动关系？

这样的推理过程不仅为后面理解月相变化规律做好了铺垫，也为核心概念的理解和掌握创造了条件。

三、在拓展延伸处"刨根问底"，提升高阶的思维品质

高阶思维，是学生分析、综合、评价和创造等方面的综合素养，是较高认知水平层次上的心智活动或认知能力。初中生正处于思维发展的黄金阶段，科学教师要善于在看懂、听懂、悟懂学生的基础上，遵循思维能力培养的基本规律，构建促进学生高阶思维培养的课堂。在"热闹"之后，要让学生"静下来"，在拓展延伸处追问，既能拓宽学生的思维空间，又能培养学生的发散思维能力。

"学习效果"要素品质课堂的专题研讨，彰显的就是拓展内容、延伸思维的教学机智。2021年4月7日，工作室学员黄少林老师中考复习研讨课——"植物的光合作用和呼吸作用"，在认真分析学情的基础上，对传统的课堂复习做了大胆的调整。

黄老师首先创设情境——为什么新疆的瓜果比江南本地瓜果要甜？如何让大棚蔬菜增产？引导学生从"积累更多的有机物""光合作用强一点儿，呼吸作用弱一点儿"等方面进行思考。

其次，回顾经典实验，强化拓展追问。

环节一：光合作用及实验探究。

环节二：呼吸作用及实验探究。

环节三：光合作用和呼吸作用的区别和联系。

环节四：光合作用和呼吸作用的实际应用。

通过多张实验图片，包括光合作用和植物呼吸作用的几组经典实验图片，安排学生以快速抢答的形式说出每一幅图片所表示的实验以及原理。

再次，通过延伸追问，以概念图的形式将光合作用与呼吸作用的原料、产物、条件、场所、实质等各方面内容串联起来，形成绿色植物与生物圈中的"碳—氧"平衡，不仅有助于学生掌握知识的内在联系，还有助于将所学知识融会贯通，从而从整体上把握理解概念，形成概念间知识的系统化。

图3

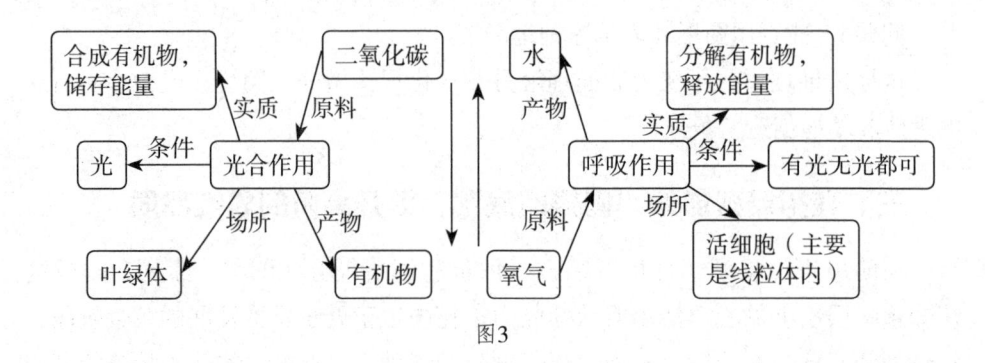

复习课是巩固和提升学生素养不可缺少的一环。许多复习课存在教学目标定位不准确、教学策略不适切，存在灌输式教学、以考代讲、假问题充斥等现象，课堂只是对原有实验简单的重复和再现，导致学生在复习中出现"知识疲劳"。在拓展延伸处"刨根问底"，不仅能促进学生对相关核心概念的深层次理解，还能提高科学的思维品质。

区域推进"品质课堂"深化行动研究的实施策略[*]

现在，课堂教学改革已经到了"嬗变期"是不争的事实。基于对"两年一度"优质课评比活动的反思，2019年2月，绍兴市教育局印发了《"品质课堂"深化行动实施意见》（以下简称《实施意见》），指出"品质课堂"基于学生立场，关注学科素养、学习状况、学习趣乐、问题思辨、实践体验、资源技术和学习效果等7个要素，这些要素的单向张扬或融合发力，助推课堂从"浅层思维"走向"深度学习"，建构基本范式和课型变式，为课堂改革找到了新的切入点、兴奋点和增长点。

区域推进不仅是教育政策落地的重要领域，还是教学实践研究的"常态"。越城区有4个整体推进课题、6个团队推进课题入选全市项目，另有18个教师个人课题入选全市学科教改项目，涉及全区所有中小学，涵盖义务教育阶段各学科，通过优化规划，统筹资源，研制方案，明确目标，细化内容，预设成果，凝聚教育行政部门、科研培训机构和中小学校等群体力量；强化过程，按照主题引领、问题聚焦、专题研讨的路径进行闭合循环螺旋上升；物化成果，以"教学主张+课例"的方式，捕捉教学实践的智慧。由此形成的"项目协同、贯通一致、评价导向、名师攻坚"等实施策略，堪称"区域推进"的创新之举。

一、以"项目协同"策略体现多元主体

教学改革不应仅是自上而下、层层落实的教育政策，而应是一个健全并

---

[*] 本文系2019年绍兴市项目课题"基于'七要素'品质课堂深化行动研究"的阶段性研究成果，发表在《中国教师报》2022年1月19日。

优化区域课堂教学系统诸要素的进程。区域推进，既"全面把握"区域层面，明晰各自职责，又"重点突破"关键环节，发挥典型开路，以促进骨干自主参与、团队攻坚参与、区域联动参与，构建同频共振的多元主体网络。

根据《实施意见》，从4个方面进行突破：一是让研究"任务"与学校教学时间相结合，立项申报和结题验收评审放在暑假，开题在学年伊始，中期检查在寒假，结题在学年之末，实现了课题研究与学校教学时间匹配；二是课题研究与课堂教学深度融合，教师带着课题走进教材，在课堂上进行课题的实践研究，促进教学行为逐渐由经验走向理性；三是现场陈述与以评促研相结合，课题最终成果的评审采用"查阅纸质材料+课题负责人现场陈述与答辩"的评价方式进行，评委不仅要写出书面点评，还要针对教师的文本材料、现场陈述、即时答辩做出评价；四是跨学段、跨学科的研究融合和交流相结合，课题研究系列活动，让各学校各学段教师互听互评，各学科互听互评，促进了校际的交流和各学科的相互融合。

二、以"贯通一致"策略建构内容体系

课题研究的内容不外乎文献综述、教学设计、课堂实施、技术融合应用、教学评价等方面，而把这些内容按一定的逻辑程序整合起来，才能形成一个具有一定结构层次的网络系统。区域推进，以"教学主张"为载体，以"课例"为通行证，使不同学校、不同学段、不同学科的研究找到共同点，形成"贯通一致、节点多元"的运行图谱。

遵循"教学主张+课例"的研究方式，各课题围绕"教学主张"，开展了"主题与背景、规划和方案、情境与描述、成效与反思、点评及愿景"的课例研究。聚焦"学科素养"要素，重在梳理教材知识内容与学生生活经验之间的关联点，明晰教材逻辑结构与学生认知特点之间的关联点，通过"小问题、短片段、精策划、深反思"的方式，实现"三维"目标的全面落实；聚焦"学习趣乐、问题思辨、实践体验、资源技术"等要素，重在根据加涅的"信息加工学习理论"迭代教学设计，实现课堂信息的人际转换、自我转换和反馈转换；聚焦"学习状况、学习效果"要素，重在坚持面向全体、讲究过程效率，推动从"以教评课"到"以学评课"的根本性转变，实现知识和见识的双增长。由此选编而成的《品质课堂——基于"七要素"的课例荟萃》，共辑录29个课例荟萃、8项课题汇智、9篇名师攻坚，串起了一条内在关联的实施通道，形成了有模式而不唯模式的内容体系，在绍兴市"品质课堂"深化行动项目成果评比

中，获一等奖3项，获二等奖4项，获三等奖1项，在2020年、2021年绍兴市优质课、教学论文评比中也取得了比以往更好的成绩。

三、以"评价导向"策略实施多元参与

课堂评价标准是引领课堂教学改革的方向标和指挥棒。区域推进，以"七要素"取代了教学目标、内容、过程、手段、效果等环节为基本内容的课堂评价方式，构建了"越城区品质课堂评价表"，突破了"以教论教"的固有认知，形成了教师和学生共同参与、课堂和写作一并展示、访谈和问卷交叉进行的新样态。

基于这样的评价标准，全区对教学评优采用了"课堂考核+"的方式进行改造，课题组先后研制了"越城区品质课堂评价表""课堂观察手册""学生调查问卷""师生访谈提纲"等可以量化的工具，用于区分所观察的课堂是倾向于以教师为中心还是以学生为中心，是倾向于关注知识的传递还是互动体验学习；用于比较现有的教学方式在不同类型学校（如城市与乡镇）、不同班级（如新老教师所教班级）课堂的异同；用于研究教师教学主张与学生学习效果（学习成绩）的关系。通过比赛课全面评价、公开课主题评价、研究课选择评价、常规课开放评价等方式，形成描述性课堂评价报告，改变了以往以分数或等级片面反映信息的局面，并以"互联网+"方式，突破了空间与时间的相对局限，增加了一线教师和学生的评课话语权，以大数据精准研判品质课堂里"七要素"的外显形态和内蕴理念，热闹的"表现式"场面少了，智慧的"思维型"细节多了，激活了教研的新机制。

四、以"名师攻坚"策略实现知行合一

教学改革不能坐而论道、纸上谈兵，而要知中有行、行中有知，明其道、行其事，通过一个个攻坚行动来实现。区域推进，就是把全区76个中小学名师工作室当作先锋队，以主题引领的方式实现知行合一。比如初中科学名师工作室以弘扬"杞人忧天、刨根问底"的科学精神为宗旨，以"课堂要素"为攻坚目标，按照"以主题为圆心——教学设计，上课观课、议课——反思为共圆"的闭合循环路径，实施了各个突破的攻坚策略。

一是在认知冲突处"攻坚"。基于"学习效果"的研讨倡导，科学教师要善于在"热闹"之后，让学生"静下来"，遵循思维能力培养的基本规律，通过递进式、发散式、连环式、思辨式等形式的追问，彰显科学的思维品质。

名师工作室的内涵发展要在细化"颗粒度"上下功夫*

"颗粒度"作为互联网语言，其应用场景很多，若用在工作上，一般而言，"颗粒度"越粗，表明任务执行方案越笼统，越不利于工作的深入推进；"颗粒度"越细，表明细节越详尽，越有助于问题的深究和解决。建设名师工作室也是如此，说简单也简单，一位名师，一块牌子，一间房子，一群学子，一组活动，工作室就可以开张了；说难也难，名师在教学研究和专业发展中的示范、带头、辐射、引领作用如何发挥，名师成长之路如何复制和跨越，任何一个问题的解决都殊非易事。如今，名师工作室的内涵发展成为一个崭新的课题。

2020—2021年绍兴市教育局通过申报、评审和命名，成立了100个名师工作室，"初中科学何灿华名师工作室"就是由绍兴市教育局、越城区教体局发文成立的教师专业发展研修团队。工作室成立于2020年12月，当时有16名成员，虽来自不同的区县市，但有一点是共同的，那就是我们都扎根于绍兴的教育沃土，以弘扬"杞人忧天、刨根问底"科学精神为宗旨，秉持"学思结合、知行统一、因材施教"的办室理念，践行"问题引领探究"的科学教学主张，不仅在科学教师的专业成长上取得了实效，而且还圆满完成了绍兴市教育局提出的"六个一"任务，尤其是应用"颗粒度"思维，通过政策、目标、内容、智慧的细化，克服了当前名师工作室存在的浅层化、同质化、形式化等倾向，走出了一条内涵式发展之路，演绎着新时代"名士之乡"的千般风景。

---

*本文系绍兴市初中科学何灿华名师工作室2021年度总结，发表在《绍兴教育导刊》2022年3月9日。

一、规范制度，细化政策"颗粒度"

任何组织和团体的正常运行都离不开各项规章制度，名师工作室集结数位专家顾问、领域名师和成员，打造优秀教师共同学习、互勉互助的集体成长平台，必须有完整系统的规章制度，才能保障工作室正常运转。

从工作室运行的实践来看，与省级、校级名师工作室不同，市、县级名师工作室的定位应当是以培植区域名师作为核心任务，聚焦学科内教育教学关键问题，形成自身的教学主张。为此，我们根据《绍兴市名师工作室管理办法》（绍市教政2020〔64〕号），制定了一系列规范实用的制度，细化政策制"颗粒度"，确保工作室制度有效、长效。

一是制定"何灿华名师工作室章程"，从名师工作室方向愿景、规章制度、职责使命、考核评估等方面，全面阐述名师工作室在促进教师专业发展中的地位和作用，提高对名师工作室的认识。二是制订"工作室三年行动计划"，结合工作室成员自我分析报告和专业发展的成长需求，从目标与任务、内容与方法、途径与策略、保障举措等方面进行科学规划，并以"年度工作实施方案"的形式，提出工作室行事历。三是制定"工作室研训活动制度"，健全组织机构，下设文字记录、图片摄影、宣传报道、微信公众号等4个工作小组，分工明确，责任落实，先后出台请假制度、会议制度、学研制度、网站建设与档案管理制度、经费管理制度等，确保工作室成员的参与率在90%以上。四是制定"工作室考核奖励制度"，工作室每年开展1次年度考核和优秀学员评选，考核的结果会通报给各个学校，对于不积极参与工作室活动，不按时完成工作室任务的成员进行劝退。五是制定"工作室成员自主学习制度"，作为学习型组织，工作室规定：①每人开设1堂公开课；②每人有1个区县市级及以上的课题（合作或个人完成均可）；③每人至少发表1篇论文或在市级评比中获奖；④每人每学期读1本好书，并撰写1篇读书笔记；⑤争取跨出区县市外出考察1到2次；⑥个人在评优评先上有所突破。制度的建立对教师的行为起制约的作用，清晰的工作目标、明确的职责分工、严格的考评机制、持续的任务驱动、丰富的交流辐射、确定的物化成果、鲜活的家园生态，切实保障了工作室的内涵发展。

二、突出需求，细化目标"颗粒度"

诺尔斯的"成人学习理论"认为，成人学习是由学习者的自我主观需要来决定的。学习者希望所学知识有积极意义，能够解决生活或工作中遇到的实际问题，符合他们在生活中所扮演的不同社会角色需要。名师工作室的成员都是独立的个体，从外延来看，他们所处的地域、学校、学段等并不完全一样，从内涵来看，他们自身的基础、阅历、性格、特长、业绩等各不相同，尤其是对名师工作室的期盼，存在着明显的个体差异，如果用同一个目标、同一个模板去限定，则会降低培养效度。因此，突出需求，不仅将视角放在教师现有的专业基础上，而且还要分层、分类、分工、分级等形式，细化目标"颗粒度"。

一是根据职称需求分层。以优于业绩、期望晋升职称的标准，把具有高级职称的8名成员分为一组，设置专业目标为省市优质课、省市课题、县市级讲座、公开报刊发表论文等，荣誉目标为市学科带头人、绍兴名师、正高级教师等；把8名具有一级职称的分为另一组，他们的专业目标为县级公开课1节、县级优质课1节、县级获奖课题1项、论文至少1篇、县级讲座3次、县精品课程1门等，荣誉目标为县教坛新秀、县学科带头人、县市综合先进、高级教师等，为迈上更高的岗位奠基。二是根据专业需求分类。以勤于学习、渴望成为名师为标准，依托"基于'七要素'品质课堂深化行动研究"市级项目课题方案，每人自愿申报两个要素，把研究指向分成"学科素养8人次、学习趣乐6人次、实践体验5人次、问题思辨5人次、资源技术3人次、学习状况2人次、学习效果4人次"7个小组，便于组内开展同课异构研讨，以不同主题的课例形成实践研究成果。三是根据阅读需求分段。举办专题读书会，聚焦课标，研读初中科学课程的设计理念与目标；聚焦课本，研读初中科学教学的主题、专题、内容、栏目及其评价；聚焦课型，研读初中科学课堂的方法、途径与策略；聚焦科普，研读术语信息、文本内涵、情感价值、批判性思维及写作技巧。把科技前沿资讯与教材知识内容、学生的认知水平、教师的专业素养等有机结合起来。四是根据地域需求分工。以乐于做事、守望事业为标准，分为农村学校组，组中有4名教师，主要承办结对帮扶的研讨活动；城区学校组12名教师，主要承接送教支教观摩活动。同时，工作室每个成员都要在校内以"1+N"的方式签订好"师徒协议书"，让室本研修与校本教研"结伴"而行，不断丰富工作室的内涵发展。

三、聚焦课堂，细化内容"颗粒度"

2021年3月25日，绍兴市暨越城区初中科学何灿华名师工作室在越城区马山中学开展了基于"七要素"品质课堂深化行动的专题研讨。范培明、车锦楠两位老师就"运动和力"的第2节——"力的存在"进行同课异构，着实让人感受了"资源技术"要素在品质课堂中的引领作用。

范老师在3个不同的阶段分别通过3个策略，即在信息接受阶段，突出感知与行为的体验；在信息加工阶段，突出的问题与思维体验；在信息应用阶段，突出场景与心理的体验，细化内容"颗粒度"，强化信息的自我转换和提升转换。一年来，工作室先后举办了基于"学科素养""学习趣乐、实践体验、问题思辨、资源技术""学习状况、学习效果"等7场专题研讨活动，越城区马山中学范培明、嵊州市剡城中学教育集团杨耀松、越城区镜湖中学黄少林、越城区孙端中学陈华军、上虞区华维外国语学校蒲少军、上虞区松厦街道中学王宇飞、柯桥区鲁迅外国语学校朱兴钢等老师分别开课，或对传统课堂进行比对改造，或与同组教师进行"同课异构"，"力的存在""力的测量""植物的光合作用和呼吸作用——中考复习研讨课""压强""碳酸钠质量分数的测定""月相""物质构成"等学习内容纷纷登场，就"七要素"在课堂中的单向张扬或融合发力进行实践研讨，而且还形成了以"一个核心要素、四个基本要素、两个主导要素"为特征的经典课例，主题引领下的细化内容颗粒度，变革了教师的教学理念和行为，撬动了课堂的结构程式和组织方式，有效提升了工作室的内涵发展。

四、提炼成果，细化智慧"颗粒度"

名师工作室的研修智慧是通过成员的研修成果来反映的。为此，我们通过综合荣誉、教学业绩、科研水平、知名度及指导引领等方面的过程性考察，按照教学设计、教学论文、教学叙事、教学案例和课例等在参加各级各类评比的获奖或在公开报刊上发表情况进行统计，形成了"目标自定、周期验收、动态跟进"的工作室研修自我监督机制，构建了多元参与的全程评价体系，保证了工作室每位成员研修成果的产出。

一年来，朱兴钢的《核心素养下优化课堂教学和转变学习方式的实践探索》获2020年市绍兴市初中科学教学论文评比一等奖；郑利庆的"基于高阶思维培养的科学实验教学探索"被批准为2022年绍兴市教科规划立项课题；黄军彪在绍兴市初中科学共同体研讨会上做"名师工作室：唤醒教师专业发展的潜能"专题讲座；蒲少军的《在实验探究中发展科学素养——基于科学素养的初中科学实验探究式教学策略》获上虞区初中科学教学论文评比一等奖；王宇飞被评为绍兴市第十一届初中科学学科带头人，获绍兴市少先队辅导员争章技能展示活动大赛金奖,论文《课堂设计兴奋化,激发自主促创新》发表在《中小学教育》2021年第1期,2020年绍兴市规划课题"以STEM课程理念构建任务驱动型初中科学课堂模式的探索"结题;卢朝霞考入诸暨市教体局教研室,成为初中科学教研员,其研究课题"校本作业设计:促进科学教师学科素养提升的实践研究"获2021年绍兴市级优秀成果三等奖,在浙江省初中科学深度集体备课与教研培训班开设"以校本作业促科学教师的学科成长"专题讲座;黄焕超的《初中科学课堂中运用STEAM理念的教学实践与思考——以密度计为例》获2021绍兴市教学论文一等奖,"思维发展视角下初中科学疑难问题教学的实践研究"被批准为2022年绍兴市教科规划立项课题;梁根英获绍兴市2020年初中科学"品质课堂"优质课评比一等奖,《聚焦资源技术要素,实现信息二次转换——以"简单机械"为例》获2021年绍兴市初中科学教学论文评比二等奖,实验改进"证明大气压的存在及方向"获绍兴市中小学优秀自制教具三等奖,两次为新昌县教体局教研室主办的实验考核研讨班做专题讲座;吴能初"九年级成绩分析会该不该取消"在2020年绍兴市教育管理案例评比中获三等奖,在新昌县第十届教务主任论坛上做"日常生活劳动教育的管理与实施"专题讲座;杨松耀被评为"嵊州名师",并组建名师工作室,"多功能相、日食、月食模拟演示器"获浙江省中小学优秀自制教具一等奖,"磁场对通电导体的作用演示器"获绍兴市中小学优秀自制教具一等奖,"初中科学数字化实验教学创新研究"被批准为浙江省教育信息化研究2021年度立项课题(编号:2021ETC159),在绍兴市教学研讨活动讲座"数字化实验教学改进";沈强入选绍兴市第二批名师工作室领衔人,入选第二届绍兴市"品质课堂"深化行动项目立项,"科学方法促进初中科学概念理解的教学策略研究"获首批绍兴市"品质课堂"深化行动项目优秀成果二等奖,《探究+科学史促进概念理解的教学设计——以物质的比热教学为例》发表在《物理教学》2020年第12期,《科学史促进概念理解的"教·学·评"设计》发表在《中学物理》2021第3期,《科学方法促进概念理解的教学设计——以苏科版八上"透镜"为例》发表在《中学物理》2021第07期,分别为杭州市中小学教师培训中心、三门县教师发展中心做讲座各一次;陈华军由孙端中学副校长被提拔为沥海中学副书记(正校长),其研究课题"基于'七要素''初中科学'品质课堂的教学实施策略研究"获2020年绍兴市教科规划课题优秀成果评比一等奖,《从"五环"到"五星"——论初中科学基于"问题思辨"要素的品质课堂》获2020年度区专题论文评比一等奖,《初中科学"五环"教学范式的策略探究——以"气压对液体沸点的影响"为例》发表在《试题与研究》2021年第18期，《基于"问题思辨"的初中科学"五环问题导学"应用》发表在《试题与研究》2021年第24期，在绍兴市初中科学共同体研讨会上做"初中科学'五环'课堂教学模式"专题讲座；范培明获得绍兴市2020年初中科学"品质课堂"优质课评比一等奖，参加浙江省教育厅"百人千场"名师送教下乡，《平板技术在初中科学课堂应》发表在《中国教工》2021年4月，《精准教学视野下初中科学分层教学策略》发表在《中小学教育》2021年3月；许敏由元培中学教务主任被提拔为绍兴一中初中部副校长，论文《对初中科学教学中培养问题意识的策略分析》发表在《科幻画报》2021年2月304期，《核心素养视角下初中科学轻负高效教与学模式分析》发表在《中国教师》2021年3月第7期，2021年4月21日，为桐乡市"教学评一体化"理念下的初中科学课堂改进研修班开设公开课，参加浙江省教育厅"百人千场"名师送教下乡；俞冬冬被聘为越城区初中科学教研大组成员，在2021年第六届全国"生态·好教育"论坛暨"生态课堂"线上教学研讨会开设公开课，课题"让教师在自觉研修中快速成长——基于小课题的校本研修策略研究"获区"五星三名"专项课题并顺利结题，"平板在课堂教学中的应用"获2021年越城区信息技术提升工程2.0第一期优秀成果评比三等奖；黄少林由镜湖中学教研组长被提拔为建功中学副校长，在越城区初中科学中考复习研讨会上，开设"光合作用和呼吸作用"公开课等50多项研修成果，摞起来，厚"粒"载物，摊开来，就是一条长长的探索和奉献之路，为工作室的内涵发展注入了源源不断的活力。

整体构建基于"五育融合"的学校课程*

课程是教育发展的重要载体，所以古今中外的教育家的教育思想中都有独特的课程观，而其中校长的课程观是不可或缺的内容。

课程观是人们对课程本质的整体性认识和观点，它涵盖对于课程目标、课程内容、课程实施、课程评价等的教育思想。就课程目标而言，陈鹤琴曾提出"做人，做中国人，做现代中国人"的观点；就课程内容而言，陶行知坚持"生活即教育"，他认为生活与教育是同一行程的，生活具有教育的意义与作用；就实施方式而言，杜威提出"一切学习来自经验"的教学主张；就课程评价而言，新课标提出了评价方法多样、评价主体多元等思路，即纸笔测试与表现展示相结合，单项潜能与整体实力相结合，定量考核与定性研判相结合，作业质量与考试成绩相结合等。因此，建立适切的课程观对于校长来说极其重要。

一直以来，教育改革往往是沿自上而下的路径推进，基层学校教师总感觉无能为力，只需要"坐等"即可。然而，"五育融合"却在基层教师身边，这是新时代中国基础教育变革与发展面临的重大课题，也是学校日常工作的重要内容。"五育融合"，即"五育并举，融合育人"，是将德、智、体、美、劳五育融合到学校的课程和教育教学活动中，相互渗透，进而实现五育的整体生成和学生的全面发展，作为校长，就是要跳出学科看教育，从发展的高度和研究的视角指导学校整体构建基于"五育融合"的学校课程。

---

* 本文系绍兴市初中科学何灿华名师工作室阶段性研究成果，发表在《绍兴教育导刊》2023年5月31日。

一、确立"五育融合"课程的目标体系

美国著名教育家布鲁姆将教育目标划分为认知领域、情感领域和操作领域；加涅也把学习结果划分为认知领域、情感领域和操作领域；经合组织（OECD）将核心素养体系概括为"人与工具""人与自我""人与社会"三大方面。2016年，我国正式发布《中国学生发展核心素养》，把"德、智、体、美、劳"具体化为核心素养的"两大板块（必备品格、关键能力）""三个维度六大领域""十八个要点"。"文化基础"，重在强调能习得人文、科学等各领域的知识与技能，掌握和运用人类优秀智慧成果，涵养内在精神，追求真善美的统一，发展成为有宽厚文化基础、更高精神追求的人；"自主发展"，重在强调能有效管理自己的学习和生活，认识和发现自我价值，发掘自身潜力，有效应对复杂多变的环境，成就出彩人生，发展成为有明确人生方向、有生活品质的人；"社会参与"，重在强调能处理好自我与社会的关系，养成现代公民所必须遵守和履行的道德准则与行为规范，增强社会责任感，培养创新精神，提升实践能力，促进个人价值实现，推动社会发展进步，发展成为有理想信念、敢于担当的人。

显然，核心素养在个体不同人生阶段中的着重点有所不同，不同教育阶段（小学、初中、高中、大学等）对某些核心素养的培养也存在不同的敏感性，即一些核心素养在特定的教育阶段可能更容易取得良好的培养效果。因此，学校要根据每个维度和板块具体的基本要点和主要表现，针对小学、初中和高中不同学段的学生，制定相对应的指标体系和表现水平，以适应核心素养形成发展过程中的阶段性特征（表1），做到大纲细目、经纬分明，层次分明、逻辑严谨，提纲挈领、纲举目张。

表1

目标体系/核心素养		低段	中段	高段
文化基础	人文底蕴	喜欢学校	礼仪规范	友善诚信
	科学精神	乐学善学	勇于探究	珍爱生命
自主发展	学会学习	独立思考	关注表达	问题解决
	健康生活	合理营养	习惯优良	持之以恒
社会参与	责任担当	主动参与	学会沟通	合作担当
	实践创新	热爱劳动	技术应用	批判质疑

需要指出的是,"五育融合"课程的目标体系构建要充分考虑学校的实际,而学校实际又包括学校管理实际、教师发展实际和学生成长实际,因此学校在构建育人目标的过程中要充分考虑中小学阶段培养目标的基础性、阶段性的特点,结合学生的身心发展规律,并且在教育教学实践过程中对育人目标进行分解,把育人目标细化到孩子成长过程中的每一个阶段,根据每一阶段孩子成长规律、教育规律来制订阶段性的培养目标,使得一到九年级的阶段性目标能够环环相扣,最终实现学校总体的育人目标。

二、构建"五育融合"课程的结构框架

学校课程不仅要考虑不同年级课程顺序与不同类型课程的关系,还要关注学生多样化、差异性的课程需求。因此,学校课程应该具有立体的三维结构。一是明晰课程层次,基础—拓展—活动;二是确定领域,名称—目标—模块;三是理清课程顺序,不同年级课程的关联。而原点会因学校的办学理念与育人目标的不同而有不同的设计与构建方式(图1)。针对第一轮(2016—2019年)学校课程建设规划方案中源点不明、逻辑不强、结构化程度不高等突出问题,笔者建议学校以"同心圆+框架结构"来构建"五育融合"的课程图谱(图2)。

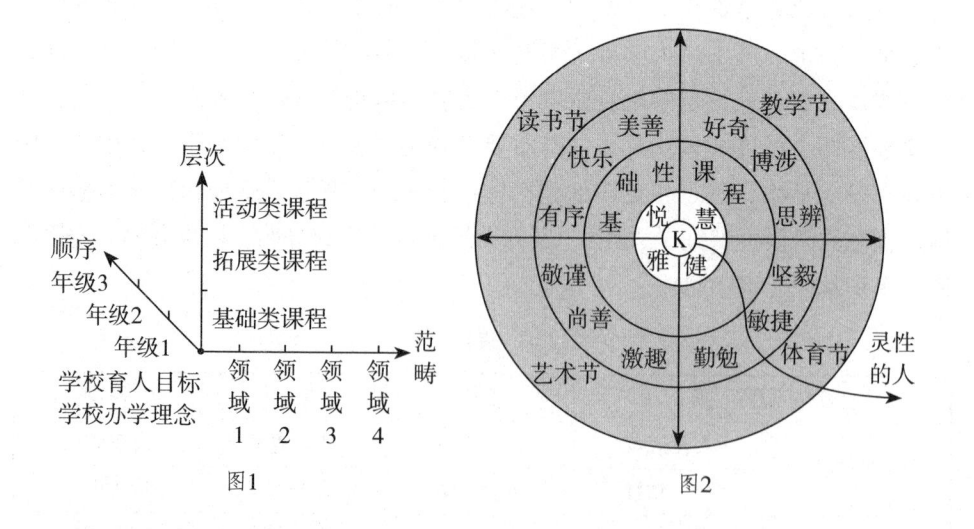

图1

图2

以教育对象的范围构建纵向维度,圆心即原点,就是学校的办学理念或育人目标;第一圈是面向全体学生的基础性课程,规定的学习内容,主要包括国家课程和学校组织开发的1~2门特色课程;第二圈是面向部分学生的拓展性课程,选择性的学习内容,主要包括教师自主开发的选择性课程,按照育人目标

（校本化的核心素养）构建量足质优的课程群，为发展学生特长服务；第三圈是面向少数学生的活动课程，竞技性的学习内容，主要为参加各级各类比赛而准备的高精尖课程，为发展学生潜能用力。这样的结构架构，不仅关注了不同年级课程顺序与不同类型课程的关系，还实现了学生多样化、差异性的课程需求。

三、践行"五育融合"课程的实施模式

从双基、三维到核心素养，"五育融合"已经成为新时代中国基础教育发展的基本主张和趋势。"新课标"对"五育融合"的建构主要体现在教学实施的策略上，聚焦跨学科、项目制、综合化、实践性等是实现"五育融合"的重要实践，从多个方面形成常态化的实施模式。

一是"学科+"融合式。"新课标"试图通过跨学科学习、学科实践活动、综合实践活动等弥合学科与学科、学科与实践、学科与社会、学科与生活的割裂。对每一位任课教师而言，就是要打破学科逻辑和领域界限，实现跨学科、多学科协同合作的"五育融合"教育，实现"一育引领，诸育融合"，达成"五育"的全面渗透和贯通。二是"教材+"融合式。以"教材"为载体，从"五育融合"的视角和眼光挖掘教材中蕴含的"五育"育人点，并在有机融合中进行整体设计与实施。在德育教材中构建文化认同、习惯养成，注重以德养心，以德育美，人格健全；在智育教材中凸显科学与人文相融合，强化学术性与实践性相整合，注重以知养德，以知育美；在体育教材中秉承人格健全，发展体育与健康核心素养，注重以体养德，以体启智，身心两健；在美育教材中整合美育专业课程、其他课程及社团活动等资源，注重以美养德，以美启智，情趣高雅；在劳动教材中依据健全人格、服务社会的理念，注重以劳树德，以劳强体，以劳育美。当然，同一门学科教材在不同教育阶段也内蕴着不同层次、不同深度的综合育人价值，需要在教学中有序推进。三是"活动+"融合式。正如吴遵民教授所说，"五育融合"存在教育力分散乃至割裂的问题，难点是需要寻找一个契合点，把原先分离的、割裂的教育形态，通过一个共同的契合点连接在一起，而项目化学习就可以成为这样一个"契合点"，推动"五育融合"落实到学校和课堂中。教师只需要选择以某一活动作为载体，开展研究性学习、体验式学习、实践性学习、项目式学习，以此来融合"各育"。因为内涵与目标的高度契合，项目化学习为破解五育"融合日常之难"提供了可能路径，能够将"五育融合"具体化为课程形态、教学方式与学习方式。在项目化学习的设计框架中，"五育融合"不再是难以捉摸、无法触及的理念，而

是可以与师生教学生活密切结合的日常观念、日常行为。

需要强调的是，在实施过程中提升教师的课程执行力是前提，因此，学校要通过"教学—研究—培训""三位一体"的途径，促进教师专业发展，其中的关键是在教学和培训中强化研究成分，实现真正的研训。必须提供多样化的研训形式，提高教师参与研训的主动性、自觉性，培养教师适应核心素养需求的课程教学的开发力、执行力。

四、探索"五育融合"课程的评价机制

评价问题是困扰改革的棘手难题，也是"五育融合"研究者们触而未及、谈而不透、改而不深的一块"硬骨头"。2020年《深化新时代教育评价改革总体方案》指出，要改革学生评价，促进全面发展。积极探索基于学校的评价目标、主体、内容、标准、形式和结果应用等运行机制是一项重要任务。

一是"五好生"引领，完善综合评价。每学期在学校层面评选5万名"五好学生"，原则上以班级为单位，比例一般控制在班级学生数的10%左右，通过客观记录、学生自评、同学互评、师长参评、综合集成、学校核评、校长提名等方式实施，每学年每区、县（市）层面评选"百佳五好学生"；每学年全市层面评选"十佳五好学生标兵"和"十佳五好学生标兵提名奖"。二是无纸化检测，改进结果评价。聚焦核心素养，针对低年级学生身心发展特点，打破"一张试卷定高低"的传统学业结果性评价模式，以无纸化测试的形式进行，通过网络测试与表现展示相结合、单项潜能与整体实力相结合、定量考核与定性研判相结合、作业质量与考试成绩相结合等方式，呈现多种结果。三是特色节展示，凸显过程评价。以"五育融合"为主题，根据学校课程设置的门类举办感恩节、阅读节、科技节、体育节、艺术节、劳动节等文化节会，以体育比赛、科技发明、艺术表演等形式，通过运动、朗诵、合唱、舞蹈、戏曲、演奏、儿童剧、手工制作、书法绘画、电子技术等专题节目，展示学生的综合素养等，将学生评价嵌入整个教育过程之中，构建人人可行、天天可为、处处进步的评价激励体系。四是大数据赋能，尝试增值评价。全面建立学生"电子成长档案袋"制度，基于学习过程构建标准化测量体系、建立数据库，系统记录和存储学生学涯阶段的学习生活等成长表现，按需抽取增值数据，既要看学生的学业结果，更要客观衡量学生的进步程度和学校的努力状况，形成多角度全景式评价结果，营造"不比阔气比志气、不比基础比进步、不比聪明比勤奋"的"励志"氛围。

从"五环节"到"七要素"*

——基于"学生立场"的品质课堂项目研究报告

教育改革已进入了新时代,《中共中央 国务院关于深化教育教学改革全面提高义务教育质量的意见》指出,优化教学方式。坚持教学相长,注重启发式、互动式、探究式教学;融合运用传统与现代技术手段,重视情境教学;探索基于学科的课程综合化教学,开展研究型、项目化、合作式学习;精准分析学情,重视差异化教学和个别化指导……这是一个理念、内容和方法同步推进,信念、行动和技术协同前行的变革过程。从"五环节"到"七要素"——基于"学生立场"的品质课堂研究,就是在这个背景下发生的。

一、课堂评价的历史演进与理论观照

课堂评价标准是引领课堂教学改革走向的方向标和指挥棒。而课堂评价标准的选择或制定,与课堂教学的价值取向及课堂教学的基本形态是相匹配的。因此,实施品质课堂深化行动,首先应在课堂教学改革历史演进的基础上,寻找新的课堂评价理论依据。

(一)课堂评价的历史演进

我国现行的课堂教学评价是在苏联(主要是凯洛夫"五环节")教学理论的影响下建立起来的一整套对课堂教学进行评价的系统。这种教学理念以"教师中心""书本中心"为指导,大都依据课堂教学的各个环节进行评价分析,一般分为教学目标、内容、过程、手段、效果等。这几个环节的具体内容则是

---

* 本文系绍兴市初中科学何灿华名师工作室品质课堂深化行动跨校联合研究项目课题报告,获2021年绍兴市优秀成果一等奖、2021年度浙江省优秀教科研成果三等奖。

教学理论中"一堂好课"的基本要求在课堂教学评价的具体体现。这种结构由于操作性强，极易量化而被广泛接受，对规范我国师生课堂教学行为，提高课堂教学质量确实起到了不小的作用。

进入新世纪以来，受西方教育评价理论与方法的影响，我国在确定课堂评价标准的实践中出现了一些新的尝试，特别是新课程改革以来，把学生作为学习的主体和课堂教学的主人，课堂评价改革风生水起。但在总体上，课堂教学标准的制定仍没有超出苏联教学理论，只是引入了定量方法，编制出了不少课堂教学评价量表。虽然这些方法为保证课堂教学评价的客观与公正提供了条件，但它又加强了对课堂教学要求的划一管理，课堂教学评价中的僵化倾向不但没有得到改善，反而有所加剧。从核心素养的理念出发，仔细地研究不同年代制定的课堂教学评价标准，可以发现以下问题。

（1）从课堂评价表的架构思路上看，大都是运用课堂教学因素分解的方法形成的。这种结构由于操作性强，极易量化而被广泛接受。但简单罗列"教学目标""教学内容""教学过程""教学方法""教学效果"等评价指标，不能揭示它们之间的内在联系；在实践中，它们则应该紧密相连、不可分割，因此，还需要在理论应用上有突破。

（2）从课堂评价表的标准要求上看，以教评课的现象仍然十分突出。大部分项目都是"教"字当头，教学设计看文本、教学过程看行为、教学水平看演示、教学效果看进度、教学理念看说课等，评的是教师个人表现。虽然已经开始关注学生的学，把学生作为学习的主体，但由于比例太小，没有造成一定的声势和影响，未能扭转"以教评教"的强大惯性，因此，还需要进一步转变理念。

（3）从课堂评价表的内容表述上看，虽然条目面面俱到，但缺乏个性和特色。目前使用的课堂评价表大多数都是"舶来品"，由借鉴或改进而成，既没有提供理论上的解读，也没有揭示它们之间的内在联系。观察点太多，表述过于空泛，一般教师无法在短时间内对这么多的内容进行思考及评判，只能凭印象笼统地打分，因此，还需要根据不同课型，在重点要素的确立和观察点的选择上下功夫。

（4）从课堂评价表的实践效果上看，还没有让广大的一线教师参与。现在的课堂评比由于受到"成本"的影响，评委一般为3～5人，教研员是当然代表，另外还有非本校教师，评委与上课教师比较熟悉，容易受到情感的影响。多数评课人虽然心中有"好课"的标准，但他们在听、说、写、研之间的级差却十分明显,因此,还需要在民主、团队、网络评价上做文章。

(二)基于"七要素"品质课堂项目研究的理论依据

(1)课堂要素的基本理念。课堂是由若干要素组成的一个有机整体,在这个系统中,各种要素各司其职又相互影响,相互作用成为一个整体。之所以要选择基于"七要素"的品质课堂项目进行研究,是因为现代教学已呈现出明显的以学习为中心的态势。以发展为本的教学过程要求"以学论教",而不是"以教论学"。对应地,在课堂教学评价标准的确立或指标选择上,应从教导所引起和促成的学习效果的好坏来评价教师教导的好坏,而不能孤立地以教导行为表现本身来评价教导效果的好坏。

(2)课堂要素的研究现状。课堂要素是指课堂教学活动中所关涉的各种主客观因素,这些因素或者是教学活动的主体,或者是课堂教学活动所凭借的条件,或者是课堂教学活动进程的影响因素等。对课堂要素大体上有以下几种说法:①"教的要素"和"学的要素"二要素说;②"教师、学生、教材"三要素说;③"教师、学生、教材、环境"四要素说;④"教师、学生、教材、工具、方法"或"教师、学生、教材、时间、环境"五要素说;⑤"教师、学生、教材、工具、时间、空间"六要素说;⑥"教师、学生、教材、工具、时间、空间、环境"七要素说。综合来看,学界目前对课堂要素的界定呈现出不断扩容的态势。

(3)品质课堂的"七要素"。"品质课堂"既是一种理念,也是一种策略,更是一线教师的务实行动。《绍兴市"品质课堂"深化行动实施意见》从每年课堂教学评优实践的角度,对"优质课"教学要素进行了概括,指出要素组合方式是师生在教学活动中,对"学科素养、学习状况、学习趣乐、问题思辨、实践体验、资源技术和学习效果"等七个基本要素单列或进行不同组合,交替进行的一种教学活动方式,这些要素的单向张扬或融合发力,助推课堂从"浅层学习"走向"深度学习",建构品质课堂的基本范式和课型变式。

二、研究的方法、路径与策略

(一)方法:行动研究+课例研究

一线教师科研有其自身的特殊性,应该针对他们在教育科研活动中的主要困难而展开。为此,本课题组采用了"行动研究+课例研究"的方法,目的不在于建立理论或揭示规律,而在于系统、科学地解决实际问题。

1. 行动研究法

行动研究是由计划、行动、观察与反思环节构成的螺旋式推进的循环过程。

第一个环节是"计划"。一是以所发现的事实和调查研究为前提来明确问题并提出解决问题的设想，即在对问题进行分析的基础上提出解决问题的想法。二是制订"总体计划"和每一个具体行动步骤的计划，至少要有第一、二步举措。三是计划要有充分的灵活性和开放性，允许不断修正。

第二个环节是"行动"。一是有目的、按计划地采取步骤；二是灵活地实施计划，重视其他研究者、参与者的评价和建议，并据此不断调整。

第三个环节是"观察"。一是借助于各种有效手段对本人的行动进行记录观察，也可以由其他人进行观察。多视角的观察更有利于全面而深刻地认识行动的过程。二是主要对行动过程、结果、各种影响因素进行观察，要使用各种研究技术进行系统、全面和客观的观察。

第四个环节是"反思"。一是整理和描述，即对所观察到的，与制订计划、实施计划有关的各种事件加以归纳整理，描述出本循环的过程和结果。二是评价解释，即对行动的过程和结果做出判断评价和原因分析，同时找出计划与结果的一致之处与不一致之处，形成下一步行动计划是否需要修正与需做哪些修正的判断和构想。这是一个螺旋圈的结束，又是过渡到另一个螺旋圈的中介。

2. 课例研究法

课例是以一节课的全程或片段为例，对一个教学内容的再现和描述，即"讲述教学背后的故事"。课例研究报告的撰写虽没有统一的格式，但一个完整的课例应当包括标题（可以有副标题）、署名、摘要、关键词、正文、参考文献等六大部分。正文是课例的核心，需要围绕以下五个要素进行阐述。

一是主题与背景。从品质课堂的"七要素"中选择一个"小问题"，即主题，交代该课例产生的背景，明确通过对这节课的研究希望解决的具体问题有哪些，把研究引向深入。

二是规划和方案。完整把握一堂课的教学情况离不开对教师原有教学预设（教案）的了解，描述原有教学方案的规划是极其重要的，它不仅是课堂教学的蓝本，同时也为课堂教学的评议提供了参考背景。这部分需要阐述"教材与学情分析"和"教学方案设计"两个方面的问题。

三是情境与描述。它来源于真实的课堂教学及其改进教学的研究过程，要以师生对话的方式进行阐述，但其情节可以适当地调整与改编，因为只有这样才能紧紧环绕主题并凸显讨论的焦点，除了直接进行实况描述，也可以用作者讲述的方法进行描写。围绕主题的情境描述要追求准确、精简、引人入胜。

四是成效与反思。这是赋予课例更高一层意义的步骤。课例研究最终指向教学的改进，每次课例研究都能够帮助我们了解学生是如何学习的，以及教师是如何去帮助学生更有效地学习的。为此，我们要求分别从学生和教师两个方面去考察。

五是点评及愿景。这是课例有效地沟通教学的理论与实践的重要途径。点评重点是激活与展现实践智慧、解构与重塑课堂样态、显化与提炼理论知识、聚焦与直面教学痼疾，突出这节课的精彩片段及推广价值，让外显的教学行为艺术与内隐的教育思想理念碰撞出智慧的火花。

（二）路径：基于信息加工学习理论的"循环式"专题研课

"基于'七要素'的课例研究"的路径是一个以主题为圆心，以设计、上课观课、议课、反思为共圆的闭合循环图，在具体的研讨活动中有以下四个阶段。

第一阶段：确立主题，包括教材研读和学情分析等环节穿插进行。

与传统的"就课论课"教研活动不同，课例研究需要确立一个主题。

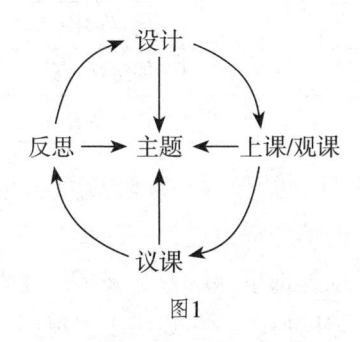

图1

（1）教材研读。正确分析教材，掌握教材分析的方法和步骤，是教师认识教材的结构特点与教育功能的过程，是教师完成教学任务必须进行的基础工作，也是每位教师应具备的基本功。要求是基于"七要素"选择课题，画出思维导图，把教材的知识内容与学生的生活经验相连接。

（2）学情分析。一是指学生的年龄特征与学科学习的共同特点及学习风格；二是指学生的起点能力分析，本班学生学习的知识起点，对学生初始技能的测查常常采用纸笔预测；三是指数据的整理与分析，对收集到的数据进行分析、归纳、整理、评价，并揭示其功能价值。要求是把教材的逻辑结构与学生的认知水平连接起来。

第二个阶段：迭代设计，精心打造教学目标确立、教法学法选择、比较优化等环节。

（1）教学目标确立。教学目标是表示预先确定的、通过教学可以达到并用现有技术手段能够测度的教学结果。教学目标应描述教学结果而不是教学过程，应反映学生的能力水平，应当用目标动词，具体、准确地描述，应达到可测的精确程度。

（2）教法学法选择。加涅认为，每个学习动作可以分解成八个阶段（见表1）。

表1

学习阶段	教学事件
1.动机阶段（期望）	1.激发动机
2.领会阶段（注意：选择性知觉）	2.把目标告诉学生
3.习得阶段（编码：储存登记）	3.指导注意
4.保持阶段（记忆储存）	4.刺激回忆
5.回忆阶段（提取）	5.提供学习指导
6.概括阶段（迁移）	6.增强保持
7.作业阶段（反应）	7.促进学习迁移
8.反馈阶段（强化）	8.让学生做作业：提供反馈

左边是学习阶段的名称，括号内是该阶段内部的主要学习过程；右边则是教学事件。这样，学生内部的学习过程一环接一环，与此相应的学习阶段把这些内部过程与构成教学的外部事件联系起来了。在教学事件中，1～5是学生接受信息（对应前四个学习阶段），在师—生、材—生、生—生等之间发生；6～8是学生加工信息（对应后四个学习阶段），在学生自己的观察、动手、用脑等活动中进行。与此相应，教学过程既要联系学生的内部加工过程，又要影响这一过程。因而，教学阶段与学习阶段是完全对应的。显然，在每一教学阶段发生的事情，是学习的外部条件。教学就是由教师安排和控制这些外部条件构成的，而课堂的艺术就在于学习阶段与教学阶段的完全吻合。

（3）比较优化设计。过程性和要素性的融合是教师优化教学设计的"认知支架"（见图2），教师通过不断"寻找经验与现实的差距"，不断"寻找自身与别人的差距"，按"1+4+2"七要素课堂教学设计样例操作，把课堂要素的单

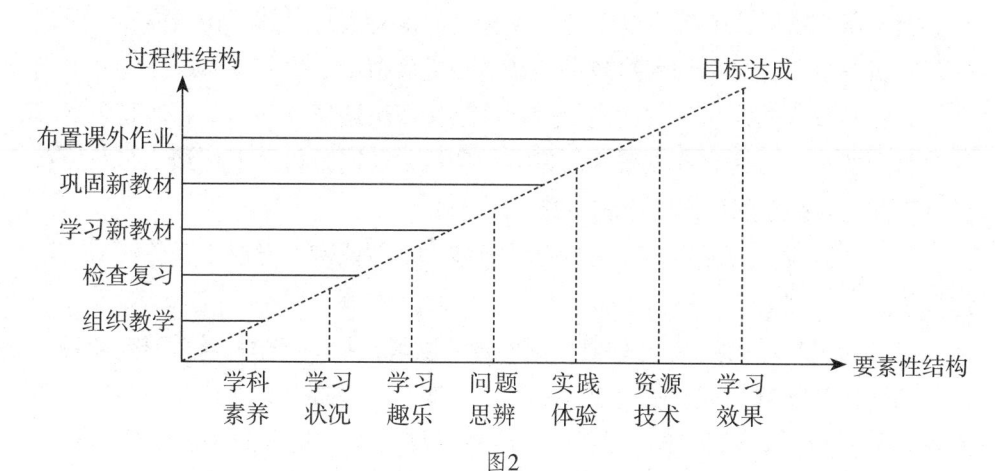

向张扬和融合发力贯穿整个教学过程，实现"理念更新"与"行为更换"。

图2

第三个阶段：扎实推进，上课、观课、议课等环节一气呵成。

（1）上课。在"实施教学"环节，围绕一个或几个要素开展基于校本的"同课异构"，以不同教师对教材的解读为基础，依据学生的不同理解以及研究人员的建议等，对相同的教学内容进行不同的设计、研磨以及教学。执教教师要充分展现自己在日常教学过程中积累起来的经验和才能，发挥自己的临场应变能力和教学机智，体现自己的教学理念和教学功底。"同课异构"同时也是寻求其他教师的建议和帮助的平台，教师可以借此来提高课堂的品质。

（2）观课。在"观察课堂行为"环节，本研究建构了基于以学习为中心的课堂观察框架。坚持从学生学习、教师教学、课程性质、课堂文化等四个维度65个观点进行选择性记录，从"七要素"中选择重点进行分析评价，针对学生集体学习、小组学习和个体学习的情况展开观察，并按照以下原则形成观察报告。一是加强针对性。根据学科特点可以改造，权重自定，但标题和要素不能改，必须坚持比赛课全面评价，公开课主题评价，研究课选择评价，常规课开放评价。二是突出描述性。在描述评价栏中，按照低、中、高、特等要求记录。低，教学按部就班，学生被动学习；中，教学内容丰富，学生活动亮点纷呈；高，教学策略适切，学生思维训练有效；特，教学机智灵活，学生掌握举一反三。三是体现专业性。一堂高品质的课，单个分数或等级所反映的信息是十分有限的，评价结果的解释和报告是每个评课者必须完成的任务。对学生集体学习情况的考查通常是借助"学生问卷表"进行的。

（3）议课。在"课后研讨"环节，为凸显"以学习为中心"的立场，基于群体研讨的话语结构分析，研讨活动沿如下语脉进行。一是观察者向执教者汇报"基于研究主题我们观察到了什么（学生的课堂表现、课后访谈内容、学生作品分析等）"；二是询问执教者"观察结果反映出学生的学习存在怎样的问题"；三是双方共同讨论"我们如何帮助学生解决这样的问题"；四是为促进研修教师的观念重建和改进行为的持续，项目组共同分析"上述结论与我原有的认知和观念存在怎样的碰撞和冲突"。

第四个阶段：反思提升，包括总结经验、撰写课例、形成主张等环节，持之以恒。

自2019年2月实施"品质课堂"深化行动以来，我区以学校整体研究项目、学科团队研究项目、跨校联合研究项目三条途径自主推进，通过各学科的主题教研、课堂研讨、教学视导等形式，改进了课堂的结构程式和教学的组织方式，课堂样态呈现了新气象；通过"情满课堂"、专题论文、校本研修、课例征集等评比，开发了基于"学生立场"的"越城区品质课堂评估表""学生问卷调查表"和"课堂观察手册"，捕捉了教学实践的智慧，为教研转型拓展了新路径；通过市、区两组的专项调研、专家指导、现场推进会等，加强了实践与理论的联系，专业提升跨上了新台阶。

两年多来，在区教师发展中心的引领下，各学科紧紧围绕"七要素"深入开展专题研讨，初中英语的"聚焦英语学科素养、打造越城品质课堂"，初中道德与法治"汇聚集体智慧，助力品质课堂"录像课研磨，小学科学的"探索疑难问题、构建品质课堂"等活动，主题鲜明、组织有序、内容丰富、案例翔实，"品质课堂"深化行动风生水起；在讲求品质的课堂里，教师们不再单纯地以讲授式教学把持课堂，主题式教研、跨学科整合、长短课结合、互动式交流、大数据分析等教学策略交替实施，学生不再机械地按照程序操作或追求标准答案，而是把做实验看作个人学习过程的一次旅行，坐着不动的课堂已成为历史；在追求品质的课堂里，孩子们在积极参与完成课本实验的基础上，还饶有兴趣地在教师的引导下自己动手制作弹簧测力计、观看月相变化模拟实验、体验STEM理念的热机工作原理、演示机械能转换中内能损耗、追问电池串联中的正负极反接……这些新、奇、趣的教学方式和学习内容，不仅改变着传统的课堂模式，还培育着学生的核心素养。

与此同时，项目组先后两次组织参加绍兴市品质课堂深化行动现场会（上虞区崧厦街道中心小学、上虞区实验小学），承担绍兴市品质课堂深化行动专题调研（塔山中心小学、马山中学）；2020年征集"品质课堂"深化行动教学论文三十一篇、"品质课堂"深化行动教学案例三十九篇，2021年征集"基于'七要素'品质课堂行动研究"课例六十六篇，项目研究报告八项，为跨校联合研究项目提供了丰富的实践智慧。

（三）策略：聚焦课例的跨校联合研究

1. 以"骨干联动"策略体现多元主体

教学改革不应仅是自上而下、层层落实，而是一个在健全并优化区域课堂教学系统诸要素的进程，并通过行政、教研、学校上下联动与合力协同的过程。品质课堂的跨校联合研究，构建了多元协调的主体体系，以促进骨干教师自主参与。

基于这样思考，区教研室成立了品质课堂项目组，2020年的优质课评比、2021年"情满课堂"教师综合素养比武的办法为：义务教育阶段教师比武分课堂教学考核（50%）和基于"品质课堂七要素"研究的课例撰写（50%），两类考核总分各为100分。其中课堂教学考核是参赛教师借班开设一堂新课标理念下的参赛课，由各教研员组织，按教研室"课堂观察手册"中的七个课堂观察维度，对参赛教师进行量化考核。课例评比按"品质课堂七要素"分类撰写，每位参赛者必须就某一堂课在"七要素"中选择一个要素展开描述，形成了"区教体局、教研室、学校"骨干联动的局面，激活了课堂教学改革的机制。

2. 以"项目协同"策略实施重点突破

课堂教学改革是一个持续的系统实践，需要教学关键因素之间相互关联又重点突破地发挥整合效应。跨校联合研究，既要"全面把握"区域层面，又要"重点突破"典型开路。2019年10月，绍兴市教育教学研究院公布"品质课堂"深化行动项目，我区十项课题全部入选，其中学科团队研究项目五项，学校整体推进项目四项，跨校联合研究项目一项，加上与之相关的2020年绍兴市教育科学规划拟立项课题（绍教改SJG）共四项，2020年越城区学科教改课题十四项，形成了跨校联合研究的主力军。

3. 以"贯通一致"策略建构内容体系

研究内容的分解是把一个大问题按照内在的逻辑关系、系统联系和操作方式，分解成许多相互联系的小问题，使所要研究的问题展开成一个具有一定层次结构的问题网络。跨校联合研究，虽处在不同学校，针对不同的领域，但研究内容不外乎教学文献、教学设计、教学实施、教学技术融合应用、教学评价等方面的研究，为此我们以"课例"来贯通各类研究的节点，用"教学主张"来形成一致的图谱，重点关注以下三个方面。

关注学生需求和兴趣的教学模式，如北海小学"'思辨性阅读与表达'学习社群教学探究"、蕺山中心校"以直观表征促学生思维品质提升的实践研究"、树人小学"阅读课堂'化教为学'的策略研究"、孙端中学"类比法促进概念转变"、马山中学"先学后教观点下初中数学智慧课堂的实践研究"等六个学科团队研究项目；关注教师研修与成长的教学模式，如一初教育集团陆梅英"基于'七要素'品质课堂的数学概念教学研"等十八个教师个体研究项目；关注学校文化与办学品质的教学模式，如鲁迅小学"'立人'文化背景下构建'私人定制'与'群体共学'和谐通融的语文课堂的深化行动研究"、塔山中心校"基于'崇德尚美塔山应天'办学理念的和美课堂教学模式的实践探索"、柯灵小学"'思辨课堂'行动研究"、马山街道中心小学"'心智课堂'行动研究"等四个学校整体推进项目，形成了有模式而不唯模式的内容体系。

4. 以"名师攻坚"策略实现知行合一

教学改革不能坐而论道、纸上谈兵，而是要做到知中有行、行中有知，明其道、行其事。跨校联合研究，是通过"名师工作室"的攻坚行动来实现的。作为"品质课堂"深化行动的先锋队，以弘扬"杞人忧天、刨根问底"科学精神为宗旨，秉持"学思结合、知行统一、因材施教"办室理念，在继承名师工作室传统做法基础上，有一些"科学"的举动，它的核心是"刨"课堂之"根"，"问"品质之"底"。

一是在认知冲突处"刨根问底"，建构科学的知识网络。基于"资源技术"要素的专题研讨说明，教师应该认真对待学生的每次预测，并及时追问理由，真正唤醒学生的前位知识与已有经验。二是在难点疑点处"刨根问底"，彰显科学的核心概念；基于"学习趣乐"要素的专题研讨，展示的就是突出重点、突破难点的课堂艺术。三是在拓展延伸处"刨根问底"，提升高阶的思维品质；基于"学习效果"要素的专题研讨，彰显的就是拓展内容、延伸思维的教学机智。四是在读书学习中"刨根问底"，涵养科学的专业素养；基于信息加工学习理论的专题读书会，通过文献阅读、教学论道、观点碰撞、实践改进等一个个内在关联的活动一致推进，追求的是学以致用，用以致学，深刻理解课堂变革究竟该如何变革，尤其是对"为何要这样变革"等理论性问题进行思考和理解，实现品质课堂的知行合一。

三、研究的主要成果

1. 破解了"以知识为中心"的课堂学说，促进了课程目标从"增知识"到"长见识"的转变

基于"学生立场"，根据不同要素的不同功能和层级，初步构建了"1+4+2"要素融合模式。"1"代表"学科素养"是核心要素，是指学习者在学科学习和实践的过程中逐渐养成的具有本学科特征的基础知识、基本技能、基本品质和基本经验的综合；"4"代表基本要素，重在调动学生的多种感官参与学习，要服从、服务于核心要素；"2"代表主导要素，包括学习状况和学习效果。学习状况，要求课堂有动静转换，使学生能专心学习而又不感觉累。"动"是一种学习形式，而形式必须为内容服务，不能为"动"而动。学习效果要求课堂活动有序，教师应该让学生熟悉个人思考、小组合作、互动对话、展示表达等教学活动的主要形式，养成良好的参与习惯，提高课堂效能。七个要素一定要换着用、灵活用，组合着用，或单向张扬，或融合发力，实现品质课堂的目标。

2. 破解了"我讲了，你不会"的困境，促进了课堂结构从"五环节"到"七要素"的转变

根据"1+4+2"要素融合模式，运用加涅的"信息加工学习理论"，教学场景的各要素之间的相互关联，形成一个非线性交互作用的动态的混沌场景。老师们在课堂上对每个知识点的落实都会设计成三个阶段：第一，是优化从教师的"教"（教师在课堂上向学生发送信息）到学生的"学"（学生在课堂上接受信息），突出感知与行为的体验，实现信息的人际转换；第二，是强化从学生的"学"（在课堂上接受信息）到"学会"（加工信息完成新经验的建构），突出问题与思维体验，实现信息的自我转换；第三，是深化从学生的"学会"（作业与辅导）到知识的应用（检测与考试），突出场景与心理的体验，实现信息的反馈转换。只重视第一阶段的转换，就会造成"我讲了，你不会"的困境，只能在第三阶段做重复的训练。而基于"七要素"行动则重构了课堂新样态。

3. 破解了"一师一课的表演造作"的假象，促进了教学理念从"以教评课"到"以学评课"的转变

根据"1+4+2"要素融合模式，对一年一度的课堂评优（优质课和情满课堂）采用"课堂考核+"的方式进行，现场听课考核占50%，课后说课、课例展示、教学主张等择其一占50%，从两个方面（即时、平时）、三个层面（理念层面、操作层面、策略层面）加以评判。在"以学评课"的背景下，课堂评价从一节课学习成效的表现延伸到了一位教师的专业成长之路，教师不仅仅是将教学焦点放在课堂教学是否完整、教学内容是否全面以及教学进步是否实效等方面，而转化成基于"学生立场"的课堂"七要素"，通过"越城区中小学品质课堂评估表"，抓住几个要素深入分析，在描述性评价中彰显专业性，展示了教学新理念。

4. 破解了"少数人评判"的固有认知和模式，促进了教研模式由"单音独奏"到"多声合唱"的转变

根据"1+4+2"要素融合模式，先后研制了"课堂观察手册""学生问卷调查"等工具，增加了一线教师和学生的评课话语权，在教研的内容、方式、途径等方面进行改造，围绕"学生学习、教师教学、课程性质、课堂文化"等维度，以"互联网+"方式，改变了空间与时间的局限，以大数据精准研判品质课堂里"七要素"的外显形态和内蕴理念，热闹的"表现式"场面少了，智慧的"思维型"细节多了，教研的新机制激活了。

5. 破解了"教师知识结构"封闭老化的状况，促进了专业发展由"指令性培训"到"自主性研修"的转变

根据"1+4+2"要素融合模式，提出了两个干预因素。一是调动教师的条件性知识（应用教育学、心理学及技术知识），整体把握教材的知识内容与学生的生活经验，让教材的逻辑程序与学生的认识特点联系起来。二是聚焦课堂要素，课前研究从经验出发——对这节课来说，关键要素是什么？课中研究以现象突破——这个要素在课堂上的呈现，和哪个要素有关？课后研究按反思深化——这个要素在哪些地方体现出来，有什么样的表现？这种以教师需求为导向的培训，加强了本体性知识、实践性知识和条件性知识之间的融合应用，促进了教师专业发展的自主性。

四、问题讨论

关于"1+4+2"要素融合模式，尤其是"越城区中小学品质课堂评估表"的使用，还有很多技术性的问题需要讨论。首先，如何在课堂中进行教和学行为的观察和记录，以便在此基础上对上述指标进行评价？这里存在的问题是，对"七要素"课堂观察点的分析和评判，是建立在对课堂中学生学习行为的确切观察和记录的基础之上的。而在课堂教学中，教导行为与学习行为不是单一的，而是由多种教、学行为构成的，且教、学行为是连续进行的，构成了"教学活动流"。因此，如何区分出一个个教导行为和学习行为单位，是课堂观察和记录的基础。其次，如何对这些指标赋值并确定各自的权重，以量化计算评价的总体结果？这是课堂教学评价实现量化面临的一个难题。再次，如何根据不同的学科、不同的课型，对课堂观察点进行改进和完善？有条件时，可以将评估表改造成机读表，便于大数据分析。

参考文献

［1］杨玉东.教师如何做课例研究［J］.教育发展研究，2008（8）：72-75.

［2］安桂清，徐晶."教师如何做课例研究"之五 课例研究报告的撰写［J］.人民教育，2011（2）：43-46.

［3］顾泠沅.教学任务的变革［J］.教育发展研究，2001（10）：5-12.

［4］安桂清.区域性课堂教学转型的行动与使命：上海市杨浦区的案例研究［J］.教育发展研究，2019（18）：17-24.

［5］胡庆芳.课例研究，我们一起来：中小学教师指南［M］.北京：教育科学出版社，2014.

附 录

绍兴市暨越城区初中科学何灿华名师工作室（2021—2023）三年行动计划

计划是行动的指南。本文共分指导思想、目标任务、对策举措和保障机制四大部分，请各位学员把工作室三年要做的主要事情及活动落实到自己专业发展的进程中。

教育改革已进入新时代。在新的历史起点上，教师队伍建设要以"四有好老师"标准为根本遵循，及时"转时态""转语态""转状态""转心态"，想问题、抓落实要转到教育发展"十四五"阶段的时间频道，进入率先走出争创社会主义现代化先行省的市域发展之路的工作节奏，让古城率先绽放教育现代化的新颜。

一、指导思想

坚持以习近平新时代中国特色社会主义思想为指导，全面贯彻党的教育方针，落实立德树人根本任务，遵循教育规律，深化五育并举，着力把孩子培养成德智体美劳全面发展的社会主义建设者和接班人，努力让人民群众对教育的获得感成色更足、幸福感体验更深；以弘扬"杞人忧天、刨根问底"的科学精神为宗旨，秉持"学思结合、知行统一、因材施教"的教育理念，践行"问题引领探究"的教学主张，实施以"七要素"为主要特征的课堂教学策略，把日常的现象问题化、把点滴的体验系统化、把零散的观点结构化、把流动的思想文字化，率先把自己培养成"绍兴名师"，以提高每一位学生的科学素养奠基。

二、目标任务

（一）总体目标

1. 目标序列化

根据《绍兴市名师工作室管理办法》（绍字教政〔2020〕64号）文件精神制订三年行动计划，编制总体努力目标，清晰个体奋斗目标，明确具体研究目标，力争考核进入前列。

2. 活动系列化

围绕"品质课堂"深化行动，以系统性思维的方式，设计研修路径、精准研磨内容、策划研讨活动、潜心研读著作，全面履行工作职责。三年内承担至少一次全市性教学研讨或展示活动，发挥工作室的示范辐射作用。

3. 联系网络化

建立钉钉或微信群，统筹成员个人立项的区、市级课题，定期举办网络研讨活动。开设名师工作室网络专栏，适时开设工作室微信公众号，扩大社会影响。

4. 帮扶专题化

联系学校发展需求，专题开展送教下乡（到校）活动。工作室在全市范围内自主联系确定帮扶学校，结成互助帮扶对子，通过教学诊断给予指导，提升学校教育教学水平。

（二）个体任务

姓名	工作单位	出生年月	职称	所获最高级别称号或奖项	专业目标	荣誉目标
梁根英	新昌县西郊中学	1988.09	中一	绍兴市优质课一等奖	1.县市级公开课1节； 2.县市级优质课1次； 3.县市级获奖课题1项； 4.论文若干； 5.县市级讲座3次； 6.县市精品课程	1.中高； 2.县市优质课； 3.县市教坛新秀； 4.县市学科带头人； 5.县市综合荣誉
杨松耀	嵊州市剡城中学教育集团城东校区	1982.12	中一	嵊州市学科带头人		
郑利庆	柯桥区华舍中学	1982.02	中一	2006年嵊州市优质课一等奖		
朱兴钢	鲁迅外国语学校	1982.01	中一	2014年获得柯桥中十佳优质轻负教师		

续表

姓名	工作单位	出生年月	职称	所获最高级别称号或奖项	专业目标	荣誉目标
黄军彪	上虞区实验中学	1982.09	中一	上虞区优质课一等奖		
王宇飞	上虞区崧厦街道中学办公室副主任	1983.11	中一	部级一师一优课、省级优课各一节，市学科论文一等奖		
吴能初	新昌县城关中学	1982.01	中一	新昌县第十届教坛新秀；新昌县教体局优秀班主任		
蒲少军	浙江华维外国语学校	1980.01	中高	上虞区智优生集训导师	1.县市优质课；2.核心期刊；3.市省课题；4.市省精品课程；5.县市级讲座	1.县市综合荣誉；2.市学科带头人；3.绍兴名师
黄焕超	诸暨市开放双语实验学校	1984.11	中高	诸暨市学科带头人 诸暨市模范教师		
俞冬冬	绍兴市建功中学	1977.01	中高	浙江省优质课一等奖		
卢朝霞	诸暨市店口镇湄池初中	1986.06	中高	浙名师培养对象，绍兴名师，市教坛新秀，市学科带头人	1.核心期刊；2.省市优质课；3.省市课题；4.县市级讲座	1.省教坛新秀；2.省综合荣誉
沈强	越城区孙端中学	1979.07	中高	浙江省教坛新秀，第二届绍兴名师，市学科带头人	1.核心期刊；2.省市优质课；3.省获奖课题	省市综合荣誉
陈华军	孙端中学	1976.01	中高	区学科带头人，区级名师	1.县市优质课；2.核心期刊；3.市省课题；4.市省精品课程；5.县市级讲座	1.县市综合荣誉；2.市学科带头人；3.绍兴名师
黄少林	镜湖校区	1982.12	中高	区教坛新秀，区名师，区学科带头人、市属优质课一等奖		

续表

姓名	工作单位	出生年月	职称	所获最高级别称号或奖项	专业目标	荣誉目标
范培明	文澜中学	1978.05	中一	市优质课一等奖，市先进班级		
许敏	元培中学	1979.04	中高	区教坛新秀，区学科带头人，区级名师		

三、对策举措

（一）反思导问定主题

课例研究并不期望通过一节课解决学科教学的所有问题，而是追求选取一个较小的角度，借助一个课例的研讨，达成对某一问题的新认识。因此，课例研究事先要有一个明确的教学研究主题，最好是教学实践中遇到的问题，而且是工作室全体成员所共同关注、有困惑和亟待解决的。

1. 探寻课堂短板

在浙江省2019年中小学教育质量综合评测中，本县区的责任感、劳动实践、学业达标、高层次能力、学习动力、学习策略、兴趣爱好、运动健康、同伴关系、自我认知、教师职业认同、教师教学方式、师生关系、学校教学管理、教师研修发展、家长参与、亲子关系、主观负担感受、作业、教师满意度、家长满意度、学生满意度等指数与全省平均水平相当；睡眠、补课等指数均低于全省平均水平。其中，学业均衡等指数处于全省各县（市、区）前10%，睡眠、补课处于全省各县（市、区）后10%。

2. 分析课堂现象

第一，有的教师上课很不错，偶尔还能获奖，还经常写论文、搞科研，但他们不经常抢占学生的自学时间，所教班学生的学科成绩不如别人。第二，有的教师上课一般般，没有获奖，更不擅写作，但他们经常无私地为学生补课，所教班的学生学科成绩令人满意。

3. 正视课堂行为

希尔伯曼《积极学习》对于学生的知识回忆率的研究结论：教师讲授10%，学生阅读30%，视听并用50%，教师演示70%。实践讨论90%。

现实的教学行为：教师讲授90%，学生阅读70%，视听并用50%，教师演示

30%，实践讨论10%。

现实的问题：备课时间省，执教难度小；知识内容多，教学进度快；教学密度大，课堂效率高；辅导补习易，教学风险小；考试分数高，业绩褒奖多。

4. 发现课堂问题

一直以来，我国移植、照搬苏联教学模式，造成对"知识至上"的过度尊崇与"生命关怀"的缺失，只以分数定好坏、只以升学定成败、只以结果论英雄是常态。新课改以来，"知识至上"的超越与"生命关怀"的回归，逐步改变了人们固有的价值观与思维方式，也对传统封闭而僵化的课堂教学提出了挑战。高质量的教育需要确立"四观"：综合的学业成绩观，智慧的教学效益观，科学的教学方法观，个性的核心素养观。

（二）目标导向明内容

课题研究的整体思路：紧密结合两级工作室、三年工作规划和年度工作路线图，根据各阶段工作的重点，将具体的行动研究以小课题的形式渗透到各个环节中，不妨称为"单元行动研究"，最后将单元行动研究的成果加以整合，形成总体研究报告。

1. 明晰研究内容

与一般的研究不同，项目课题要按照项目研究的思路来展开，为完成项目总目标服务。围绕"七要素"，开展文献研究、教学设计研究、实施策略研究、教学技术应用（微课）研究、教学评价研究、个案研究等，最后形成一个完整的课例。

2. 突出要素融合

在实际的课堂中，"七要素"的呈现是有强弱的，其作用也是分层的。一是关注学习趣乐，在趣味中感受快乐；二是关注实践体验，在操作中训练技能；三是关注问题思辨，在辩论中锻炼思维；四是关注学习状况，在互动中体现关怀；五是关注学科素养，在新知中展示逻辑；六是关注资源技术，在融合中讲究适切；七是关注学习效果，在评价中树立四观。

3. 实践联系理论

根据继承性、需求侧、发展性变革的目标任务，自觉学习教育理论，主动寻找教育理论，不断改进和完善凯洛夫的"五环节"教学模式。

4. 行为蕴涵智慧

基于脑科学的思维导图，按照"设计—连接—讲解—应用—总结—主张"的步骤，积极捕捉教学实践智慧。

5. 范式孕育主张

初步提出以"四环六步"为"七要素"品质课堂的基本范式，要旨为一校一模、一科多模、一模多法的主张。

（三）评价导行强干预

1. 找准行动的理论依据

根据《关于深化教育教学改革全面提高义务教育质量的意见》和《深化新时代教育评价改革总体方案》精神，改革课堂教学的评比办法，按照"课堂考核+"的方式进行。

2. 研发《品质课堂评估表》

以"七要素"为架构，从两个维度确定的课堂观察细目表，以针对性、描述性和专业性的要求，来强化对课堂要素的评价，为"品质课堂"导思。

3. 完善《课堂观察手册》

选择1—3个要素，从课堂导入、新知探求、巩固提升、总结作业、检测辅导等环节，记录要素在课堂中单向张扬和融合发力的效果，以不同的课堂点评方式，激活课堂改革的生机，为"品质课堂"导行。

4. 尝试学生参与评课

学生是课堂最直接的参与者、感受者、反馈者，这就需要改变原有课堂的评价方式。以"品质课堂学生问卷"的形式，尝试让学生参与评课，从程度式等级和描述性问题两个维度，依次设置为"非常符合、比较符合、不太符合、非常不符合"四个等级，以精准的大数据支撑课堂的品质。

（四）要素导课活思维

1. 重组课堂要素

坚持"结构—性质—用途—制法"的观点。课堂结构是教学思想的直接现实反映，关系到教学目标的达成，影响着课堂的效率。课堂结构分过程性课堂结构和要素性课堂结构。

2. 优化课堂结构

深刻分析原有课堂教学内容、教学目标、教学方式和教学策略等方面的不足，并提出改进后的优势、价值和意义。

教学过程设计	
教学内容	
达成目标	

续 表

教学过程设计			
关键问题			
教学环节		实施策略	解决问题
课堂导入			
新知探求			
巩固提升			
总结作业			

3. 探索课堂策略

根据顾泠沅的"青浦教改"经验，把"四环六步"的课堂范式具体到每一节课中，让"七要素"在课堂中融合发力。

一是启发诱导，创设问题情境，把问题作为教学的出发点；

二是设置冲突，指导学生开展尝试活动（探究、合作、自主学习）；

三是归纳结论，纳入知识系统（形成思维导图）；

四是组织变式训练，提高解题能力；

五是回授尝试效果，组织质疑和辅导；

六是根据教学目标分类细目，及时检测、分析、反馈。

4. 积累课堂素材

构建"一环四段"改进策略，以"设计—上课/观课—议课—反思"流程，按照"主题与背景、规划与方案、情境与描述、成效与反思"等积累典型的课例素材。

（五）任务导研抓落实

1. 区域活动抓"三到"

确定每月15日左右为工作室活动日，线上线下兼顾，活动由成员所在学校轮流承办，活动保证"三个到"——人到、课到、情到，每一次活动都有显性的效果——知道了什么、记住了什么、弄清楚了什么、下次改进什么；每次活动有"三动"——情动、心动、行动，让参与者兴奋以后整装再出发。

2. 校本活动抓"三联"

要把学校特色活动与工作室自主研修结合起来，实施"1+X"的单元活动策略，通过"专题研讨联动、实验操作联赛、学业素养联考"等方式，真诚邀请，虚心求教，实现"优势互补、优质共享"，提高学员的知名度和学校的美誉度。

3. 自主活动抓"三读"

读教材，教科书凝聚了人类的基本经验，是构建精神底色的核心元素；读试题，读题即审题，是师生必备的基本技能，要从"符号、逻辑、效能、学情和测量"等要素展开，以增强考试信度；读文献，优秀报纸杂志上与"品质课堂"相关的文章比较精粹、前沿和新锐，也聚焦当下大家都关注的问题，用"坐得住冷板凳"的专注与执着夯实自己真学名师的地基。

4. 支教活动抓"三知"

支教先"知教"，真实地了解支教的学校和师生的现状，加强课堂研讨的针对性；支教重"知网"，打开窗户，尽可能让网上的资源"流动"起来，应用开来；支教贵"知心"，走入课堂静心倾听，走近师生细心聆听，走进专业悉心助听，实现有意的学习、有效的指导和有质的服务。

（六）智慧导情谱新篇

1. 持续不断写论文

坚持"学思结合、知行合一、因材施教"的原则，深入学习《绍兴市"品质课堂"深化行动实施意见》，分析其背景意义、界定核心概念、明确目标任务，以实验教学为突破口，以科学事实、科学概念、科学原理、科学模型和科学理论为关键词，通过"写作"促进教师加深对教材内容的理解，促进教师教学时有更多的生成，促进教师养成自我反思的习惯，促进教师完善教学经验，克服职业倦怠。

2. 持之以恒做课题

开题——轰轰烈烈；过程——"冷冷清清"；结题——忙忙碌碌。

选题要"三性"：适切性、可行性、独特性。从日常教学中亟待解决的疑难问题、学生成长中面对的突出问题、教师专业发展中面临的突出问题、学校发展中需要解决的关键问题等入手。

课题名称要"三明"：明对象、明内容、明方法。一个好的课题名称含义要明确，反映出所研究问题最主要的信息。

界定概念要"三突"：突出关键概念，突出内涵表述，突出简捷通俗。

研究目标要"三层"：提升教育教学实践中智慧的"策略性目标"，促进研究对象或研究者本身发生变化的"成长性目标"，期望教育方针或教育理念贯彻实施的"发展性目标"。

研究内容要"三性"：研究目标是通过研究内容来实现的，是研究思路的具体化，表明了研究者对所要研究问题本质的理解和思考，是课题论证中的重要内容，也是影响课题能否通过评审的一个重要因素，所以研究内容要体现系统性、逻辑性、关联性，一般从文献、内容、途径、设计、策略、方式及个案等着手。

研究过程要"三实"：切实的工作计划，扎实的活动日志，丰实的论文案例。

结题评奖要"三齐"：一是申报材料齐全，"申报—评审书"（一式一份）；合订成册的"课题研究主报告"（一式五份），主要包括研究针对的问题、研究方法和路径及研究成效，字数控制在5000字以内；"成果活页评审表"（一式六份），包括成果主要内容、研究成效、成果创新性，限2000字，所有活页将进行学术不端的检测（复制内容不超过30%）。二是支撑材料齐全，合订成册的其他佐证材料（一式二份），包括专著，研究日志，并附证明科研成果价值的论文、结题证书复印件。三是电子材料齐全，电子材料的报送需与纸质材料同时进行，以PDF格式上传。

3. 持领举纲出专著

按一定格式开展基于教学主张"品质课堂"的征文活动，通过教学设计、教学策略、教学故事、教学案例、教学论文、课堂观察报告等一系列征集活动，最后浓缩成一份"课例"和一篇"我的教学主张"，辑录在《品质课堂——基于"七要素"的课例研究》专著中。

品质课堂——基于"七要素"的课例研究

序：何灿华

课例篇（每个要素2—3人）

品质课堂案例——关注学习趣乐。

品质课堂案例——关注实践体验。

品质课堂案例——关注问题思辨。

品质课堂案例——关注学习状况。

品质课堂案例——关注学科素养。

品质课堂案例——关注资源技术。

品质课堂案例——关注学习效果。

主张篇（题目自拟）

1. 以问题引领探究——————————何灿华

2. ……

四、保障机制

1. 充裕的经费保障

在确保工作室专项经费到位的基础上，加强与学员所在学校领导的联系，努力为学员专题研讨、承办活动、外出学习等争取更充裕的经费。

2. 灵活的时间保障

顺势借力，合理安排活动，妥善解决工学矛盾，保证学员能够集中业余时间和碎片时间完成工作室的任务。

3. 完备的制度保障

名师工作室要有总体规划和年度工作计划，每个学员要有专业追求的生涯规划，并在实践中不断完善"读书学习制度""研讨交流制度""反思共享制度"等。

4. 物化的成果保障

建立绩效考评机制，从活动次数、论文篇数、课题个数、讲座的场数、评优项数、荣誉奖数等进行量化考核，激励学员不断推进教育教学改革。

5. 分明的职责保障

成立工作室组织机构，设立文字报道组，撰写每次活动的报道；图片摄影组，记录每次活动的掠影；微信公众号组，在公众号上发布工作室相关活动；材料收发组，发通知，收材料等。以上各组每组四人，分工合作，各司其职。

浙江省初中科学何灿华名师网络工作室章程（暂行）

（代工作室建设方案）

为全面落实浙江省教育厅办公室《关于组织实施第四轮浙江省名师网络工作室项目的通知》（浙教办函〔2022〕39号）文件精神，根据初中科学教学的特点和教师成长的需求，围绕"培养未来名师、研发精品资源、打造卓越教师共同体"三大任务，通过"技术创新+教研创新+制度创新"，促进优秀师资良性流动和优质资源有效共享，助力山区和海岛县教育高质量发展，服务城乡教育一体化发展，推动省域教育共同富裕，特制定本室章程。

第一章 总则

第一条 名师工作室是以名师为主持人，成员教师群体共同参与、共同作用的团体，主持人与成员均是名师工作室中不可或缺的重要组成部分；在团队中引领者有计划地组织并帮助教师更新教育教学理念，提高教学技能，实现共同成长。实施名师工作室研修样式，可以带出一支队伍、带动一门学科、孵化一批成果、辐射一个区域。

第二章 名师工作室的组成

第二条 经骨干教师本人申请，导师根据本工作室制定的选聘办法推荐若干成员给浙江省名师工作室领导小组，并报浙江省教育局审定批准。名师工作室实行任期制，3年为一个工作周期，本工作室由特级教师何灿华为主持人，总计成员15位，其中，丽水市缙云县1位，舟山市普陀区1位，嘉兴市海宁市2位，杭州市余杭区1位，绍兴市10位（名单见"之江汇"平台）。

第三条　工作室全称：浙江省初中科学何灿华名师网络工作室。

徽标的主体是一个巨大的"人"，用双手擎起一轮太阳，呈天人合一的姿势，象征新时代的教育改革要关注人的发展，坚持五育并举，落实立德树人根本任务，强化教育的本质是思维，培养思维的最好场所在课堂。

徽标的意象是一个变形的"人"，用双手托着脑袋，以专业的视野、思辨的眼光驻足沉思，其用意是弘扬"杞人忧天、刨根问底"的科学精神。徽标的字义是一个艺术的"人"，用英文的角度看是字母"W"，这是wisdom（智慧）的第一个字母，用中文的角度看是"山"字上面加一点，如果说"山"是智慧的土壤，那么"点"就是智慧的结晶，其目的是让平淡如水的教师生活充满智慧，让激情如潮的教育改革充满思想。

第四条　室训——"杞人忧天、刨根问底"。以求真的科学精神，积极推进初中科学课程改革，着力打造初中科学教学改革的骨干教师群体，形成具有示范、引领、辐射、带动作用的名师团队，为提高每一个学生的科学素养奠基。

第五条　室址：浙江省绍兴市第一初级中学镜湖校区。

第六条　本着人人有事做，事事都参与的原则，经学员民主推荐，工作室领衔人与各学校协商，设立本室组织机构。设立工作室主任1名，副主任3名，协助员若干名，下设文字报道、图片摄影、媒体宣传、网站管理4个工作小组。

第三章　规章制度

为加强对名师工作室的规范管理，更好地发挥名师工作室的研究、示范、引领、指导和辐射作用，特制定本制度。

第七条　会议制度

1. 建立双月例会制度，总结前期工作情况，解决实施过程中的难点和疑点，商讨布置下期工作。

2. 每个年度期初召开1次工作室计划会议，讨论本学期工作室计划，确定工作室阶段目标、工作室的教育科研课题及专题讲座内容。

3. 每学期末召开1次工作室总结会议，展示学期工作成果，总结经验探讨存在的问题。

第八条　学研制度

1. 制订个人3年发展规划与年度研修计划。

2. 根据个人自我发展目标和研究课题，有选择性地学习教育教学理论，每学期阅读1—2本工作室推荐的理论专著，参加工作室组织的集体交流研讨，并根据自我特点，增加阅读充实理论。

3. 工作室成员积极参加各级各类教育教学研讨活动。

4. 工作室建立"每月一主题"研讨制度并由工作室根据工作方向确定主题，每月集体研究1次。

5. 按时学习与按需学习相结合，自主学习和集中学习相结合，提升自己的专业水平。

第九条　档案管理与网站建设制度

1. 为每位成员建立研修业务档案，工作室主持人和核心成员做好档案的管理工作。

2. 工作室成员的计划、总结、观课议课记录，公开课、展示课教案定期收集、归档、存档，为个人的成长和工作室的发展提供依据（数据光盘和打印稿）。

3. 工作室建立网页，由专人负责信息采集与发布。

第十条　经费管理制度

名师工作室经费按照《关于组织实施第四轮浙江省名师网络工作室项目的通知》（浙教办函〔2022〕39号）文件精神执行，名师工作室经费由导师所在单位实行专项管理，导师负责具体开支，专款专用。经费主要用于名师工作室的建设、教科研活动、学员的奖励、名师工作津贴和参加高端培训学习交流及工作室成员加班费、劳务费等。

第四章　职责使命

第十一条　工作室职责

名师工作室的主要任务是培养中青年教师，开展教育教学重点问题研究，加强学科教学教研团队建设，解决学科教学难题，引领学科教学健康发展，不断提高学科教学质量。具体职责如下：

1. 带好一支团队。引领名师工作室的学员提高师德修养、教育教学质量、科研水平和管理水平。以公开教学、组织研讨、现场指导、专题研究、公开课评议、观摩考察等形式对学员进行培养。

2. 抓好一项研究。以导师的学术专长为基础，以学员的共同研究方向、共同研究愿望为依托，确定并开展教育教学研究。任期内要完成浙江省教科规划课题或学科教改项目课题若干项的研究任务。

3. 做好一次展示。坚持以教育教学为中心，开展学术研究，引领学科建设，每学期举办1次以上主题展示活动，以研讨读书会、成果报告会、名师论坛、教研专场、送教下乡、现场指导等形式向全市辐射、示范。任期末办好本室任期学术成果汇报展示活动。

4. 出好一批成果。工作室将重点研究初中科学教师核心素养和能力建设研究，开展"基于教学主张的深度学习课例研究"，其间产生的教育、教学、教研、管理等成果将以课例、论文、课题报告、专著等形式向外输出，甄选优秀的教育教学成果汇编入工作室年度材料，并编印成册。

5. 建好一个平台。工作室将以"之江汇"为依托，以自己建立的网页、微信公众号为有益补充，实现名师工作室教育教学经验成果共享，开展学科课程教学改革在线研讨、在线解答本市教师的学科教学问题。

6. 完成浙江省名师网络工作室领导小组交办的其他任务。

第十二条　导师的职责与任务

1. 做师德的表率、育人的模范和教学的专家。关注教育改革与发展的动态和趋向，认真学习教育理论专著，提高自身专业水平。

2. 主持"名师工作室"的工作，制定本工作室章程、3年发展规划、年度工作计划，提交工作室总结。建立工作室学员成长档案，督促指导学员制订个人专业发展研修计划，做好个人研修总结，并对其进行管理和考评。

3. 以选定的优秀学员作为重点培训对象。根据工作室要求，完成相应的工作任务，达到相关工作目标。被指导的对象有明显的进步，工作室学员有整体发展。

4. 坚持教育教学改革实验。全面了解本学科最前沿的信息与发展动态，深入研究教育教学中的重点、难点问题，积极探索新方法，指导本学科的教学研究和科研课题。在工作周期内主持完成至少1项市区级及以上重点研究课题并取得成果，撰写一批优质的教育科研文章并著书立说。

5. 深入课堂听课，积极参加教育教学研讨，提出相应的学科教育教学的改进方案，向相关部门提出关于教学工作的合理化建设性意见，为绍兴的基础教育改革与发展献计献策。

6. 每学期至少开设2次示范研讨会，1次市级及以上的讲座，1次送教下乡活动。督导学员的教学，每月至少听1节课，并予以评课，提出意见、建议，帮助改进课堂教学。并针对学员的特长，实施全程指导，力争2年内使工作室学员教学水平有显著的提高。

7. 利用"之江汇"教育平台，积极参加浙江名师网建设，建立工作室网页，以网络为平台开展与学员及其他本学科教师的合作与交流，展示工作成效，发挥示范辐射作用。

8. 负责定期召开会议：

① 年度初召开一次会议，讨论工作室计划，确定培养对象和培训目标；明确本学期工作室的任务，确定教育科研课题及专题讲座内容。

② 召集核心成员每月1次、学员每期两次集会，进行专题学习研讨，对学员集中指导，及时收集"工作室"的各类材料，做好归档，并安排部署下月工作。

③ 学期末召开工作室总结会议，回顾本学期的活动及研究成果，总结经验教训，为下学期工作做好准备。

9. 与学员互帮互助，取长补短，做到共同发展。

10. 向名师工作领导小组办公室提交年度经费使用情况。

第十三条　工作室学员的职责任务

学员是名师工作室的学习者、研究者，是名师工作室建设与管理的参与者。

1. 遵守名师工作室章程，积极参加各种活动，善于向名师学习，不断改进学科教学，总结教育教学方法，提高教学质量。在名师的引导下与工作室其他学员合作交流，共同成长。

2. 制订个人3年发展规划，每年度初制订个人专业发展研修书面计划，年度末进行书面总结，上交本年度的成果汇总表及支撑材料。

3. 不断钻研教育教学理论，每学期至少研读1本教育教学专著，撰写2篇读书笔记，每学期完成1篇教育教学论文并在市级及以上报刊上发表或获奖，每年度至少1篇论文在省级及以上刊物上发表或获奖。

4. 每个学期，观课、议课不少于15节，上示范课或讲座不少于2节次，市级示范课或讲座不少于1节次，至少1次送教下乡，提交1份以上优秀教学设计或课例实录。

5. 每月向名师工作室交流汇报1次工作开展情况，做好各种研修活动记录，提交研修总结。

6. 指导和帮扶青年教师，经常观课、议课，帮助青年教师不断提高教育教学能力。积极参加市、县（区）教育局开展的各项教育科研活动，并完成相应的工作任务。

7. 帮助工作室导师维护和运行工作室网页及微信公众号，积极开展在线互动式研讨，为报道提供动态的教育教学信息或资源。

8. 学员之间互帮互助，为其他教师提供网上答疑等服务。

9. 协助导师及时整理工作室活动记录、成果业绩档案资料。

10. 积极完成导师交给的其他任务。

第五章 研修考核细则

第十四条 考核研修能有效评价成员表现，明确自我基础和发展方向，增强自我发展和相互协作的内驱力。

1. 考核对象：浙江省初中科学何灿华名师网络工作室全体成员。

2. 考评内容：每年度工作室优秀学员。

3. 评优待遇：被评为工作室的优秀学员颁发获奖证书；优秀学员优先委派参加各种专业学习、展示和培训。

4. 名师工作室量化考评标准（见附2）。

第六章 考核程序及方法

第十五条 考核程序及方法

1. 每年度末由工作室成员上交各项获奖证书复印件、发表文章复印件，填写"工作室成员年度考核表"，填写得分理由和进行自评，并附上对应的支撑材料。审核时无文本支撑项，取消得分。

2. 考核由本工作室组成"考核小组"负责评审。

3. 公示评审结果，公示无异议后，上报市教育局。

4. 实施动态管理制度，工作室成员无故多次不参加活动的，或考评得分为最后3名的老师，如在第二年没有明显改观，将被警示或淘汰，同时吸纳更优秀的网络学员加入本团队。

第七章 附则

第十六条 本章程经工作室成员讨论通过后，上报"之江汇"教育平台后生效。如有需要，本章程将按规定的程序进行修订。

第十七条 本章程由浙江省初中科学何灿华名师网络工作室负责解释。

附1 浙江省初中科学何灿华名师网络工作室成员名单

序号	姓名	单位	电子邮件	师训平台账号
1	沈 强	绍兴市锡麟中学（副校长）	81721354@qq.com	sq23001X
2	夏文洪	杭州市余杭区良渚第二中学（副校长）	121213116@qq.com	hzyh3302011
3	张 婕	舟山市沈家门第一初级中学（校长）	545444635@qq.com	ptzhangj
4	许 敏	绍兴市第一初级中学	23151778@qq。com	xm150022
5	周 强	嘉兴市海宁市长安初中	690397083@qq.com	zhouqiang
6	赵海军	嘉兴市海宁市第二中学（主任）	364136334@qq.com	zhj135819
7	王宇飞	上虞区崧厦街道中学办公室副主任	1739946933@qq.com	wyf150015
8	蒋婷婷	绍兴市越城区马山中学（副校长）	20955811@qq.com	jtt280021
9	顾丹群	绍兴市文澜中学	471704261@qq.com	gdq240028
10	孔伟晶	绍兴市越城区马山中学（副主任）	335165036@qq.com	kwj265928
11	宋家园	绍兴市建功中学	jiayuan-666@163.com	sjy090528
12	包婵钧	绍兴市元培中学	1029196809@qq.com	bcj175964
13	史贵阳	诸暨市店口镇湄池初中（科研主任）	1185754755@qq.com	sgy235717
14	周 超	诸暨市东和乡初中（教研组长）	372887832@qq.com	zc261715
15	郑景文	丽水市缙云县实验中学	406653693@qq.com	zjw22514x

附2 浙江省初中科学何灿华名师网络工作室量化考评标准

类别	标准	自评	审核
1.读书反思和观课议课	完成共读任务（包括主题式阅读分享），撰写读书笔记；认真写好观课议课记录。在每期末评选1次，得"A"记10分；得"B"记8分；得"C"记6分；笔记量不足或没有主张的酌情记分		
2.活动参与	1.每次集中研讨活动，出勤1次得2分；在规定时间内完成学习任务并上交资料，得"A"记5分；得"B"记4分；得"C"记3分。 2.承担工作室各项写作类任务，每承担1项记6分，超工作量部分酌情加分		
3.资料上传	1.每学期每人要在向工作室网页分别上传教学设计2篇，课件2个，学习心得2篇，论文2篇，完成者每期得10分；超额完成者及上传了教学视频、讲座课件的在此基础上再按照数量及质量分成3等，分别加上6分、4分、2分。 2.在各级教育类网站发新闻报道，一篇2分。 3.在线研讨时发布有一定指导意义的跟帖评议，一条1分		
4.上研讨课（或专题讲座、送课下乡）	1.观摩课：省级，8分；市级，7分；县（区）级，6分；工作室研讨课享受市级评分。 2.赛课：国家一等奖12分，国家二等奖10分，国家三等奖8分；省一等奖10分，省二等奖8分，市一等奖8分，市二等奖6分；县（区）一等奖5分，县（区）二等奖4分；工作室竞赛享受市级评分，无等级评选的活动均参照一等奖评分。 3.辅导学生获奖：国家级优秀辅导老师5分，省级4分，市级3分。 4.送教下乡（专指由上级教育部门、其他地州市教育部门或上级师资培训机构派发的送教活动）：浙江省每送教或讲座1次记5分；浙江省内每送教或讲座1次记10分；跨省每送教或讲座1次记13分		
5.论文、案例及专著	1.获奖类：国家级，1篇8分；省级一等奖每篇5分；省级二等奖（市级一等奖）每篇3分；省级三等奖（市级二等奖、区级一等奖）每篇2分；市级三等奖（区级二等奖）每篇1分；区级三等奖每篇0.5分。 2.发表类：核心期刊每篇13分；国家级每篇11分；省级每篇9分；市级每篇5分；县（区）级每篇3分。 3.入编类：收入工作室著作的1篇记6分。 4.专著：正式出版著作，每本20分		

关于公布2022年绍兴市名师工作室年度考核结果的通知

区属各中小学、幼儿园：

为进一步规范绍兴市名师工作室管理，掌握阶段性工作进展情况，充分发挥名师专业引领作用，根据《绍兴市名师工作室管理办法》（绍市教政〔2020〕64号）文件要求及《绍兴市教育局关于做好2022年度绍兴市名师工作室考核工作的通知》，现将考核结果公布，望充分发挥名师专业引领作用，为越城教育做出贡献。

序号	姓名	工作单位	工作室类别	任教学科（专业）	考核等级
1	金华星	绍兴市越城区斗门街道中心小学	校长类		合格
2	高 珺	绍兴市文澜中学	班主任类		良好
3	何灿华	绍兴市越城区教师发展中心	学科类	初中科学	优秀
4	吴淼峰	绍兴市越城区教师发展中心	学科类	小学语文	良好
5	屠素凤	绍兴市树人小学	学科类	小学语文	合格
6	王慧琴	绍兴市鲁迅小学教育集团（总校）	学科类	小学语文	优秀
7	叶燕芬	绍兴市塔山中心小学	学科类	小学语文	优秀
8	孟 琴	绍兴市实验小学	学科类	小学语文	合格
9	骆海燕	绍兴市蕺山小学教育集团	学科类	小学语文	良好
10	沈 强	绍兴市越城区孙端中学	学科类	初中科学	良好

绍兴市越城区教育体育局

2023年2月1日

后　记

杞人忧天，刨根问底

杞人忧天，刨根问底。
这里是浙江省绍兴市越城区初中科学何灿华名师工作室。

2021年2月2日，在立春之际，绍兴市暨越城区初中科学何灿华名师工作室在绍兴市建功中学开班了。选择这样的时刻举行名师工作室开班仪式，是对自然的敬畏，是对科学的尊重，是对教师专业成长的美好向往，更是对名师工作室的深情期待。如今，书稿既成，虽有了结心底深处埋藏已久的重务之快感，然心绪万端，诸多往事浮于心头，欲稍事休息而难。

抬头仰望晴朗的夜空，点点繁星总是让我们浮想联翩，想象着这些天体都在干什么，琢磨着浩瀚无垠的宇宙都在发生什么，我们处于宇宙的什么地方，有没有外星人也和我们一样在仰望天空……现在是信息时代，而且是移动信息时代，当我们想到这些问题的时候，就可以打开手机上网，很方便地找到答案。当然，有时候我们也会发现有些问题还没有标准的答案，甚至什么答案都没有。但是你有没有想过，这些答案是怎么来的？这些答案正确吗？如何证明这些答案是正确的？这些答案背后的道理是什么？这些道理背后的道理又是什么……问题就可以这么一直问下去了！

这就是"刨根问底"，包括质疑、独立、唯一。质疑指的是对事情本身，不断地质疑；独立是指一个研究，不管美国人做、英国人做还是中国人做，只要做对了，结果都是一样的；而唯一是说科学规律是唯一的，即使牛顿不发现万有引力定律，只要我们等的时间足够长，也会有另一个人发现，无非是早晚的问题，但结果都是一样的（张双南语）。这也是科学的思维、科学的方法、科学的精神！

义务教育科学课程是一门体现科学本质的综合性基础课程，具有实践性。从亲近自然走向亲近科学，初步从整体上认识自然世界，理解科学、技术、社会与环境的关系，发展基本的科学能力，逐步形成适应个人终身发展和社会持续发展所需要的正确的价值观、必备品格和关键能力，是科学课程育人价值的集中体现，包括科学观念、科学思维、探究实践、态度责任等核心素养。显然，学习科学课程有助于学生保持对自然现象的好奇心，传承和弘扬"刨根问底"的科学精神。

在基础教育课程改革中，初中科学教师的专业化问题显得尤其重要。袁运开先生在《科学课程与教学论》一书"科学教师的专业化"一节中提到，作为单科毕业的科学教师，既要完成一般的角色转换，又要实现特定的角色变换。科学教师应具有正确的科学态度，科学的世界观、科学观、人生观与价值观；具有宽厚的科学知识背景和广阔的视野；具有指导学生进行科学综合、科学探究、科学合作学习的能力；能运用新型的教学规范、教学仪器，按照基础教育课程改革的新理念实施教育教学的能力；能运用新型的评价理论与评价技术进行教育评价的能力；具有科学素养教育的创新意识，在科学教学中进行科学精神、科学思想、科学方法教育的能力。王耀村老师在《名师谈科学教学》一书中指出："浙江省综合科学课程成功实施的一个关键因素是培养了一支适应综合学科教学的教师队伍。"

基于以上认识，浙江省初中科学何灿华名师网络工作室、绍兴市初中科学何灿华名师工作室在成立之初就以培养新秀、孵化骨干、迈向名师作为目标愿景，坚持"杞人忧天、刨根问底"研修理念，践行"问题引领探究"的教学主张，实施以"七要素"为主要特征的课堂教学策略，把日常的现象问题化、把点滴的体验系统化、把零散的观点结构化、把流动的思想文字化，率先把自已培养成"绍兴名师",为提高每一位学生的科学素养奠基。这本《迈向名师之路——初中科学名师工作室学员成长足迹》就是工作室三年研修历程的最好见证。

本书中的第一篇是"聚焦理念,提炼教学主张"。很多教师可能认为,既然论述你的教学主张,谈谈你觉得应该怎么把课上好就行了,似乎没有必要讨论那么多理论方面的问题。殊不知,任何学科的教育教学理论固然来源于教育教学实践,但这些教育教学理论也能够反作用于教育教学实践。为什么有的教师在观摩了一次又一次的名师课堂教学以后,自己的课堂教学实践并没有多少实质性的改进?为什么一些在赛课中获奖的教师在平时的教学实践中的教学成绩并不理想?为什么一些名师随着时光的流逝而渐渐淡出了人们的视野,直至销声匿迹?在我看来,一个重要的原因就是这些教师的教学成功往往具有很大程度上的偶然性,在他们的教学行为背后缺少应有的教育教学基础理论,在他们的头脑里还没有形成一个相对稳定的教育教学理念。因此,学员们根据名师成长的一般规律,按照"响招牌、释理念、述案例"的范式,用先进科学理论加以审视、反思、解析,逐步凝聚形成富含思想和实践价值、具有鲜明个性的教学主张。

本书中的第二篇是"深耕课堂,探索教改课例"。在日常的教研中,很多教师将听课当成一种单一的任务,为完成学分而去听课,或者仅是学习或模仿;在听课的过程中也是单兵作战,没有合作与分工,而且在课堂里的关注对象也可能是单方面的,基本上就是坐在教室后排关注教师的教,较少关注学生的学。听完课后在教研活动进行评课时也存在这样一些问题:一是判断多于探讨。就某个课堂现象或教学环节进行讨论时,往往是做"法官"的多,做"医生"的少,更多的谈论的是对错好坏,而对于存在的问题并不能提出有效的解决方案。二是漫谈多于深入。评课时泛泛而谈,无边无际,几个人发言下来已经没有了主题,远离了教研活动的初衷,缺少对某一问题的深入探讨,最后解决不了多少问题。三是肯定多于否定。评课语言多为放之四海皆准的空洞的肯定,缺少来自课堂的依据,不能联系此时此地此人此课,也忽略了"再好的课也有不足,再差的课也有亮点"这样一个事实。四是反思多于再实践。反思产生的时候,往往是感慨一番,重返课堂时依然如故,没有改进,活动一结束,阵地大转移,导致教研活动处于无目标、无主题、无主动的"游击状态"。为此,工作室实施了"基于课例的主题式研修行动策略",学员们根据"聚焦问题定主题—嵌入理论优方法—选择要素探课堂—典型课例闭循环"教研流程,深度研究备课、上课、观课、说课、评课各环节,最后按照"主题与背景、规划与方案、情境与描述、成效与反思"的格式,把教改课例辑录于此。

本书中的第三篇是"反思经验,捕捉实践智慧"。"经验+反思"机制是国际公认的教师专业发展机制。教师作为从事教育服务的专业人员,具有丰富的教育教学工作经验。在经验的基础上反思是充分利用经验、升华经验的有效做法。在诸多的反思方式中,论文写作是最有效手段之一。很多一线教师在职业生涯发展中总会面临论文写作的难题,那么论文写作对教师发展到底有哪些意义?从新入职教师,到走向合格、走向优秀,再到成长为一名卓越型教师,写作是个人专业成长的重要支点和独特路径。写作,不仅仅是简单记录,更是一个思考、研究、提炼和总结的过程。通过写作,审视自己在教学中的所言所行,完善自身的所思所想,逐步明确教育教学的价值追求,最终生成独特的教育教学思想。学员们在工作室的实践探索中,能够洞察问题的本质,根据教学实践智慧的表征方式,按照"情境再现、过程探究、问题分析及生成机智"等原则,创造性地解决问题,通过"磨主题、磨思想、磨结构、磨语言"等环节,以文字的形式对经验进行反思和总结,从而不断地优化、改良自身的教育教学行为,提升、造就自身的教育教学效果。

本书中的第四篇是"成就伙伴,服务个人需求"。名师工作室主持人作为工作室的领军人物,扮演多重角色,承担多重使命。要领导好工作室,落实核心任务,需要主持人有良好的引领能力,能在成员间建立清晰的发展愿景和大家认同的组织文化;需要主持人有广泛的理解力,能营造融通、共创的心理场域,建立彼此开放、共享、互惠、共赢的关系;需要主持人有高超的沟通力,能使学员间的互动推动个体心智的改善,实现自我超越,并促成组织的发展。主持人不仅在思想上要转变身份,在行动上更不能总是以"专家"自居,简单地采取自上而下视角的权威型、控制型领导风格。这也就意味着名师工作室主持人根本的使命任务是做好教育教学,并用自己的影响力影响更多的教师进行专业成长。根据教研活动新范式,按照"主题—设计—上课、观课、议课—反思"闭合循环的路径,对每一次工作室活动进行学术梳理,条分缕析,有理有据,把原本"披头散发"的材料打扮成"眉清目秀"的成果,为教师的专业成长赋能。

本书的最终付梓,无疑凝聚了学员们"刨根问底"的思虑所得,也是大家三年来于教学一线滚打磨砺后的体验和感悟。扎根于实际,立足于本身,积沙成塔,集腋成裘,集小流终成江海。回望处,那页页的文稿,句句的浅见深思，犹如原野中金灿灿谷穗，这岂不也是对学员们于阡陌挥汗之后的回报？那篇篇精虑呈现的课例、论文和教学主张，无不需要学员们的毅力、耐心、勇气、执着和智慧。

我们秉承着对科学的致敬，借他山之石，希望能站在大师们的肩上前行，聆听、梳理、批判、选择，于探究中优化并建构自我；我们希望站在自己的肩膀上去攀升，自主学习，提升素养，实践总结，增强科学本质的洞察能力，进而形成自我之经验，融入自我教育生活。我们更希望借助工作室这个小家庭，互助互利、互相帮扶，砥砺前行，站在集体的肩膀上去飞翔。

这里是一片蓝天，放飞教育的理想与信念；

这里是一方绿野，孕育教学的快乐与智慧；

这里是一泓清泉，洗涤课堂的浮躁与铅华；

这里是一叶轻舟，迎着朝阳驶向明天……

留此后记，探本溯源。

何灿华

2023年9月